戦後日韓関係史

李 鍾元・木宮正史・磯崎典世・浅羽祐樹 [著]

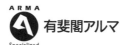

はしがき

　本書は戦後，すなわち第二次世界大戦以後の日韓関係の歴史の概説書として執筆されたものである。伝統的な外交史にとどまらず，社会や経済などを含め，日韓関係の全体像を示したいということから，「関係史」のアプローチを試みた。また，筆者4人は韓国の政治外交を専門としており，本書の記述も韓国側の動きに重点が置かれる場合が多いが，日本外交の中における日韓関係の位置づけにも留意した。

　植民地統治という不幸な歴史を乗り越え，日韓が新しい関係の構築をめざしてから71年が経った。国交が正常化してからも半世紀以上となる。その間，日韓関係が質的，量的に大きな変化を遂げたのは事実である。よく引用される数字だが，1965年には日韓の間の人的往来は年間1万人であったのに対して，2000年代以降は，「1日1万人」の時代に突入した。今や経済，社会，文化の面で日韓の交流と接触はほぼ日常化し，国境を意識しないほど融合している。

　それに伴って，日韓両国で互いに対する情報は氾濫している。人的交流の拡大は直接体験に基づく大量の情報をもたらす。また，情報通信技術の進歩で，個々人が情報を発信できる時代にもなった。欲しい知識はいつでも手軽に入手できる。情報の不足が相互理解を阻んだ状況は劇的に改善したといえる。

　その半面，日韓関係に限ったことではないが，情報の断片化というべき現象も顕著になった。情報の氾濫は全体像の把握をむしろ困難にする。関心の個別化，多様化とも相まって，断片的な情報が全体のイメージを左右する傾向は情報化社会が抱える一つの問題である。近年，日韓の外交摩擦が社会全体を巻き込んだ対立に拡大する

過程で，その課題はより鮮明になったといえる。多様な情報を踏まえつつ，日韓関係の全体像をどのようにとらえるべきか。それぞれの出来事はどのような文脈に位置づけられるものなのか。今こそ広い視野から戦後の日韓関係の大きな流れを俯瞰することが必要ではないか。本書はこうした問題意識から生まれた。

　ちょうど10年ほど前に，有斐閣書籍編集第二部の青海泰司さんから筆者（李）に，「戦後の日韓関係を包括的に叙述した概説書が必要ではないか」という提案をいただいたのが，本書のきっかけである。木宮正史教授（東京大学）と磯崎典世教授（学習院大学）が即座に賛同してくれ，企画が始まった。しかし，その後，筆者（李）の事情と怠慢で作業が進まず，10年もの歳月が流れた。青海さんが退職される前に刊行できず，大変申し訳なく思っている。構成案に若干の変更があり，最後の段階で急遽お願いしたにもかかわらず，執筆を快く引き受けてくれた浅羽祐樹教授（新潟県立大学）に感謝申し上げたい。

　最後に，青海泰司さんの後を継いで，なかなか進まない執筆作業を忍耐強く見守り，構成など適切な助言で刊行まで導いてくださった有斐閣書籍編集第二部の岩田拓也さんに深くお礼を申し上げたい。

　日韓の新しい半世紀がすでにスタートした。本書が，構造的な変容期を迎えた日韓関係の未来を考える一助になれば幸いである。

2016年12月

筆者を代表して
李　鍾元

著者紹介（執筆順）

李　鍾元（リー　ジョンウォン）　　　　　　　　　　　［序・1・終章担当］
1953 年生まれ。
1988 年，東京大学大学院法学政治学研究科修士課程修了（96 年，博士〈法学〉）。
現　在，早稲田大学大学院アジア太平洋研究科教授（国際政治，現代朝鮮半島研究）。
著作に，『東アジア冷戦と韓米日関係』（東京大学出版会，1996 年），『東アジア　和解への道——歴史問題から地域安全保障へ』（共編，岩波書店，2016 年），ほか。

木宮　正史（きみや　ただし）　　　　　　　　　　　　［第 2・3 章担当］
1960 年生まれ。
1993 年，東京大学大学院法学政治学研究科博士課程単位取得退学。政治学博士（韓国高麗大学）。
現　在，東京大学大学院総合文化研究科教授（朝鮮半島地域研究，国際政治）。
著作に，『国際政治のなかの韓国現代史』（山川出版社，2012 年），『日韓関係史 1965-2015 Ⅰ　政治』（共編，東京大学出版会，2015 年），ほか。

磯崎　典世（いそざき　のりよ）　　　　　　　　　　　［第 4・5 章担当］
1962 年生まれ。
1994 年，東京大学大学院総合文化研究科博士課程単位取得中退。
現　在，学習院大学法学部教授（韓国現代政治，比較政治）。
著作に，『日韓関係史 1965-2015 Ⅲ　社会・文化』（共編，東京大学出版会，2015 年），「韓国の選挙管理委員会の準司法機能——選挙法違反取り締まりと民主主義」大西裕編『選挙管理の政治学——日本の選挙管理と「韓国モデル」の比較研究』（有斐閣，2013 年），ほか。

浅羽　祐樹（あさば　ゆうき）　　　　　　　　　　　　［第 6・7 章担当］
1976 年生まれ。
2006 年，ソウル大学校社会科学大学政治学科博士課程修了。Ph.D.（政治学）。
現　在，新潟県立大学大学院国際地域学研究科教授（比較政治学，韓国政治）。
著作に，『日韓政治制度比較』（共著，慶應義塾大学出版会，2015 年），「韓国における 1987 年憲法の持続と憲法体制の変化」駒村圭吾・待鳥聡史編『「憲法改正」の比較政治学』（弘文堂，2016 年），ほか。

戦後日韓関係史：目　次

はしがき ………………………………………………………………ⅰ

序章　戦後日韓関係の歴史と構図　　Ⅰ

1 日韓関係の重層性 ……………………………………………2
「近くて遠い国」 2　「古くて新しい関係」 3　実態と制度の乖離 4　「過去の直視」と「未来志向」 7

2 戦後日韓関係の展開 ……………………………………………8
空白期（1945-65 年）8　「国家」の関係（1965-80 年代中盤）10　交流の拡大（1980 年代中盤〜2000 年代中盤）12　転換期（2000 年代中盤〜）14

3 本書の視点 ……………………………………………………16
関係史の視点――国家・市場・市民社会 16　3 つの分析レベル――個人・国家・国際関係 18

4 本書の構成 ……………………………………………………20
10 年単位の章立て 20　1950 年代（第 1 章）21　1960 年代（第 2 章）23　1970 年代（第 3 章）24　1980 年代（第 4 章）25　1990 年代（第 5 章）26　2000 年代（第 6 章）27　2010 年代（第 7 章）28　今後の日韓関係に向けて（終章）29

第 1 章　戦後日韓関係の始まり　　31

●1950 年代

1 李承晩政権の「反日」政策 …………………………………32
朝鮮半島の解放と分断 32　李承晩とその政権 34　李承晩政権の対日政策 36

2 朝鮮戦争と日韓関係 …………………………………………38

朝鮮戦争と日本の安全保障　38　　朝鮮戦争特需と日本経済　40　　朝鮮戦争への日本のかかわり　42

3　日韓会談と「衝突」の時代 ……………………………… 44
対日講和条約と韓国の参加問題　44　　日韓会談の開始と「李承晩ライン」　47　　難航する日韓会談　49　　日韓の対立と米国　51　　「久保田発言」と日韓会談の漂流　54　　日韓会談停滞の理由　56

4　冷戦の変容と日韓関係 ………………………………… 57
鳩山内閣の「自主外交」と朝鮮半島　57　　岸外交の模索　60　　北朝鮮帰還問題の浮上　63　　韓国民主党政権と日韓関係　66

第2章　冷戦と経済協力　71

●1960年代

1　日韓国交正常化──冷戦による日韓接近の政治力学 ……… 72
アジア冷戦の激化とベトナム戦争　72　　日韓の政治変動　73　　日韓交渉の争点①──請求権問題　74　　日韓交渉の争点②──漁業，謝罪，文化財など　77　　日韓市民社会の異なる視座　81　　戦後日韓関係における1965年体制の意味　83

2　ベトナム戦争をめぐる日韓関係──冷戦との「距離感」の違い ……………………………………………………… 84
ベトナム戦争と韓国──派兵と特需　84　　ベトナム戦争と日本──「対岸の火事」と特需　87　　日韓の冷戦認識の違い　90　　アジアにおける「地域主義」と日韓関係　91　　冷戦に対する日韓の関与の差　93

3　経済協力の進展とその政治的意味 …………………… 93
国交正常化以後の日韓政府間関係　93　　日韓経済協力の深化　95　　国交正常化以後の日韓の相互視座　97　　日韓経済協力の政治的意味　99

第3章　冷戦の変容と関係の緊密化　　105

●1970年代

1　冷戦の変容と日韓関係……………………106
米中接近と日韓の反応　106　　米中和解と日中国交正常化　108　　米韓同盟の変容と日韓関係　110　　南北関係の変容と日韓関係　113

2　維新体制と日韓協力……………………116
日韓の葛藤　116　　日韓の緊密化　118　　韓国の重化学工業化と経済協力　120　　日韓の貿易競争の始まり　123　　朴正熙と「日本」　125

3　韓国の民主化運動と日本……………………128
金大中拉致事件の衝撃と日韓「連帯」　128　　「韓国からの通信」と日韓関係　130　　韓国の民主化運動から見た日本　133　　日韓関係の緊密化とその限界　134

第4章　韓国民主化と市民社会交流　　139

●1980年代

1　新冷戦の逆流……………………140
全斗煥政権の登場　140　　日米韓の戦略協調　142　　日韓新時代　143　　1980年代後半の変化　148

2　韓国の民主化とソウル・オリンピック……………………151
民主化運動の高揚　151　　社会・文化・日常生活への関心　152　　ソウル・オリンピックと日本の「韓国ブーム」　153　　「等身大」の交流の始まり　156　　相互認識の変化　158

3　市民社会と歴史問題……………………159
第1次教科書問題　159　　第2次教科書問題　160　　市民社会からの問いかけ　162　　在日韓国・朝鮮人の指紋押捺問題　164

4　冷戦の終結と新たな関係の模索……………………166

国際情勢の変化と国内冷戦の溶解 166　　過渡期としての1980年代 169

第5章　脱冷戦期の協力の模索と課題の噴出　173

●1990年代

1　冷戦秩序の崩壊と国内政治の流動化 ……………………… 174
流動化する日韓の国内政治 174　　朝鮮半島のポスト冷戦に向けた日韓の取り組み 178　　北朝鮮の第1次核危機とジュネーヴ合意 178　　北朝鮮をめぐる日韓関係 179

2　「封印された問題」の争点化──「歴史問題」をめぐる関係 …… 183
慰安婦問題の衝撃 183　　日本の歴史政策 185　　金泳三政府の「歴史の建て直し」政策 187　　歴史問題・領土問題の政治争点化 191　　「日韓パートナーシップ宣言」における「未来志向」 193　　歴史問題決着の背景 195

3　グローバル化とアジア地域協力 ……………………………… 197
地域秩序の弱体化とアジア通貨危機の衝撃 197　　地域協力枠組みと日韓関係 198　　国境を越えた市民社会の交流 200　　課題に向けた日韓パートナーシップ 202

第6章　複合化する日韓関係　207

●2000年代

1　歴史認識をめぐる対立 ………………………………………… 208
教科書 208　　靖国 209　　竹島 211　　慰安婦 213　　歴史対話 216

2　ともに協力するパートナー ………………………………… 218
日韓国交正常化40周年 218　　政権交代と外交政策 219　　菅談話 221　　安保協力 223　　経済協力 224

3　マルチレベルのゲーム構造 ………………………………… 226
サッカー・ワールドカップ共催 226　　人的交流 230　　韓流／日流 231　　親近感 234　　日韓関係の構造変化 236

| 第7章 | 「普通」の2国間関係へ | 241 |

●2010年代

1 食い違う針路……………………………………………………242
　相互不信という現状維持　242　　アイデンティティの衝突
　243　　領有権紛争としての竹島／歴史認識問題としての独島
　247　　慰安婦問題の「妥結」 248　　中韓接近　250

2 戦略的再定義……………………………………………………251
　1965年体制の「確認」 251　　グローバルな構造変化に対する
　認識ギャップ　253　　「特殊」から「普通」へ　256

| 終章 | 今後の日韓関係に向けて | 261 |

　日韓の「民主的平和」 262　　国家・市場・市民社会の複合体
　264　　東アジアの中の日韓　265　　グローバル化と日韓　267
　日韓関係はどこに向かうのか　269

読書案内　273
参考資料　281
　（関連年表／韓国に対する親近感／日韓基本条約／日韓請求権協定）
事項索引　297
人名索引　301

■ *Column*

① 韓国政治の時期区分　22
② 李承晩と吉田茂　52
③ 日韓の非公式チャンネル　62
④ 日韓国交正常化交渉の「主役」たちの記録　78
⑤ ベトナム派兵と韓国社会　88
⑥ 韓国と台湾——分断国家の異同　98
⑦ 張俊河と朴正熙　112
⑧ 日朝関係と日韓関係　120

⑨ 若き金大中の外交構想　130
⑩ 日本における韓国イメージの変化　146
⑪ 韓国民主化と国境を越えた支援　154
⑫ 韓国語？ 朝鮮語？　168
⑬ 韓国における日本産テレビアニメ　180
⑭ 歴史認識をめぐる韓国内での対立　190
⑮ 韓国（語）という方法　214
⑯ 「韓国，2000年代」というトポス　228
⑰ 朝鮮日報日本語版サイト　232
⑱ 日韓「比較」という方法　244
⑲ 朝鮮半島をめぐる地政学　254

■ 図表一覧

図2-1　韓国の対日貿易の推移　96
図2-2　日本の対韓投資の推移　97
図3-1　日韓の経済成長率の比較（1965-79年）　124
図3-2　1人当たりGDPの日韓比較　125
図4-1　韓国の対日貿易　149
図5-1　日本と韓国の経済成長率（1981-2001年）　176

※　引用・参考文献は，章ごとに章末に掲げ，本文中には著者名または編者名と刊行年，特に必要な場合には引用頁数を，（　）に入れて記した。
　《例》（李，1996）
　　　　李鍾元，1996年『東アジア冷戦と韓米日関係』東京大学出版会。
※　引用文中の〔　〕は，引用者が補った文言であることを示す。
※　本文中の韓国・北朝鮮の人名には，各章の初出に限り，韓国語音に近いルビを付した。

本書のコピー, スキャン, デジタル化等の無断複製は著作権法上での例外を除き禁じられています。本書を代行業者等の第三者に依頼してスキャンやデジタル化することは, たとえ個人や家庭内での利用でも著作権法違反です。

序章 戦後日韓関係の歴史と構図

⬆ 戦後直後の日本と韓国。荒廃した東京（左上，1945年10月）と，進駐米軍を歓迎する京城市民（1945年8月，京城）（写真提供：LONE/ullstein bild／時事通信フォト，米公文書館）

　戦後の日韓関係には多様な側面がある。「近くて遠い国」という表現に集約されるように，逆説的な関係でもある。その背景には，古代から現代に至るまで，重層的な歴史の残像に加え，地政学など，構造的な要因が複合的に作用している。21世紀に入り，大きな転換期を迎えている日韓関係を理解するために，本章では，戦後の展開過程を概観し，個人・国家・国際関係の分析レベルを中心とする本書の視点を提示する。

1 日韓関係の重層性

「近くて遠い国」　現在の日韓関係には多くの逆説が存在する。関係性は平板ではなく,矛盾（むじゅん）するように見える側面が混在している。また,時代とともにダイナミックな変化を遂げている半面,変わらない構造や認識も見え隠れしている。日韓関係の多面性を表す言葉として,「近くて遠い国」という表現がよく使われる。地理的,歴史的,また文化的に近い国でありながら,依然として溝が深く,距離感があるという意味であろう。地理的に隣接した国々が協調と対立の両面を抱えることは歴史の常であり,めずらしいことではない。しかし,日韓関係は他の事例との比較でも逆説の構図が際立つ。

日韓関係の「近さ」にはさまざまな側面がある。何よりも地理的な近さである。陸続きではないが,狭い海峡によって隔たれているだけで,有史以前から人の移動と接触は活発であった。古代には,現在の国境や民族の概念とは異なる世界が広がり,日本と朝鮮半島の線引きは必ずしも明確ではなかったともいわれている。近年の考古学や言語学などの研究が示すように,文化的には共通点が多く,きわめて近い関係にある。政治的民主化や経済成長によって,日韓の間では,政治体制や経済システム,生活水準や社会の価値観などで同質化が進み,新たな「近さ」も表れている。

しかし,こうした「近さ」は摩擦の要因にもなる。地理的な近さゆえに,歴史上,多くの衝突が繰り広げられることは,日本と朝鮮半島に限った現象ではない。文化的な近さは,むしろ負の要因として作用しうる。フロイトの有名な命題に,「些細（ささい）な違いに基づくナルシシズム（narcissism of minor differences）」というものがある。「隣

同士であり,その他の点でもたがいに類似した人間集団に限ってかえってたがいに敵視しあい蔑視しあうという現象」を指す(フロイト,1969: 471)。その例として,フロイトはスペイン人とポルトガル人,イングランド人とスコットランド人の関係を挙げているが,日本と韓国の関係にも当てはまるだろう。

この命題は,文化の違いに起因する民族紛争を説明する際にも使われる。その土台には,人間は自らの近くにいる人々との差異を強調することで,自己のアイデンティティを形成するという心理的メカニズムがある。日韓間にも文化的な近似性ゆえに,「些細な違い」が際立ち,意識の溝を広げる現象が少なくない。国境の垣根が低くなり,人々の交流と接触が飛躍的に増えている現在において,地理・歴史・文化の近さが共通認識の土台になると同時に,「些細な違い」へのこだわりが新たな摩擦を生み出すという逆説の構図にも目を向ける必要があろう。

「古くて新しい関係」

日本と朝鮮半島の歴史は古く,近代には,併合による植民地支配が行われたこともあり,密接な関係にある。しかし,日韓両国の「普通の人々」が日常的に国境を越え,「等身大の交流」が可能になったのは1980年代後半からである。社会間の接触という点では,日韓関係は20年程度の歴史しかもたない,若い関係というべきであろう。これは,ちょうど1世代に該当する期間である。日韓両国では,最近になってようやく与えられた情報による先入観ではなく,自らの体験に基づき,各々の相互イメージをもつ新しい世代が誕生し始めたのである。「韓流」や「日流」といわれる大衆文化の相互浸透は,その過程で生まれた社会現象である。

新しい関係であるがゆえに,まだ不安定で,危うさを伴っている。本書の第4章以降で詳述するように,1980年代末以降の日韓関係は流動的であり,1つの出来事を契機に激しく変動する姿を見せて

いる。「韓流」や「日流」が社会現象となり、日常化する半面、領土紛争や歴史問題をめぐって、感情的な対立が瞬く間に拡散する。こうした不安定さは新しい関係の一つの属性ともいえよう。

戦後期を通じて、日韓関係は概ね固定的であった。東アジアの冷戦対立という国際政治の構図が大きな制約要因となり、日韓両国の対外政策の選択肢は限られたものであった。日韓間に外交関係がなく、激しく対立した李承晩(イスンマン)政権期においても、全面的な敵対関係に発展することはなかった。日韓両国ともに米国との安全保障関係に依存した構造が大きく影響したのはいうまでもない。日韓の相互認識やイメージも、個人の直接的な接触や交流が限られる中で、基本的に国家の政策やメディアによって規定され、それぞれの社会で比較的均質かつ単純なものであった。

日韓の新しい関係は、冷戦終結やグローバル化など、世界史的な変化の潮流と密接に関連している。日韓関係の固定性を支えた内外の条件が大きく変容し始めているのである。世界的な冷戦の終結で、東アジアにおいても、外交の地平が広がり、従来「自明」とされた関係は揺らいでいる。さらに、中国の台頭に集約される地政学的な変動も押し寄せている。こうした国際情勢の変化にどのように対応するかをめぐって、各国の利害は錯綜(さくそう)している。それは、新しい日韓関係が直面している課題でもある。

グローバル化の進展とともに、日韓間の交流は多様化し、その相互認識も政府やメディアがコントロールできるものではなくなった。相互のイメージが多様化、個別化することは自然な現象であり、望ましいことでもあるが、必然的に不安定さを伴う。多様な認識が交錯する中で、安定的な関係を築くために、日韓のそれぞれの社会の総合的なバランスが問われる状況である。

実態と制度の乖離　日本と韓国は、その実態においては、きわめて密接な関係にある。とりわけ、安全保

障の面では,米国を媒介として,日米同盟と米韓同盟は事実上一つのシステムとして結び付いている。占領下の日本ではあったが,朝鮮戦争の際に,戦争を指揮した国連軍司令部は東京にあり,仁川上陸作戦をはじめ,国連軍の軍事作戦は日本にある基地を拠点として遂行された。日本は,朝鮮戦争の戦場の一部であったともいえる。現在でも,日本国内の7つの基地が朝鮮戦争の休戦を管理する国連軍司令部の機能を担っている。

また,経済的にも,日韓の相互依存は高いレベルにある。韓国の対日依存度は低下しているが,依然として,日本と韓国はそれぞれにとって重要な交易国である。経済の相互依存とともに,人的交流も拡大している。1965年の国交正常化のときに,年間1万人であった日韓間の人的往来は,2000年代に入り,「1日1万人時代」(03年に年間360万人)を迎えた。観光客などの人的交流は,政治情勢や経済状況の影響を受けるため,多少の変動はあるが,多様化と日常化という趨勢は続いている。

しかし,このようにさまざまな面で密接な関係にある実態とは対照的に,制度化の面では,日韓間に特別の取り決めはほとんどない。日韓関係は同盟ではなく,安全保障上の条約や協定は存在しない。1965年の日韓国交正常化以後,時折,経済や安全保障を議論する閣僚会議などが開かれたが,政府間の協議機構も常設化には至っていない。戦略対話は実務者レベルにとどまっている。経済の面で,東アジアに広がりつつある自由貿易協定(FTA)などの取り決めも日韓の間では遅れている。

こうした実態と制度のズレによる空白を埋めてきたのは米国という存在であった。とりわけ,政治や外交,安全保障の面では,米国の媒介的な役割が際立つ。日米韓という用語が頻繁に使われることは,そのような状況を反映している。1950-60年代の日韓会談の過程が端的に示すように,戦後の日韓関係は事実上,日米韓の3カ国

の関係であったともいえる。現に,日韓の2国間関係の推移や,日韓の相互に対する政策を考えるうえで,米国というファクター(要因)は大きな比重を占める。

こうした状況は,日本と韓国が独自の2国間関係を築くには至っていないことをも意味する。日米韓という三角形の中で,日米と米韓という2つの辺は太くなっているが,日韓の辺は当初から空白であった。1965年の日韓国交正常化で最低限の線は結ばれたが,依然として弱く,不安定な状況にある。同じ自由主義陣営に属するといわれた冷戦期においても,安全保障上の関係は限定的であった。

戦後のアジア太平洋地域の安全保障体制は,米国を中心軸とした車輪型(hub-and-spokes)と表現される。米国をハブ(車輪の轂)とし,日米安全保障条約,米韓相互防衛条約,米比相互防衛条約,オーストラリアやニュージーランドとの太平洋安全保障条約(ANZUS)などの2国間(もしくは3国間)の同盟条約がスポーク(車輪の輻)のように広がる形を指す。西側諸国が北大西洋条約機構(NATO)という多国間の枠組みを創設したヨーロッパとは違って,アジアでは,横の関係を欠いたまま,2国間(もしくは3国間)による同盟の束の形に帰結したのである。米国が構想した「アジア版NATO」の挫折に関する歴史研究が示すように,そこには,日本による戦争と植民地支配という負の歴史が大きく影を落としていた。こうした構図が最も顕著に表れたのが,日米韓の三角形であった。

さまざまな利害を共有し,協調すべき分野が多いにもかかわらず,21世紀に入った現在においても,日韓両国は自前の包括的な2国間関係を築けず,米国の媒介的な役割に依存している。歴史や領土など2国間の懸案をめぐっても,米国の存在が大きな比重を占める状況が続いている。

| 「過去の直視」と
| 「未来志向」

戦後の日韓関係は,植民地支配という不幸な歴史から出発した。しかも,その歴史に対する認識において,大きな隔たりを抱えたままの船出であった。それにもかかわらず,冷戦の対立構図では同じ側に属し,それぞれの国づくりのためにも協調を余儀なくされる状況にあった。過去の歴史と向き合い,それに起因する認識の溝や,具体的な課題が十分に処理されることなく,政治や経済の現実的な必要に追われて,ギクシャクしながら関係が築かれてきた。「過去」がなかなか過ぎ去ろうせず,常に両国関係の「現在」や「未来」に影を落としたのが戦後の日韓関係であった。

1998年の「日韓共同宣言――21世紀に向けた新たな日韓パートナーシップ(日韓パートナーシップ宣言)」は,日韓関係のあり方について,「過去の直視」と「未来志向」を2つの柱として提示した。「過去」と「未来」は対立するのではなく,密接に連動しているという意味であった。同宣言の中で,日本の小渕恵三首相は,「植民地支配により多大の損害と苦痛を与えたという歴史的事実」に対して,「痛切な反省と心からのお詫び」を述べた。これを受けて,韓国の金大中大統領は「両国が過去の不幸な歴史を乗り越え」,「未来志向的な関係」を発展させることが「時代の要請」である旨を表明した。政治的な妥協が先行し,歴史認識の溝を残した「1965年体制」(日韓国交正常化)の欠落を補完し,新たな日韓関係の土台を示したものといえるであろう。

韓国では「過去の直視」が重視され,日本では「未来志向」が強調される傾向にある。しかし,この2つは相互に不可分の関係にある。「歴史とは現在と過去との対話」という歴史家カーの言葉は有名であるが,カーはさらに「歴史とは過去と未来との対話」と呼ぶべきともいっている(カー,1962: 182)。戦後の日韓関係の歴史は,「過去」と「未来」の相互関係をめぐる模索の過程であったともい

える。

2 戦後日韓関係の展開

　戦後日韓関係は概ね20年を一つの単位にして，段階的な変化を遂げてきたように見える。20年は一世代に該当する期間であり，ある種の世代的変化と関連しているのかもしれない。厳密な時期区分ではないが，大まかな潮流を理解する手がかりとして，それぞれの段階の特徴を指摘しておきたい。

空白期（1945-65年）　日本の敗戦で韓国が植民地支配から解放されてから，1965年に国交が正常化されるまで，最初の20年間は，日韓関係の空白期であった。単に正式の外交関係がなかったという意味にとどまらず，激しい対立が繰り広げられた時期でもあった。韓国の李承晩政権はさまざまな面で反日政策を展開し，日本では，「李承晩ライン（李ライン）」による漁船の拿捕への反発が高まり，双方が「武力の行使」に言及するなど，物理的な衝突さえ危惧された時代であった。戦後，日韓関係が最も険悪な時期であったといってよい。

　1951年の予備会談を皮切りに，国交正常化交渉が始まり，会談は断続的に行われた。空白期は，日韓交渉の期間でもあった。しかし，65年の妥結まで約14年の歳月を要し，外交史上，稀に見る難交渉となった。単に時間の長さだけではない。日韓会談は，さまざまな懸案をめぐって，両国の立場や主張が大きくかけ離れている状況を見せつける場にもなった。その背景には，併合による植民地支配という過去の歴史をどのように考えるのか，その視点や評価をめぐる根本的な違いがあった。それを象徴したのが，53年10月の「久保田発言」である。当時の日本側首席代表であった久保田貫一

郎が「植民地統治は良い面もあった」という発言を行ったことで会談が紛糾し、57年の再開まで、4年余りの間は日韓交渉そのものが中断する事態となった。

　足かけ14年の会談で、公式会談だけで7回にわたり、分科委員会や非公式会合と合わせて、1500回以上の交渉が行われた。しかし、併合条約など旧条約の効力、請求権、漁業問題など、主要な争点のほとんどにおいて、公式会談では溝を埋めることができず、最終的には両論併記の玉虫色の政治決着となった。公式会談での交渉を通じた合意には至らず、双方の解釈が異なるまま、政治的判断による決着を図らざるをえなかったのである。こうした曖昧な政治決着によるズレが、現在も日韓関係の土台を不安定なものにしている。

　こうした空白を埋め、日韓関係を事実上維持したのは、米国という存在であった。この空白期は、米国を媒介項とする日米韓の三角形が誕生し、定着していった時期でもあった。東アジアの冷戦体制を維持するために、米国は地域の拠点として日本の復興を進め、新生の反共国家である韓国を支援した。当初、米国は自らの負担を軽減するために、復興した日本を中心とした経済圏に新生韓国を組み入れる構想であった。しかし、韓国の李承晩政権はこうした構想を日本への再従属への道に過ぎないと考え、激しく反発した。李政権の反日政策は、米国の日本重視戦略への反発でもあった。新生韓国にとっては、米国の支援を得て、自立的な国家建設の土台を築くことが先決であったのである。日本との関係で得られる「経済」の利益より、自立基盤の構築という「政治」の論理が優先され、また、経済復興においても、米国からの支援で、日本への依存を回避しようとする国家戦略であった。李承晩政権期の反日政策は、「歴史」をめぐる溝だけでなく、こうした「戦略」の側面からも考える必要がある。日本にとっても、韓国との国交樹立は緊急な課題ではなかった。米国の支援を土台に、経済復興を遂げることが優先課題で

あり，請求権など，財政的負担を伴う日韓関係には消極的であった。日韓はともに米国の関与に依存し，それぞれの国家建設や復興に注力したのが空白期であったといえる。

「国家」の関係（1965-80年代中盤）

1965年の基本条約など諸協定の締結によって，日韓間に公式の外交関係が結ばれた。さまざまな要因による国交正常化であった。何より日韓関係の空白を埋めてきた米国が，ベトナム戦争など，激化する東アジア冷戦への対応に追われて，その負担軽減のため，日韓関係の正常化を強く求めたことが背景にあった。すでに1950年代後半から米国の対韓援助は減少し始め，韓国としても対米依存を続けられる状況ではなかった。米国を媒介とした変則的な三角形の維持が困難になり，日韓を結ぶ辺を作る必要に迫られた。

日韓両国にもそれぞれ対内的・対外的な変化があった。まず，日本は戦後復興を成し遂げ，1960年代には高度経済成長の時代に入り，国際政治の主要国として応分の役割を求められる状況になった。米国のケネディ政権が掲げた「イコール・パートナーシップ」は日米関係の新たな段階を象徴するものであった。産業構造の転換が進み，繊維など労働集約的な産業は韓国を含むアジア地域への進出を求める圧力が高まった。

他方，韓国では学生が主体となった「4月革命」で，李承晩政権が倒れた後，過渡期の政治的な混乱が続いた。それを理由に，1961年5月，朴正熙（パクチョンヒ）将軍が率いる軍部がクーデタで政権を掌握したが，政治的正統性の弱さを補うべく，「反共」と「経済建設」を打ち出した。そのためにも，日本との関係正常化は必要であった。また，経済的には，李承晩政権によって進められた保護主義的な輸入代替工業化によって，一定の基盤ができたことで，韓国経済は日本との連携を通じた次なる経済成長の段階に踏み込むことができたともいえる。このことは，韓国にとって，自立の政治的な枠組みを重視す

る国家建設をふまえ、経済の成長をめざす新たな時代の到来を意味した。「独立」を唱える「国父」の政治指導者が退場し、軍部主導の「開発独裁」を含め、「経済」の時代への転換は、韓国だけでなく、台湾やインドネシアなどアジアの新生国に共通して見られた。

　日韓の国交は正常化したが、依然として限定的な関係であった。後述する国家・市場・市民社会の三角形に即していえば、基本的に「国家（政府）」間の関係が中心をなし、その下で、経済（「市場」）関係が拡大した時期であった。日韓協定による「請求権資金（日本では「経済協力」）」は、韓国の「ベトナム戦争特需」と合わせて、韓国経済の高度成長の土台となった。日韓の貿易は急増し、日本企業の韓国進出などで、韓国内における日本の存在感も急速に高まった。

　しかし、この時期の日韓関係は基本的に政府間の関係という側面が強く、社会間の接触は限られ、相互の認識もそれぞれのメディアに大きく依存していた。国交正常化以後、日韓間の人の往来は徐々に増えていったが、数的な制約だけでなく、その内容においても偏ったものであった。出入国統計によると、1980年代以前は、日本から韓国への渡航者のうち、男性の比率が90％を超え、その中でも「30歳代後半から50歳代前半」の年齢層が突出していた。90％超という男性の比率は日本の海外渡航者全体の平均を20％ポイント近く上回るものであり、「異常な高さ」であった（日韓21世紀委員会、1991）。渡航目的では「観光」と「商用」が大半を占めた。その中身は経済力の格差を背景にした男性中心の往来であり、「妓生観光」が当時の社会問題となった。

　韓国の朴正煕大統領自らが旧満州軍出身であり、日韓会談の過程で、日本の有力政治家との「非公式チャンネル」を多用したこともあって、日韓関係は両国の政治指導者同士の関係の上に成り立っていた。その日本の政治指導者のネットワークを通して、日本からの

経済協力資金が日韓両国の政治資金にも転用されているという疑惑が絶えなかった。こうした日韓の政治・経済の指導者間の密接な関係は、当時「日韓癒着(ゆちゃく)」と批判された。

他方、こうした国家や市場(経済)主導の関係に対抗するために、市民社会の新たな関係も現れた。韓国で朴正煕政権の独裁化に抵抗する民主化運動が活発になり、国際的な関心が高まる中、日本でも支援の動きが広がり、「日韓連帯」を掲げた。韓国の民主化運動を契機に、日韓の市民社会が互いを「発見」することになったともいえる。こうした日韓間の新しい関心の誕生は両国社会の一部に限られたものだが、その後の交流の拡大や認識の多様化の先駆けとしての意義がある。

交流の拡大
(1980年代中盤~2000年代中盤)

1980年代中盤は、戦後の日韓関係、ひいては国際政治において、一つの歴史的な転機であった。具体的には、85年という年を分岐点と見ることができよう。同年9月、当時の先進5カ国蔵相・中央銀行総裁会議(G5)は、米国の対日赤字を是正するために、円高ドル安を誘導する「プラザ合意」を結んだ。これにより、円の価値は一気に2倍以上に跳ね上がることになった。日本は米国をも追い越す勢いをもつ経済大国に踊り出て、日本経済はバブルに沸いた。強くなった円を基盤に、日本と他のアジア諸国の間で、カネ、ヒト、モノの流れが急増した。日本では「国際化」が叫ばれ、日本を軸とした「アジアの時代」が喧伝された。強くなった円を手に、日本の「普通の人々」が気軽に海外に行ける時代になり、多くの若者が韓国をはじめアジア各国に渡った。

同じ年に、ソ連ではゴルバチョフが書記長に就任し、ペレストロイカによる政治・社会の自由化を進め、冷戦は急速に終結に向かった。1989年11月、「ベルリンの壁」が壊され、翌12月、地中海のマルタ島で米ソの首脳は冷戦の終結を宣言した。冷戦対立の収束は、

世界的な民主化の拡散の要因にもなった。南欧で始まった「民主化の第三の波」(ハンチントン, 1995) が東アジアにも押し寄せ, 86年にはフィリピンで「ピープルパワー革命」が起こり, 翌87年には韓国でも民主化への移行が実現した。

政治的民主化の進展は, 経済成長と相まって, 韓国社会を大きく変貌させた。1988年のソウル・オリンピックはそれを象徴する出来事となり, 韓国でも「普通の人々」が国境を越える時代を迎えた。韓国は83年以降の海外旅行の段階的な規制緩和を経て, 89年に海外渡航の完全自由化に踏み切った。96年には経済協力開発機構 (OECD) に加盟し,「先進国入り」を果たした。日韓の人的交流は初めて双方向になり, 量的に拡大するとともに, 内容においても多様化した。個々人が直接の情報や体験を得ることが可能になり,「等身大」の相互イメージが広がった。韓国の日本大衆文化解禁によって, まず韓国で「日流」が広がり, その後, 2000年ごろに日本で「韓流」が社会現象となった。

東西冷戦の終結は, 外交や国際政治において, 日韓関係の新たな機会になり, 挑戦にもなった。東南アジア諸国連合 (ASEAN) が中心となった東アジアにおける地域枠組みの形成では, 日韓の協調が見られた。ASEAN＋3 (日中韓) を舞台とした「東アジア共同体」構想は韓国・金大中大統領が提唱し, 日中韓の3国協力は小渕恵三首相の提案で実現した。環境や開発など, 国境を越える地球的課題に対して, 国際社会での日韓協調にも積極的な取り組みが見られた。北朝鮮の核開発など, 冷戦後の安全保障問題をめぐって, それぞれの利害を抱えつつも, 戦略的な連携が模索された。

新しい時代の日韓関係の拡大と深化の土台をなしたのが, 1998年の「日韓パートナーシップ宣言」であった。「過去の直視」と「未来志向」を柱とする同宣言は, 過去の歴史を曖昧にした65年の日韓基本条約を補完するという意義があった。冷戦の終結と政治的

民主化の進展で，アジア各国で，これまで国家によって抑えられていた被害者の声が噴出し，戦後補償が政治的な争点となった。経済大国に浮上した日本がアジアとの関係を拡大していく過程で，戦争や植民地支配に起因する歴史問題への対応として，河野談話（1993年）や村山談話（1995年）などが出され，「日韓パートナーシップ宣言」はその一環であった。

転換期（2000年代中盤〜）

急速に近づいた日韓両国は，21世紀に入り，大きな転換期を迎えている。冷戦期の限定的な関係から，包括的な関係構築に進む過渡期的な調整のプロセスともいえる。転換期の常であるが，歴史の潮流と逆流がせめぎ合い，その方向性は必ずしも明確ではない。日韓それぞれの選択によって，さまざまな可能性が開かれている状況というべきであろう。

こうした流動性は，すでに冷戦終結後の1990年代から見られたが，日韓交流の拡大と深化への反動という側面もあり，2000年代中盤以後，いっそう明確になっている。

そこには，日韓関係，さらには東アジア地域を覆っている2つの世界的な変化が影響している。その一つは，グローバル化である。1970年代から始まった相互依存は，情報技術（IT）革命とともに加速化し，90年代からグローバル化と呼ばれるようになった。グローバル化は，国境の垣根が低くなることを意味し，政治，社会，経済の面でさまざまな便益をもたらす。モノが安くなるだけでなく，ヒトの移動も容易になり，個々人の社会的な可能性が広がる。また，文化的な同質化が進み，社会の交流や相互理解も促進される。

しかし，グローバル化には多くの負の側面が存在し，さまざまな紛争を誘発していることも事実である。グローバル化の影としては，不安と格差を挙げることができよう。グローバル化とは，これまで社会を守ってきた国境という保護壁がなくなり，外からさまざまな

異質のものが入ってくることでもあり、それに対する不安が増大する。また、グローバル化は、市場原理を重視する新自由主義の拡大でもあり、それぞれの社会共同体における格差が拡大する。

こうした不安と格差を背景に、「アイデンティティの政治（identity politics）」という現象が、グローバル化と表裏をなしつつ、各地で台頭している。国境という障壁を低くし、各国の社会や文化を均質にすることがグローバル化だが、それに対する反作用として、自らの価値や文化にこだわり、アイデンティティを守ろうとする動きが同時に進行しているのが、21世紀の世界の特徴でもある。いまや物理的に国境を再び閉ざすことはほぼ不可能であり、そのため、「心の国境」として、ナショナリズムや宗教などのアイデンティティを求める現象が拡散している。また、それぞれの国家も、グローバル化時代の新たな国民統合のために、愛国心の強調など、「上からのアイデンティティの政治」を展開する。

もう一つは、中国の台頭を中心とした東アジア地域の権力移動（power transition）である。2010年に中国は国内総生産（GDP）で日本を抜き、世界第2位の経済大国になり、「日中逆転」といわれた。日韓の経済格差は、1965年の国交正常化当時は約30倍だったが、その半世紀後の2015年には約3倍に縮まった。各国の経済力の変化は単線的ではないが、中長期的な傾向としては、日本とアジア諸国との力関係は従来の垂直的な構造から、水平的なものに移行している。対等性に基づく新しい関係を築く機会であるが、その反面、ナショナリズムを刺激しやすい状況でもある。

21世紀の日韓関係は構造的に変容し、複合的な挑戦に直面している。国家や市場だけでなく、市民社会にまで関係は全面的に広がったが、それぞれの側面で新たな課題が浮上しているのである。国家の戦略では、とりわけ、台頭する中国への対応をめぐって、地政学的な位置の違いなどを背景に、異なる方向性を示している。朝

鮮半島の現状変化にもつながる北朝鮮問題に関しても,協調と軋轢(あつれき)が複雑に交錯している。

　市場,すなわち経済の面でも,開かれた地域経済圏などで共通の利害をもちつつ,競合する部分が増えている。中国の台頭をめぐる外交戦略が経済にも影を落とし,日韓FTA（自由貿易協定）や広域経済圏構想にもすれ違いが多い。

　市民社会は価値の共有を土台に,国家の対立を乗り越える可能性をもつ。しかし,他方で,ナショナリズムを相対化していない市民社会は対立の最前線にもなる。現に,21世紀に入り,日韓の社会が近づく一方で,社会同士が衝突し,相互のイメージにも溝が広がっている。日韓の市民社会のあり方が両国関係を大きく左右する状況になっている。そして日韓関係の行方が東アジアの地域秩序にも大きな影響を与えている。

3 本書の視点

関係史の視点――
国家・市場・市民社会

　本書はそのタイトルの通り,伝統的な外交史にとどまらず,関係史の記述をめざす。本書の筆者は全員が政治学分野の研究者であり,政治や外交の動きが主な内容になる。しかし,日韓の外交関係に影響を与える経済や社会の変容にも目配りをし,広い文脈の中に日韓関係をいかに位置づけるかに重点を置く。

　その際,一つの分析枠組みとして,国家・市場・市民社会の相互関係に着目する。国家・市場・市民社会という図式は,近代性に関するギデンスやハーバーマスの議論を援用したものである。ウェーバーが説いたように,近代とは,従来は一体になっていた政治と経済,社会などが分離し,それぞれ自立した領域となった時代といえ

る。近代性にはさまざまな側面があるが、主要なものとして、国家 (state)、市場 (market)、市民社会 (civil society) の3つに要約することができる。国家とは、ウェーバーの定義する近代国家の特徴を有し、法の支配や客観的ルールに基づく統治制度を包括的に指す。近代の価値の中では、合理性や秩序を表す。市場とは、政治の恣意的な支配から自立した経済の領域を指し、効率性による経済発展がその主な価値となる。

市民社会の語義は多岐にわたるが、ハーバーマスは「自由な意思にもとづく非国家的・非経済的な結合関係」（ハーバーマス、1994: xxxviii）と定義している。これは、「国家から相対的に自立し、個人の自発的な参加によって構成される公共の領域」と言い換えることができよう。人権や基本的自由など、個人にかかわる近代の価値を重視する領域である。市民社会を構成する具体的なアクター（行為主体）としては、メディアや社会運動、非政府組織（NGO）などが挙げられる。市民社会という用語が学術的かつ社会的に一般化したのは1980年代以後であるが、本書では、こうした定義に基づいて、時期的に戦後初期などに遡って使用する場合がある。

この三者は相互に補完と牽制の関係にある。国家は合理的な秩序を与えることで、市場や市民社会の機能を可能にするとともに、それぞれの逸脱を監視する任務を負う。その反面、国家の行動は市場や市民社会によって牽制される。同じく、市場は経済効率性によって社会の発展に寄与するが、その市場の暴走を規制するのは国家と市民社会の役割となる。現代社会は、この3本の柱のバランスの上に成り立っているのである。

現代の国際政治を構成する単位としての国家は、国家・市場・市民社会の複合体としてとらえるべきであろう。今や国家（政府）レベルだけでは、外交や国際関係を説明することはできない。財界や企業など市場の領域に属する組織は国境を越えて活動しており、独

自の外交を展開することもめずらしくない。NGO など市民社会組織はすでに国際関係の主要なアクターとして，国家の枠組みを越える働きをしている。各国のメディアや世論なども市民社会の一部として，各国の外交政策に大きな影響を与えている。

　国家，市場，市民社会という3本の柱は，それぞれ政治，経済，社会の分野に対応する。本書では，戦後の日韓関係の展開について，国家（政府）の動きに焦点を当てつつ，市場（経済）や市民社会（社会）との相互作用や相互関係をも視野に入れて，包括的な視点の提示をめざす。

3つの分析レベル――個人・国家・国際関係

社会科学的な記述では，まず，分析レベルの問題が重要になる。それぞれの出来事について，どのようなレベルから分析し，説明するかという問題である。社会の現象は多様な要因が複雑に絡み合っているが，その中で，どのような側面に焦点を合わせるかが学問的な分析の第一歩となる。

　国際政治学者のウォルツは，戦争の原因を分析した著書『人間・国家・戦争』において，「3つのイメージ」という枠組みを提示した（ウォルツ，2013）。つまり，どのような視点（要因）から，戦争の発生という事象を眺めるのかということである。彼のいう「イメージ」は分析レベルに置き換えることができる。第1のレベルは人間，すなわち政治指導者など個人の役割に注目する。ここには2つの意味合いがある。一つは，人間の権力欲などの本性や認識の限界など，人間が共通してもつ特徴や制約である。もう一つは，政治指導者の思想や価値観，性格など，政策決定者の個別的な特徴である。第二次世界大戦の勃発をヒトラー個人の抱いた世界観から説明したり，冷戦の開始についてスターリンやトルーマンという米ソの指導者の役割に焦点を合わせたりする見方である。

　第2のレベルは国家のあり方，すなわち政治体制や制度の違いが

戦争の有無に与える影響を強調する。例えば、独裁体制と民主制のうち、どちらがより戦争に走りやすいか、という問いになる。「民主制の国家同士は戦争をしない」と主張する「民主制による平和」の議論は、その一例である。「資本主義体制は帝国主義に発展し、必然的に戦争に至る」と主張したレーニンの「帝国主義論」も第2の分析レベルに属する。

　第1の人間（個人）と第2の国家はともに単位（unit）レベル、すなわちアクターの属性を重視する見方である。それに対して、第3のレベルは国際関係に注目する。ウォルツによると、単位（国家）の単なる総和ではない国際システムのあり方がアクターの選択に影響を与える。例えば、二極構造と多極構造では、どちらがより不安定で戦争を誘発するのか。あるいは覇権安定論が説くように、一国支配の単極体制のほうがむしろ平和をもたらすのか。こうした議論が第3レベルの例である。

　戦後日韓関係の展開においても、さまざまなレベルの要因が作用した。最初の長い空白には、吉田茂と李承晩という日韓の指導者の強烈な個性が少なからず影響した。日韓ともに、国家が社会をコントロールできた当時の状況が政治指導者の比重を高める条件でもあった。また、東アジアの冷戦体制や米国の戦略という国際的要因が日韓関係を規定したところも大きい。

　近年の日韓関係の流動化においても、それぞれの政治指導者の個性に加え、民主化や世論の影響など、政治体制の変化、さらには脱冷戦やグローバル化、地政学的変化などの国際システムの変容など、さまざまなレベルの要因が重なり合っている。本書では、個人、国家、国際政治といった分析レベルを念頭に置きつつ、それぞれの時代の日韓関係を多面的にとらえることをめざす。

4 本書の構成

> 10年単位の章立て

前述のとおり，戦後の日韓関係は概ね20年ごとに変化を遂げてきたが，本書は記述の便宜上，10年を単位とした章立てになっている。1945年の解放以後の時期を扱う第1章は例外として若干長いが，それ以降の章では，第2章の60年代から第7章の2010年代に至るまで，ほぼ10年きざみの構成をとっている。それぞれの10年（decade）が必ずしも政治外交史的な時期区分と一致するわけではない。ただ，偶然という側面もあるが，韓国政治の時期を画する出来事の多くが節目に起こり，各年代に一定の政治・外交的な意味を与えている。

韓国の初代の大統領であった李承晩は1948年に就任し，60年4月，学生を中心とした抗議運動で退陣した。つまり，李承晩政権期は50年代とほぼ重なる。短い民主党政権期を経て，朴正熙将軍が軍事クーデタで政権を掌握したのは61年5月であり，79年に暗殺されるまで権力の座に就いていた。韓国政治では，60年代と70年代は朴正熙政権期と同義語となる。72年10月に，独裁体制を強化するために，「10月維新」と呼ばれる措置がとられ，70年代の朴政権は60年代とはやや異なる様相を呈し，日韓関係にも影響を与えた。

また，国際政治的にも1960年代は米国のケネディとジョンソンの政権期に当たり，ベトナムへの介入が本格化し，アジア冷戦が再び激化する時期であった。69年にニクソン政権が成立すると，「ニクソン・ドクトリン」や米中接近で東アジアにもデタント（緊張緩和）が波及し，70年代の日韓関係は流動化の局面を迎えた。

1980年代は激動の10年間であったといえる。国際的には79年

のソ連軍によるアフガニスタン侵攻を契機に「新冷戦」に突入し，韓国では「光州事態」を武力で鎮圧して全斗煥(チョンドゥファン)政権が成立した。しかし，85年のソ連ゴルバチョフ書記長の就任を境に国際情勢は大きく転換し，89年に米ソ冷戦の終結が公式に宣言された。韓国では87年に政治的民主化が実現し，新しい時代に入った。

1990年以後は，10年きざみの象徴的な出来事はなく，グローバル化や民主化など，マクロな変化の潮流が続いている。韓国では87年以後，同じ憲法の下で選挙による指導者や政権の交代が5年ごとに行われている。大統領中心制であるため，各大統領の個性による政策の相違はあるが，政治体制そのものは連続的である。

国際的には，1990年代初めから北朝鮮の核開発による危機が続いており，2001年の米国に対する同時多発テロ，2010年代初め以後に顕著になる中国の台頭など，新たな要因が加わり，日韓関係のあり方にも大きな影響を与えている。

以下では，各章の内容を簡単に要約し，本書の骨格を概略的に示したい。

1950年代（第1章）

1945年の日本の敗戦で，韓国は日本の植民地支配から独立した。しかし，日韓の新しい関係設定は難航を極め，長い空白期が続いた。50年代を中心とした李承晩政権期を扱う第1章では，なぜ日韓の正式な関係構築に時間がかかったかに焦点を合わせる。

韓国の李承晩大統領が日本に批判的で，強硬な反日政策を展開したことはよく知られている。しかし，それだけでは日韓関係の長い空白を説明することはできない。構造的な要因が背景にあり，日韓それぞれの戦略が働いた結果でもあった。日韓にとって，50年代は戦後復興や自立基盤の建設など，「国づくり」に取り組む時代であった。それぞれ米国との関係がより重要であり，日韓が正面から向き合う余裕はなかった。

Column ① 韓国政治の時期区分

戦後の韓国政治については，右の表のような時期区分が一般的である。

第○共和国という表記はフランスなどの例にならったものだが，主として権力構造にかかわる憲法の改正を基準にしている。第2共和国を除いてすべて大統領制であるが，大統領の選出方法や任期，再任の制限などで変化があった。第2共和国は唯一，議院内閣制が採用された時期であり，大統領は名目的で，国務総理に実権があった。第4共和国は「維新体制」とも呼ばれ，大統領は間接選挙で選ばれ，再任の制限もなく，事実上の終身制であった。

第5共和国までは，共和国の名称変更と大統領の交代がほぼ一致しており，指導者の交代が革命や軍事クーデタなど，非正常な形で行われたことを表している。その結果，第1共和国は李承晩，第3共和国は朴正熙，第5共和国は全斗煥など，それぞれの共和国が特定の政権を指す代名詞にもなっている。

1988年以後は，同じ憲法の下で，選挙による大統領の交代が行われており，第6共和国という名称はあまり意味がなく，盧泰愚政権期を指す以外は，あまり使われなくなった。1987年に改正された現行の憲法は，民主化の要求を背景に，長期政権を防ぐことに重点を置き，大統領の任

国交正常化のための日韓交渉は1951年から開始された。しかし，会談は日韓の認識の差を露呈する場となり，議論は平行線をたどった。韓国が漁業資源の保護を掲げ，「李ライン」を設定し，日本漁船を拿捕すると，日韓の対立は感情的なものとなり，武力衝突の可能性すら危惧された。反面，請求権問題との関連で，日本の植民地統治を正当化した「久保田発言」には韓国が激しく反発し，日韓会談は4年近く漂流した。

1950年代中盤，吉田から鳩山一郎，石橋湛山，岸信介へと政権が交代するにつれ，日韓関係にも打開の動きが見られた。しかし，世界的な雪解けの中，日朝の接近が表面化したことで，日韓会談に

表　韓国政治の時期区分

時期区分	大統領
米軍政：1945-48 年	
第 1 共和国：1948-60 年	李承晩
第 2 共和国：1960-61 年	尹潽善，張勉（国務総理）
軍政：1961-63 年	朴正熙
第 3 共和国：1963-72 年	朴正熙
第 4 共和国：1972-81 年	
1972-79 年	朴正熙
1979-81 年	崔圭夏，全斗煥
第 5 共和国：1981-88 年	全斗煥
第 6 共和国：1988 年-	
1988-1993 年	盧泰愚
1993-1998 年	金泳三
1998-2003 年	金大中
2003-2008 年	盧武鉉
2008-2013 年	李明博
2013 年-	朴槿恵

期は 5 年 1 期で再任は認められていない。

は新たな障害が現れた。岸政権はアジア戦略の一環として，韓国との関係改善をめざして特使外交を展開したが，日朝間で始まった在日朝鮮人の帰還事業が障害となり，国交正常化には至らなかった。日本にとって，朝鮮半島の 2 つの分断国家にどう向き合うかという新たな課題が浮上したのである。

> 1960 年代（第 2 章）

第 2 章は 1960 年代の日韓関係を扱うが，その焦点は 65 年の日韓国交正常化である。正式の国交が樹立した 60 年代は戦後日韓関係の原点ともいえる。しかし，新しい日韓関係の出発は多くの問題を伴ったものでもあった。過去の植民地支配の清算よりも，激化するアジア冷戦状況の中

で，日韓が経済協力を通して反共陣営を強化することを優先したからであった。冷戦戦略と経済の論理が先行し，過去の清算は置き去りにされた。1910年の併合に至る旧条約の効力，請求権問題，竹島（独島）の領有権など，多くの争点について，両国の溝が埋まらないまま，曖昧な文言による政治決着が行われた。

日韓の国交正常化は両国の社会を結び付けるものではなかった。韓国では過去の清算が不十分な「屈辱外交」への反対運動が広がり，日本では，朝鮮半島の冷戦体制への加担が厳しく批判された。軍事クーデタで成立した朴正煕政権は経済建設を最優先課題として掲げ，力で反対論を押さえ，日本の池田勇人，佐藤栄作政権は経済協力による安全保障の確保という観点から日韓国交正常化に踏み切った。

しかし，米国を軸とした冷戦体制に組み込まれた関係ではあったが，日韓の間にはアジア冷戦へのかかわりの面で，違いも少なくなかった。韓国のベトナム派兵やアジア太平洋協議会（ASPAC）創設をめぐる日韓の相違に表れているように，安全保障上の協力関係は進展しなかった。国交正常化以後，政府間関係は拡大したが，その主眼は経済協力に置かれた。貿易や投資など，日韓の経済関係は急速に深化し，韓国では「対日従属」が危惧された。このように当初から多くの制約を伴った「1965年体制」ではあるが，その後の日韓関係の土台になった意義にも注目を促している。

1970年代（第3章）

第3章の対象である1970年代は東アジア冷戦が変容し，日韓関係にも複合的な影響を与えた時代であった。キッシンジャーの秘密外交をふまえ，劇的な形で発表された米中接近は，日韓にとってある種のショックであった。デタントは歓迎すべきことであったが，ニクソンの訪中は同盟国である日本や韓国の「頭越し」に進められた。日本と韓国は状況変化に対応するために，独自の外交を模索した。日本の田中角栄政権は日中国交正常化に拍車をかけ，韓国の朴正煕政権は南北対

話を進めた。

さらに日韓は在韓米軍の撤退など，米国の関与の縮小に対応して，安全保障面での協力関係を拡大した。1969年のニクソン・佐藤共同声明で，「韓国の安全は日本自身の安全にとって緊要」とした「韓国条項」は，韓国の安全保障に対する日本の関心と関与を示したものであり，韓国は「自主国防」の基盤となる重化学工業を建設するため，日本への接近を強めた。カーター政権が在韓米軍の撤退を進めると，日韓はその撤回に向けて協力した。

しかし，アジア冷戦の変容には，日韓関係を流動化させる力学もあった。米中・日中接近と連動して，日朝関係の改善が再び課題となったのである。韓国の朴正熙政権は自らも南北対話や共産圏諸国への接近を図ったが，日朝接近には警戒感を隠さなかった。朝鮮半島の「脱冷戦」をめぐって，日米韓の間で，利害の共有と相違が複雑に交錯する構図が浮き彫りになったのが，1970年代であった。朝鮮半島の2つの分断国家に対して，日本がどのようにかかわるべきかという課題は現在も続いている。

1970年代には，朴正熙政権の強権化と人権抑圧という問題を通じて，日韓の市民社会がつながることにもなった。73年の金大中拉致事件を契機に，日本社会で韓国の民主化への関心が高まり，国家や経済に限定されない新たな関係が現れた。

1980年代（第4章）

1980年代に日韓関係は大きく進展した。しかし，その様相は前半と後半とで大きく異なる。

まず1980年代初めには，国家間関係で日韓の「新時代」が謳われた。世界的な米ソ対立の激化による「新冷戦」を背景にしたものであった。朴正熙大統領の暗殺後，高まる民主化の熱気を武力で抑えて権力の座に就いた全斗煥政権を支えるために，日本の中曽根康弘政権と米国のレーガン政権は緊密に協力した。日米韓の戦略的な

連携も公式に唱えられ始めた。

1983年1月に中曽根首相は日本の首相として初めて公式訪韓し、翌84年9月には全斗煥大統領が韓国の元首として初めての訪日を果たした。国交正常化から20年近く経過してようやく首脳の公式訪問が実現したのである。こうした動きは国家の戦略や思惑によるものであり、日韓の社会の間には依然として距離があった。

しかし、1980年代後半に入り、日韓関係をめぐる状況は激変した。米ソ冷戦が終結に向かう中、韓国では民主化が実現し、30年近く続いた軍部統治が終わりを告げた。88年のソウル・オリンピックは、64年の東京オリンピックがそうであったように、新しい韓国の誕生を象徴する出来事であった。

韓国社会の変貌は、日本の国際化と相まって、日韓関係の裾野を広げた。さまざまな民間交流が活性化し、日韓の自治体は競って国際交流を進めた。「等身大」の交流の時代が始まり、文化への着目など、相互の認識も多様化した。

その反面、韓国の民主化の進展で、もはや歴史問題を日韓の政府間関係だけでコントロールすることが困難になった。1982年の「第1次歴史教科書問題」以来、歴史問題が外交の争点となり、世論にも影響される構図が出現した。

1990年代（第5章） 第5章では、冷戦終結後の流動化する世界で、日韓が協調と対立の間で揺れながら、いかに地域の課題に対応したかが描かれる。米ソ冷戦の終結は、日韓関係にも新たな課題を突き付けた。朝鮮半島を含む東アジアの「脱冷戦」が共通の課題として台頭したが、1993-94年の第1次朝鮮半島核危機の発生に見られるように、その過程は不安定なものであった。北朝鮮問題をめぐる日韓関係には、国際協調とともに、それぞれの利害を反映した軋轢(あつれき)も存在した。

日韓の国内政治の流動化で、歴史や領土問題の政治争点化がさら

に進み，とりわけ日本軍慰安婦問題が焦点となった。韓国では，民主化の潮流の中で，これまで封印されてきた被害者の声が噴出した。日本でも，1990年代には非自民政権への政権交代などの変化があり，95年の村山談話など，歴史問題への積極的な取り組みがみられた。日韓の社会でナショナリズムが頭をもたげていたが，政治の努力で協力の基盤が作られていったのである。

1997年のアジア通貨危機が日韓関係をさらに深化させる契機になった。韓国の金大中大統領は通貨危機の打開という目的もあって，日本との関係強化を全面的に進めた。「過去の直視」と「未来志向」を柱とする「日韓パートナーシップ宣言」(1998年) は，歴史問題への視点が欠落した「1965年体制」を補完しつつ，日韓の新たな関係の土台づくりを意図したものであった。日韓の2国間関係では，サッカーのワールドカップの共同開催の推進など，日韓協力を象徴する取り組みが行われ，ASEAN＋3を舞台とした東アジアの地域協力においても，日韓の政策協調が最も積極的に進められた時期であった。

2000年代（第6章）

21世紀に入り，協調と対立という戦後日韓関係の二面性はいっそう顕著になった。その最初の10年を扱う第6章は，この時期の特徴を「体制共有」から「意識共有」への構造転換，領域の重層化，アクターの多様化，それから2つの「そうたい」(総体と相対) という4点に要約する。日韓関係が全面的に拡大するのに伴って，アクターの面でも，争点の面でも多様化が一気に進み，摩擦も増大したが，この時期の日韓関係には，ある種の「復元力」が働いていたことに注目を促している。網の目のように広がった相互依存関係によって全体としてバランスが図られるという構図である。

「教科書」「靖国」「竹島」「慰安婦」という4つの争点が「歴史認識問題」として噴出し，新しい世紀の日韓関係を揺さぶった。しか

し，2000年代には，日韓両国の政治にも，また市民社会にも，日韓関係の安定化をめざす動きが同時に現れた。歴史認識問題については，市民や研究者らによるさまざまな対話の試みがあったが，01年からは政府主導の歴史共同研究が進められた。官民を問わず，争点の存在がその解決をめざす取り組みを生み，国境を越えるネットワークを拡大させる力学が見られた。

それを支えたのは，日韓の社会の同質化と接近に触発された「韓流」と「日流」の好循環であった。その起爆剤となったのは2002年のサッカー・ワールドカップの日韓共同開催であった。これは両国の指導者によって実現したイベントであったが，日韓の社会ですでに高まっていた相互接近の動きを促進する契機となった。

日韓間の人的交流は量的に拡大し，質的にも新たな段階に入った。ヒトの往来を促進する措置が相次いで実施され，社会の接触は大衆化し，日常化した。対立と協調が入り交じるコンプレックス（複合体／愛憎）としての日韓関係の出現である。

2010年代（第7章） 2010年代に入り，日韓関係は暗転した。政府間の外交的な対立だけでなく，社会間の感情的な衝突にまで広がった。第7章は日韓間に高まる相互不信に注目し，協力が互いの利益であることを認識しながらも，自ら率先する誘因がどちらにもないため，好ましくない状況が放置されるという「ナッシュ均衡」の枠組みを用いて説明する。

なぜ「相互不信」は解消されず，むしろ増幅するのだろうか。その原因や構造を分析し，理解することから始めなければならない。第7章が示すように，日韓間には歴史認識，領土問題，対中政策など，さまざまな争点をめぐって認識の違いがより顕著になっている。慰安婦問題の「妥結」が図られても，むしろ「1965年体制」の揺らぎが際立つ。それぞれの懸案を丁寧に検討すると，これまでの日韓関係の土台に安易に依存するだけでは対処できない流動的な状況

が浮き彫りになる。「特殊」な隣国という従来の枠組みを超えて，日韓がより広い文脈に自らを位置づけ，普遍的かつ共通のビジョンをめざすことが「普通」の2国間関係の要諦であるとする第7章の総括は，今後の日韓関係を考えるうえで示唆に富む。

今後の日韓関係に向けて（終章）　以上の議論をふまえて，終章では，21世紀の日韓関係が直面している複合的な構造変容を要約し，取り組むべき課題を指摘する。その変容は，ナショナル・リージョナル・グローバルの3つのレベルで同時に進行し，互いに連動している。ナショナル・レベル，すなわち，アクターのレベルでは，日韓ともに政治に対する市民や世論の影響が強まっているという意味で，民主化のプロセスにある。そこでの課題は，日韓の間に「民主的平和」が定着していくかどうかであろう。

さらに拡張していえば，日韓というアクターはそれぞれ一枚岩ではなく，国家・市場・市民社会の複合体としてとらえたほうが実態に近い。もはや政府だけが対外関係の主体ではなく，企業や自治体，さまざまな市民グループが国境を越えて独自に相互作用を展開する時代となっている。こうした多様な関係にも，それぞれ協調と対立の両面がある。

リージョナル・レベルでは，地域主義と中国の台頭という2つの変化にいかに対応するかが日韓関係の行方に影響を及ぼす。冷戦終結後，日韓は東アジアの地域外交で連携し，一定の成果をあげた。しかし，近年，中国の台頭をめぐって，日韓の間にはアプローチの相違が表面化している。米中の勢力競争の影響を防ぎつつ，東アジアを包括する地域枠組みの構築は日韓の共通課題であり，地域全体への貢献でもある。

日韓関係はグローバル・レベルの変容にも直面している。両国は，国内的にはナショナリズムが刺激されやすい部分もあるが，経済格

差や少子高齢化，多文化共生など，抱える政策課題には共通するところが多い。さらに，開発や環境など地球的問題に対する国際貢献の面で，外交的競合を超えて協調関係を築けるかが，今後の日韓関係の試金石になる。

●引用・参考文献●

カー，E. H.／清水幾太郎訳，1962 年『歴史とは何か』岩波新書。

ウォルツ，ケネス／渡邉昭夫・岡垣知子訳，2013 年『人間・国家・戦争——国際政治の３つのイメージ』勁草書房。

日韓 21 世紀委員会，1991 年『日韓交流の現状と課題』日本国際交流センター。

フロイト，ジークムンド／高橋義孝訳，1969 年「文化への不満」『フロイト著作集』第 3 巻「文化・芸術論」人文書院。

ハーバーマス，ユルゲン／細谷貞雄・山田正行訳，1994 年『公共性の構造転換——市民社会の一カテゴリーについての研究』未來社。

ハンチントン，S. P.／坪郷實・中道寿一・藪野祐三訳，1995 年『第三の波——20 世紀後半の民主化』三嶺書房。

第1章 戦後日韓関係の始まり

●1950年代

↑ 東京・駒場にあるクラーク大将公邸にて、吉田茂首相（中央左）と李承晩大統領（同右）が会談（1953年1月，東京。写真提供：時事通信フォト）。

　日本の敗戦で、韓国は植民地支配から独立した。しかし、日韓の新たな関係設定は難航し、1950年代は日韓関係の空白期となった。朝鮮半島では分断と戦争が続き、日本は戦後復興の途上にあった。それぞれ新しい国づくりが至上課題であり、互いへの関心は低かった。歴史をめぐる認識の溝は深く、日韓会談は衝突の場と化した。1950年代後半、冷戦対立が緩み、日本は朝鮮半島の2つの分断国家とどう向き合うかという課題に直面した。

1 李承晩政権の「反日」政策

朝鮮半島の解放と分断

1945年8月,日本の敗戦で朝鮮半島は日本の支配から解放された。しかし,独立国家の樹立は実現せず,朝鮮半島は米ソによる分割占領となった。日本軍の降伏を受理する管轄地域を画定する際,北緯38度線を境界として,北はソ連軍,南は米軍が担当することになったのである。当初,日本軍の降伏受理という軍事的措置のための暫定的な分割であったが,やがて米ソ冷戦が本格化するにつれ,分断は固定化し,38度線は「国境線」と化した。

米軍政による3年間の統治は,新生韓国の政治的基盤を築く期間でもあった。解放直後の南朝鮮では,広義の左派が政治的に優位に立っていた。社会主義や共産主義といった理念が大衆に支持されたというより,日本の統治に屈服せず,最後まで戦った人々の多くが左派であったからにほかならない。日本の敗戦から9月初めに米軍が進駐するまで建国準備委員会を率い,南朝鮮地域を事実上統治していた呂運亨は穏健派社会主義者として知られる指導者であった。

半面,朝鮮国内の右派保守派は,1919年の「3・1運動」など,初期には独立をめざす動きを示したが,日本の統治が長期化するにつれ,多くが転向し,植民地支配に協力する道を歩んだ。解放直後の状況で,彼らは「親日派」という経歴のゆえに,政治的な正統性と影響力を失っていた。韓国で現在も使われている「親日派」とは,日本語の用語法とは若干異なり,「対日協力者」を意味する。

南朝鮮に進駐した米軍政はこうした状況を逆転させた。すでに38度線の画定そのものが米ソ間に高まりつつあった冷戦対立の産物であったが,米占領軍は反共産主義と治安維持の観点から,在朝

鮮米陸軍司令部軍政庁の要員として右派保守派を多数登用した。その多くが朝鮮総督府の官僚など対日協力者であった。こうした傾向は，警察や軍など，治安維持に直結する統治機構に顕著であった。植民地警察として抗日運動を弾圧した人たちが米軍政庁の幹部として復権し，旧日本軍・満州軍の将校が新生韓国軍の主軸をなした。

しかし，こうした動きは，日本の植民地支配との断絶を求めた大衆の目には解放の否定として映り，左派による批判と連動した農民・労働者の抵抗で，米軍政期の統治は混乱が続いた。対日協力者問題の「清算」が不十分であったという認識が生まれ，現在に至るまで，韓国の保守派に対して，「親日派」問題が繰り返し提起される背景となっている。

日本の敗戦と朝鮮の解放は，帝国日本の解体でもあった。それは巨大な人の移動を伴うものであった。1910年の韓国併合以来，大勢の日本人が植民地朝鮮に渡り，満州に進出した。1945年8月の終戦時に，南朝鮮に約50万人，北朝鮮に約27万人の日本人がいた。このほか満州から約12万人が朝鮮半島に逃れていた。戦後の混乱の中，彼らの引き揚げは困難を極めた（高崎，2002）。

とりわけ，北朝鮮地域の状況は悲惨であった。ソ連の参戦で日本人は避難を図ったが，汽車などの輸送手段を利用できたのは軍人や警察官の家族など，ごく一部に限られた。北朝鮮では日本人の送還が計画的になされなかったため，多くの人々が収容所などで越冬を余儀なくされた。日本の敗戦から翌年秋ごろまでの1年余りの期間に，北朝鮮にいた約40万人のうち，約3万4000人が命を落としたといわれている。その遺骨のほとんどは今も北朝鮮各地の墓地などに埋葬されている。遺骨の収拾や墓参は現在，日朝間の懸案の一つになっている（水野，2014）。

日本人の大部分は自力で脱出して南下し，1946年12月に米ソ間で結ばれたソ連地区日本人引揚協定に基づき，48年6月までに残

りの日本人の帰還が完了した。南朝鮮では米軍政の計画輸送によって，46年3月までに日本人の本国送還がほぼ終了した（鹿島平和研究所，1973）。他方，終戦時に約200万人を数えた在日朝鮮人は，46年末までに約150万人が帰国し，約50万人が日本に残った。

李承晩とその政権

朝鮮半島の南では，3年間の米軍政の統治を経て，国連決議によって，国連朝鮮委員会の監視の下で選挙を実施し，1948年8月15日，大韓民国政府が樹立された。国連監視下の選挙を拒否した北朝鮮地域では，独自の選挙を行い，同年9月9日，朝鮮民主主義人民共和国が成立し，金日成（キムイルソン）が首相に就任した。朝鮮半島に正統性を競う2つの「国家」が誕生したのである。

韓国の初代大統領には李承晩（イスンマン）が就任した。李は1875年，現在の北朝鮮地域にある黄海道に生まれた。朝鮮王室の遠い傍系に当たるが，何代も官職から遠ざかり，貧しい家柄であった。漢学を修め，立身出世のため，科挙に数回挑戦するも失敗し，朝鮮の古い秩序では挫折を経験した。しかし94年に科挙制度が廃止され，翌年米国人宣教師が設立した培材学堂（ペジェ）に入学したことが李承晩にとって大きな転機となった。西洋文明と近代教育に出会った李承晩はすぐに頭角を現し，近代化を唱える開化派の青年指導者として活躍した。

急進的な改革を主張し，保守的な大韓帝国政府への批判の先頭に立った李承晩は，1899年に逮捕され，投獄された。約5年半の獄中生活の中で，支援を続けた米国人宣教師との関係を深め，キリスト教に入信した。1904年，米国人宣教師の支援で釈放された後，李承晩は留学などのため渡米した。最初はジョージ・ワシントン大学で学んだが，ハーバード大学を経て，10年，プリンストン大学で国際法の博士号を取得した。当時の総長はのちに第28代米国大統領となるウィルソンであった。

李承晩については「反日主義者」のイメージが強い。しかし，彼

の日本観は単純ではなく,状況とともに変化した。青年期に政治活動を始めて以来,当時の開化派の認識を共有し,「反清」や「反露」でほぼ一貫している。「反露」はのちの「反共」路線にもつながる。他方,日本に対しては,当初は近代化のモデルとして好意的な見方を示し,期待を寄せていた。しかし,日露戦争以後,朝鮮に対する日本の影響力が高まるにつれ,「反日」に傾いていった。

博士号取得後の1910年12月,李承晩は帰国したが,祖国はすでに日本に併合され,活動は制約された。12年,寺内正毅総督暗殺未遂事件(「105人事件」)によって韓国においてキリスト教会への弾圧が強まると,李承晩は米国に亡命した。以後,45年10月に帰国するまで,33年間にわたって,首都ワシントンD.C.やハワイを拠点に,主として外交的手段による抗日独立運動を展開した。在外朝鮮人による亡命運動には内紛と対立が絶えず,多くのグループに分かれていたが,李承晩は知名度が高く,右派民族主義陣営では指導的な地位にあった。19年,上海に大韓民国臨時政府が樹立されると,米国にいた李承晩は大統領に推戴された。

1945年の解放後,李承晩は米軍政の後押しを得て帰国し,右派保守派の指導者となった。米軍政の下,保守派は実権を取り戻したが,その正統性の欠如を補う役割が期待されたのである。対日協力者の多い国内保守派は韓国民主党を組織し,李承晩を支えた。海外の亡命生活が長く,国内基盤が弱かった李にとっては,国内の保守派の支持が不可欠であった。李承晩政権は,亡命派指導者の正統性と,韓国民主党の国内基盤との結合の上に成立したのである。

しかし,「親日派」に対する李承晩の政策には二面性があった。1948年,大統領に選出されると,李承晩は閣僚など主要ポストから韓国民主党系を排除し,亡命派の独立運動家を登用した。政治的ライバルの排除という理由のほか,独立国家の指導者に「親日派」は相応しくないという名分があった。期待を裏切られた韓国民主党

は政権批判の野党に転じ，以後，名称を変えつつ，韓国政治の保守野党の系譜をなした。

他方，李承晩は自らの統治の手段となる行政や警察，軍などの権力機構には「親日派」を温存し，重用した。「新政府の行政，法曹，警察には日帝時代の下級官吏 7 万人あまりが再登用」された（文京洙，2015: 63）。米軍政と同じく，植民地支配の清算より，「反共」に重点を置いた選択であった。

李承晩政権の対日政策

李承晩政権は，対日政策にも二面性が見られ，また状況に応じて変化した。李承晩政権は，1948 年の政府樹立直後から，植民地支配の対日賠償要求，日本の再武装に対する警戒など，厳しい対日政策を打ち出した。李承晩大統領が，「日本のヘゲモニー復活を阻止する」ことに対日政策の目標があると述べたように（太田，1999: 4），新生韓国にとっては，日本による統治の残滓を清算し，自立的な国家建設を進めることが優先の課題であった。さまざまな領域における日本の影響を排除することは，李承晩政権の政策であるだけでなく，社会全般の要求でもあった。解放直後の 46 年に，行政区域の名称が変更され，日本式の「町」や「丁目」から，「洞」や「街」に改められた。日常生活に残る植民地支配の影響を指して，「倭色」という用語が使われ，「倭色文化」や「倭色用語」の排除が社会的な論議となった。54 年には標準時基準線も大韓帝国による最初の設定（1908 年）と同じく，東経 127 度 30 分に戻され，日本とは 30 分の時差となった。61 年，朴正熙軍事政権によって，再び日本と同じ東経 135 度に変更された。ちなみに，北朝鮮は 2015 年 8 月 15 日，標準時基準線を東経 127 度 30 分に変更した。

しかし，外交・安全保障や経済では，現実主義的な姿勢も見られた。大統領就任直後の 1948 年 10 月にマッカーサー元帥の招請で来日した李承晩は，到着声明で，「韓国は過去を忘れて日本と新しい

関係に入る努力をする」と述べた。朝鮮戦争直前の50年2月にもマッカーサー元帥の招請で再び訪日し,吉田茂 首相ら日本政府要人と懇談した。李承晩は到着声明で,「共産主義による共同の危険に直面して,共同の安全を図るために相互の理解を深めることが必要となった」と述べ,記者会見では,「東洋に共産主義の危険がある限り,日韓両国は過去を忘れて密接に協力すべきである」と力説した(高崎,1996: 22)。こうした発言は,新生韓国の基盤が不安定な状況で,米国のアジア戦略の枠組みの中で日韓関係の構築を模索するものであった。

1949年1月には駐日韓国代表部を東京に設置し,同年4月には貿易協定,金融協定,貿易計画からなる日韓通商協定が締結された。当時,日本は連合国の占領下にあり,基本的に韓国政府と連合国最高司令官総司令部(GHQ / SCAP)の間の取り決めであった。日韓の経済関係の復活には,両国の占領の負担を抱える米国の強い働きかけもあった。しかし,植民地的な経済体制のまま分離されたうえに,南北の分断で北朝鮮地域の工業や資源からも遮断された韓国にとって,経済基盤の不完全性を補完するために,日本との貿易再開は現実的な選択であった。

その反面,韓国では日本経済への再従属に対する警戒感が根強く,国会を中心に国内産業基盤の建設が叫ばれ,保護主義の関税法が成立するなど,自立的工業化への志向が高まっていた。その関連で,米国の対韓経済援助をいかに運用するかが米韓間の大きな争点となった。米国は日韓両国に対する自らの援助の負担を軽減するために,「産業の重複」を避けるなど,対日と対韓援助の統合的な運用を重視した。例えば,肥料工場の建設を希望する韓国に対して,米国の援助当局は,肥料は日本から購入し,韓国は農業生産に注力することを勧めた。日韓間の伝統的な垂直的分業が効率的であるという発想が背景にあった。また,「援助ドルの二重の働き」という考

えの下,対韓援助物資の日本での購入を積極的に推進し,対韓援助資金が日本の経済復興にも資する運用を方針とした(李鍾元,1993)。対韓経済援助の運用をめぐる米韓の対立は,米国を媒介とした日韓関係の一断面を示しており,朝鮮戦争休戦以後,復興援助の本格化とともに,いっそう激化することになる。

2 朝鮮戦争と日韓関係

朝鮮戦争と日本の安全保障

1950年6月25日未明,北朝鮮が38度線の全域にわたって攻撃を行い,朝鮮戦争が勃発した。48年に2つの政府が誕生して以来,38度線を挟んで,大小の武力衝突が絶えなかった。しかし,50年6月の攻撃は,ソ連の支援の下,北朝鮮が「南朝鮮の解放」をめざして周到に準備し,実行した全面戦争であった。装備に劣る韓国軍は総崩れとなり,3日後の6月28日にはソウルが占領された。韓国軍は敗走を重ね,政府は釜山に移転した。開戦から3カ月後の8月末までには,韓国全土の9割を北朝鮮軍に占領され,大邱と釜山を囲む狭い地域に追い込まれる危機的状況となった。

戦争の勃発に対して,米国のトルーマン政権の対応は素早かった。以前は韓国への直接的な軍事的関与に消極的であったが,米国の防衛公約への信頼,日本への影響などの考慮から,参戦を決定した。さらに,中国代表権問題でソ連が欠席していた国連安全保障理事会(安保理)で,国連軍創設の決議を取りつけた。安保理の韓国支援決議に応じて,米国やイギリスなど合計16カ国が派兵し,スウェーデンなど5カ国が医療隊を派遣した。マッカーサー米極東軍司令官が国連軍司令官に任命され,韓国軍の指揮権も国連軍に移管された。当時日本は米国の占領下にあり,独自に国連軍にかかわることはな

かったが，戦争を指揮したマッカーサーの国連軍司令部は東京にあった。1957年，国連軍司令部はソウルに移転し，日本には国連軍後方司令部が設置された。

朝鮮戦争の際の国連軍は，国連憲章第7章に規定された正式の国連軍ではなく，国連安保理決議に基づくある種の異例のケースであった。安保理に作戦や兵力への指揮権はなく，米極東軍司令官が国連軍司令官を兼任した。これまで国連憲章第7章に基づく正式の国連軍は一度も組織されたことがなく，国連軍の名称が使われたのも朝鮮戦争の事例が唯一である。その後の状況変化で，国連軍の任務や役割は大きく変わったが，そのしくみは依然として残っている。国連軍司令部の軍事的な機能は，1978年に新設された米韓連合司令部に移転され，停戦の管理などが主な任務となった。日本の後方司令部は現在も存続し，座間や横田など7つの基地が国連軍施設に指定されている。

米軍を主力とする国連軍の参戦で戦況は逆転した。とりわけ，1950年9月，マッカーサー司令官が指揮した仁川上陸作戦で，補給ラインが伸びた北朝鮮軍は背後を突かれ，敗走に転じた。10月1日，国連軍は38度線を越えて北進し，10月末には一部の部隊が中朝国境地帯の鴨緑江にまで進出した。しかし，中国の参戦で，国連軍は再び後退に転じ，開戦から1年が経った51年夏には，38度線とほぼ重なる地域で戦線は膠着状態に陥った。以後，休戦交渉が始まり，53年7月に停戦協定が成立して，3年間にわたる戦争は一応終結した。

朝鮮戦争は戦後日本の進路に大きな影響を与えた。戦争が勃発し，在日米軍を韓国に投入することになったマッカーサーは，日本の治安維持のため，日本政府に7万5000人からなる警察予備隊の創設を指示し，これが日本の再軍備の始まりとなった。警察予備隊はその後，保安隊（1952年）を経て，自衛隊（1954年）に改組，拡大さ

れた。隣国で戦争が勃発したことで，日本の安全保障をめぐる理念や政策上の対立が激化した。反戦・平和の運動や世論が高まる一方で，保守派は再軍備と憲法改正を唱え，朝鮮戦争への義勇軍派兵の議論も浮上した。

　米国は，朝鮮戦争を契機に，東アジアにおける冷戦体制の構築を進め，日本をアジア戦略の拠点に据えた。対日講和の交渉に拍車をかけ，1951年9月8日，「寛大な平和」に立脚した対日講和条約がサンフランシスコで調印された。冷戦対立を色濃く反映し，ソ連や中国などが参加しない「片面講和」であった。その数時間後，日米安全保障条約がサンフランシスコ郊外の軍事基地で調印された。日本独立後の在日米軍の継続駐留を主眼とする取り決めであった。52年4月28日，サンフランシスコ平和条約と日米安全保障条約が発効し，日本は独立国家として国際社会に復帰した。朝鮮半島で戦争が続く中，戦後の平和憲法体制の大きな変容を強いられた門出であった。

朝鮮戦争特需と日本経済

　朝鮮戦争は戦後の日本経済にも大きな転機となった。いわゆる朝鮮戦争による「特需ブーム」である。経済企画庁が編纂(へんさん)した『戦後経済史』(1957年)は，朝鮮戦争が「日本経済の回生薬」であったと記した。朝鮮戦争特需と，さらに，世界的な軍備拡充の促進に伴う輸出の伸長によって，「経済活動は一転，活況を呈し，デフレからインフレへと基調は転換された」のである (戦後経済編さん室，1957: 320)。当時，日本経済は戦後の混乱やインフレ収拾のための緊縮政策 (いわゆる「ドッジ・ライン」) の下，深刻なデフレに陥っていた。その状況を一気に打開し，経済復興を軌道に乗せたのが，朝鮮戦争による特需であった。当時の日本銀行総裁の一万田尚登(いちまたひさと)は回顧録で，「朝鮮動乱は日本経済にとって全くの神風であった」と述べた (山本，1985: 96, 日本工業倶楽部五十年史編纂委員会，1967:

600)。

　狭義の特需は米軍による軍用物資の買い付けを指すが,広義では,在日米軍や家族による支出をも含む。特需の品目はトラックや機関車から毛布に至るまで多様であり,またドルで支払われため,日本経済全般にとって大きな活力となった。特需による収入は,1951年に6億ドル,52年に8億ドル,53年も同じく8億ドルに上り,当時の輸出の約6〜7割を占めた（中村,1993）。53年に朝鮮戦争の休戦が成立すると,特需ブームは収束していく。しかし,米国は朝鮮戦争のための軍事物資の調達にとどまらず,世界的な冷戦戦略の一環として日本の産業力の復興を後押しするために,日米経済協力を進めた。中国本土との関係が断絶した状況で,それに代わる市場を与えるという観点から,韓国だけでなく,東南アジア向けの米国の援助や輸出をも特需の形で日本に下請けさせる政策を展開した。それによって,54年から57年まで,年5-6億ドルの特需収入が確保された（中村,1993）。当時,米国政府内では「援助の調整」や「援助による地域統合」をめぐる論議がさかんに行われた。ここでいう「地域統合」とは,日本と他のアジア諸国を経済的に結び付けるという意味である（李鍾元,1996）。

　朝鮮戦争勃発後に日本経済は復興を遂げ,生産水準は1950年から53年にかけて急速な増加を示し,たちまち戦前の水準を突破するに至った。敗戦の廃墟からの変貌ぶりについて,経済史家の中村隆英は,個人的な体験を交えて,「戦後何年も一面に山積みにされていた戦災地の焼トタン板が,2カ月あまりで一掃されてしまった」と描写した（中村,1993: 439）。国民の生活水準は55年ごろに戦前の水準を回復した。特需は量的な成長だけでなく,日本経済の質的な変貌の契機にもなった。朝鮮戦争による好景気に支えられて,50年から54年にかけて,産業全般にわたって設備の近代化や産業合理化が進められた。合理化促進法が成立し,機械の輸入や新製品

などに対する税金の免除など,設備の近代化を促進する措置が相次いで実行された。こうした状況を背景に,56年の『経済白書』は「もはや戦後ではない」と宣言した。

朝鮮戦争への日本のかかわり

朝鮮戦争の勃発当時,日本は米国の占領下にあり,戦争行為に公式にかかわることはなかった。しかし,戦争を指揮する国連司令部が日本にあったことに象徴されるように,さまざまな形で戦争遂行の一翼を担わされた。米国の初代駐日大使として,開戦後に赴任したマーフィは,「日本人は,驚くべき速さで,彼らの四つの島を一つの巨大な補給倉庫に変えてしまった。このことがなかったならば,朝鮮戦争は戦うことはできなかったはずである」と回顧した(マーフィ,1964: 442-443)。

特需は日本の産業が朝鮮戦争の遂行を支えたことを意味する。それにとどまらず,戦争協力は広範囲にわたった。日本の鉄道や船舶は国連軍の人員や物資を補給・輸送し,軍事的な後方支援活動にもかかわった。国連軍負傷兵のための野戦病院が福岡に設置され,日本赤十字社の看護婦が招集された。

開戦初期には,米国議会で日本人義勇軍の派兵を求める動きがあり,日本国内でも再軍備を唱える保守派を中心に同様の論議が起きた。米国側には足りない地上兵力への期待があり,日本側では再軍備への布石としての思惑があった。新設された警察予備隊の派遣問題が日米間で議論された可能性もあるが,吉田首相とマッカーサー司令官の反対で,日本が公式に兵力を派遣することはなかった。

しかし,実際には,多くの日本人が戦場であった朝鮮半島に渡り,軍事活動にも加わった。まず,米軍に軍属などの形で雇われた民間人たちがいた。在日米占領軍の日本人通訳や料理人らがそのまま戦地にも同行し,戦死したり捕虜になったりしたケースもあった。さらに,戦線が長期化すると,米軍は輸送船,港湾や発電設備を運用

するため,日本人技術者や労働者を雇用し,朝鮮半島やその海域に投入した。クラーク国連軍司令官の回顧録によると,その数は3000-4000人に上った。国連軍による雇用とはいえ,大勢の日本人が韓国に入ってくることに,李承晩大統領は反発し,追放を求めた。しかし,クラーク司令官は,日本人技術者や労働者は戦争遂行に不可欠であると主張し,その要求を拒否した。韓国政府による逮捕や追放を避けるため,彼らは国連軍の艦船や施設内にとどまらざるをえなかった(Clark, 1988)。

最も危険な業務を担ったのは,米軍に徴用された戦車揚陸艦(LST)の日本人船員であった。彼らは,国連軍兵士の輸送,軍事物資の補給・輸送に従事し,犠牲者も出した。調達庁の『占領軍調達史』(1956年)によると,朝鮮戦争開戦から半年間だけで,「特殊港湾荷役者」や「特殊船員」など「特殊作業に従事した者」のうち,56人が死亡した(占領軍調達史編さん委員会,1956)。

以上は民間人としてのかかわりだが,日本国の公務員として,戦場に送り込まれたケースもあった。「日本特別掃海隊」のことである。1950年10月,総司令部の指令で,25隻の艦船(掃海船20隻,巡視船4隻,試航船1隻)と1200人の隊員(旧海軍軍人)からなる特別掃海隊が組織され,同年12月まで,国連軍の元山上陸作戦をはじめ,北朝鮮地域の鎮南浦,海州などの海域で掃海活動を行った。元山沖での活動では,掃海艇1隻が触雷し,隊員1人が死亡し,18人が負傷した。

こうした事実は長い間機密にされていたが,1978年に刊行された当時の初代海上保安庁長官大久保武雄が手記『海鳴りの日々』によって初めて明らかにした。その後,『海上保安庁50年史』(1998年)などに公式に記録されるようになった。

朝鮮戦争は在日韓国朝鮮人社会にも深刻な亀裂をもたらした。北朝鮮を支持する在日本朝鮮人連盟(朝連)は「祖国防衛」を掲げて

「反米反戦」活動を展開し，占領当局と衝突した。他方で，韓国系の大韓民国居留民団（民団）は，「在日学徒義勇軍」を結成し，642人の在日青年を戦線に送った。彼らは韓国軍に配属され，仁川上陸作戦などに参加した。642人のうち，135人が戦死または行方不明者となり，265人が日本に帰国した。しかし，242人は，参戦中の1952年4月に日本が独立し，日本への帰還を拒否されたため，韓国に残った（金賛汀，2007）。

朝鮮戦争当時，北朝鮮は「日本人部隊が参戦している」と非難した。北朝鮮側が発表した国連軍の捕虜名簿に日本人が含まれているという報道もあった。韓国政府も敏感に反応し，李承晩大統領は，「もし日本軍が朝鮮に送られてくれば，韓国人と重大な衝突が生ずる」と警戒感をあらわにした（『朝日新聞』1952年12月3日付）。日本人が組織的に参戦した事実を示す公式文書はまだ確認されず，「日本人参戦説」は，以上のような個別のケースや在日韓国人兵士，米軍の日系兵士が誤認された可能性がある。米軍の中には約5000人の日系米国人が兵士や通訳などで参加し，そのうち200人あまりが戦死した（大沼，2006）。

朝鮮戦争は日本がいかに朝鮮半島情勢と密接に連動しており，大きな影響を受けるかを如実に示している。

3 日韓会談と「衝突」の時代

対日講和条約と韓国の参加問題

1950年代の日韓関係は，日韓会談が大部分を占める。両国の間に公式の関係はなく，国交を結ぶための日韓会談がほぼ唯一の接触の場となった。しかし，そこでも両者の認識や立場には大きな隔たりがあり，衝突が繰り返された。

日韓の対立の根底には，過去の歴史，すなわち日本による韓国併合と植民地支配に対する認識の違いがあった。韓国は，1905年の保護条約（第2次日韓協約）調印から10年の併合に至る過程が武力の威嚇(いかく)を背景にした事実上の「侵略」であり，不法なものであるという立場であった。こうした認識が日韓会談における韓国の基本的な立場となり，65年の日韓基本条約に対する韓国側の解釈として現在に至っている。

　これに対して，日本では韓国併合は条約による合法的な行為であるだけでなく，日本の植民地統治が朝鮮の近代化に貢献したという認識があった。植民地統治そのものは何ら国交交渉の対象ではなく，旧帝国日本からの韓国の「分離」に伴う諸問題の処理に限定すべきとする日本の立場は，韓国の主張とぶつかり，最後まで平行線をたどった。

　こうした認識の違いが最初に表面化したのが，対日講和条約への韓国参加問題であった。李承晩大統領は1948年9月30日，就任後初めての施政方針演説で「連合国の一員として対日講和会議に参列することを連合国に要請し，民国が対日賠償要求する正当な権利を保有」していると述べた（太田，2015: 50）。併合そのものが不法な「侵略」であったという認識に基づき，中国にあった大韓民国臨時政府が41年12月10日，日本に宣戦布告し，その軍事組織である「光復軍」が中国各地で抗日活動を展開したことが，その根拠であった。

　韓国政府の要求を支持するムチオ駐韓米大使の勧告もあり，米国務省は1949年12月，韓国の署名国としての参加を認める対日講和条約草案を作成した。大韓民国臨時政府が国際的に承認されず，韓国が正式の交戦国として認められていないとしつつも，「長い期間にわたって反日運動を行い，中国の軍隊に加わって日本と激しく戦ってきた解放地域である」という点が考慮された（金民樹，2002:

139)。また,米政府内の議論には,新生の反共国家・韓国の国際的な地位向上という冷戦戦略上の思惑もあった。50年4月から米国務長官顧問として対日講和を主導したダレスもこうした方針を維持した。

1951年4月,講和条約を協議するため日本を訪れたダレスとの会談で,吉田首相は,「韓国は交戦国ではなかった」ことを指摘し,韓国の署名国参加に反対した。さらに,もし韓国が署名国になれば,「100万人の在日朝鮮人――その大部分は共産主義者である――が連合国の国民として財産と補償を受け取る権利を得る」ことを反対理由に挙げた。これに対し,ダレスは「世界情勢から判断して米国は,韓国政府の威信を高めたい」という意向を示し,賠償の負担については,賠償を受け取る連合国の範囲を限定することで対応するとして,理解を求めた。会談後に日本側は,「在日朝鮮人が連合国人の地位を取得しない」ことを条件に韓国の参加への同意を表明した(金民樹,2002: 140)。

ところが,より強い反対はイギリスから提起された。1951年5月の米英協議で,イギリスは韓国と日本が正式の「交戦状態」にはなかったとして,韓国の排除を強く求めた。表面的には法的要件を理由に挙げたが,分断国家の一方である韓国のみを参加させ,中華人民共和国を排除することは,他のアジア諸国の講和条約への参加の障害となる可能性も指摘された。より根本的には,多くの植民地を抱え,古い帝国の体制を有したイギリスにとって,韓国の参加承認は植民地支配そのものの合法性の否定につながりかねないという懸念があった。最終的に,イギリスの反対で対日講和条約への韓国の参加は挫折した。

極東国際軍事裁判(東京裁判)や対日講和条約に見られるように,米英が主導した戦後国際秩序は,植民地支配の正当性を問うものではなかった。その枠組みが戦後の日韓関係の設定にも大きな影響を

及ぼすことになった。

日韓会談の開始と「李承晩ライン」

対日講和条約から韓国が除外されたことで、日本と韓国は別途の交渉が必要となり、日韓の予備会談が開かれた。日本はまだ占領下にあり、GHQ が仲介する形となった。直接の契機は、GHQ が在日韓国朝鮮人の法的地位に関する日韓の協議を提案したことであった。当初、日本政府は本格的な国交交渉は主権を回復した後に行うことを希望し、GHQ の提案も議題を限定したものであった。しかし、韓国側はさらに踏み込んで、これを日本との事実上の平和条約締結の機会にしようと考え、会談の議題を漁業問題や請求権問題を含め懸案全般に拡大することを求めた。その結果、在日韓国朝鮮人問題と船舶返還問題の2つを中心に、日韓本会談の準備を議論することに合意した。韓国の積極姿勢の背景には、米国の影響力への期待があった。

日韓予備会談は、1951年10月20日、東京にある GHQ 外交局の会議室で、シーボルト外交局長の開会挨拶とともに始まった。シーボルトはオブザーバーの資格であったが、開催の経緯が示すように、日韓会談には最初から米国が深くかかわった。以後、日韓会談は日韓の2国だけでなく、米国をも巻き込んだ事実上の3国間交渉として展開された。

開会に際して、韓国側首席代表の梁裕燦（ヤンユチャン）駐米大使は、李承晩大統領自らが作成したとされる演説を読み上げ、植民地支配を厳しく批判しながらも、「共産主義の侵略」に対抗するため、日韓の対等な協力関係を樹立する必要を強調した。その演説の末尾に、「戦いをやめて和解しよう（bury the hatchet）」という言葉があった。これに対して、日本側首席代表の井口貞夫（いぐちさだお）外務次官は、「何を和解するのか」と反問した。過去の認識や将来の関係のあり方をめぐって、大きな溝を抱えたままの出発であった。

2カ月余り続けられた予備会談の結果,翌1952年2月に本会談を開催することに合意した。議題について,日本側は拡大に消極的であったが,韓国側の要求を受け入れて,外交関係の樹立,請求権問題,漁業問題など5つにすることとなった。そこには「早急に日韓関係を normalize〔正常化〕するよう」促すアチソン国務長官からの訓令を日本政府に伝えるなど,米国の意向が少なからず働いた（外務省,1970: 25）。しかし,韓国側の期待とは裏腹に,米国は具体的な争点には関与せず,「不介入政策」の立場をとった。国務省の一部には早期の日韓関係樹立のため,米国の調停や介入を唱える意見もあったが,東京のシーボルトらの反対で実現しなかった。

1952年1月18日,韓国政府は「隣接海洋の主権に関する大統領宣言」を行った。韓国では「平和線」,日本では「李承晩ライン（李ライン）」と呼ばれた措置である。占領政策の一環として日本の漁業区域を制限した「マッカーサー・ライン」とほぼ重なる線を設定し,その海域に対する韓国の管轄権を主張したものであった。国防と漁業資源の保全がその目的とされた。朝鮮戦争はまだ続いており,以前からマッカーサー・ラインを越えて操業する日本漁船の取り締まりが問題となっていた。韓国側にとっては,講和条約以後のマッカーサー・ライン廃止に備える意味もあった。この宣言に対して,日本だけでなく,台湾や米国も「海洋自由の原則」に反すると抗議したが,韓国政府は沿岸漁業や大陸棚に対して,資源保護の理由から排他的権利を主張した「トルーマン宣言」（45年9月）などを国際的な先例として,その正当性を主張した。

日韓本会談の1カ月前に出された「李ライン」宣言には,日本に対抗するカードという側面もあった。ムチオ駐韓米大使が報告したように,韓国側は予備会談の過程で,「自らに何らバーゲニング・パワーがなく,日本から実質的な賠償や相当の譲歩を期待できない」ことを痛感したのであった（李鍾元,1994: 167）。

難航する日韓会談　　第1次日韓会談（1952年2月15日〜4月25日）は東京の外務省で始まった。予備会談で合意した通り，外交関係の樹立や請求権問題を中心に，本格的な議論が展開された。会談に臨む日韓の立場の相違は，基本関係条約をめぐる交渉に集約的に表れ，冒頭から激突した。日本側は，大使の交換などを規定した「日韓友好条約」の草案を提出した。外務省の当初案では名称が「日韓和親条約」となっていた。前文には条約締結の目的として，「両国間の新関係発生に由来する各種の懸案を和協の精神により……迅速に解決する」ことを掲げた。過去の関係にふれた条項はなかったのである（高崎，1996）。議論の過程でも，日本側は日韓交渉を「従来，無条約・無国交状態にあった両国間に新しく国交を樹立しようとする会談」だと位置づけ，「将来のための友好条約」が目的であると主張した。

　これに対して，韓国側は，日韓間の懸案の大部分が，「過去の不当かつ不幸であった両国関係」に由来するものであり，過去の問題を解決し対等な基礎を築いた後に国交正常化が可能だと考え，日韓交渉を「日本の韓国強制占領により惹起された諸結果を清算」する「実質的な平和会談」とみなす立場を強調した。韓国が対日講和条約に参加できなかった事実に鑑み，名称は「基本条約」にしたが，韓国側は植民地支配という「過去の清算」を重視した（太田，2015: 86）。

　その関連で，韓国側草案には，「1910年8月22日以前に旧大韓帝国と日本国間に締結された条約が無効であることを確認する」という，いわゆる「旧条約無効確認条項」が含まれていた。つまり，日本が大韓帝国を植民地化した保護条約（1905年）や併合条約（1910年）などは「強制（duress）」の下で締結されたものであり，無効ということであった。「無効」は英文で「null and void」と表記され，「最初から無効」という意味合いが強かった。他方，日本

側は韓国併合に至る諸協定は当時の国際法に則った「有効適法」のものであると主張して,強く反発した。日本側は対案として,「効力を有しない」などの文言を提案したが,韓国側は「旧条約の無効」の確認は「基本方針」であるとして譲らなかった。韓国側にとって,過去の歴史に対する評価という原則の重視に加えて,日本側が提起した在韓日本人財産の請求権主張に対抗し,自らの対日請求権の正当性を裏づける理論的根拠でもあった。ちなみに,この条項は最終的に1965年の日韓基本条約2条では,「もはや無効(already null and void)」という文言で,「いつから無効か」という時点を曖昧にしたまま,日韓がそれぞれの立場から解釈できる玉虫色の政治決着となった。

過去に対する歴史認識の違いは,請求権問題という実質的な争点とも連動していた。韓国は対日請求権として,「韓国から持ち去った古書籍,美術品,地金,地銀などの返還」「被徴用韓人未収金」など8項目の要求を提示した。韓国政府が1949年に作成した『対日賠償要求調書』から後退し,要求内容を縮小したものであった。韓国が対日講和条約の署名国から除外され,賠償請求権が否定された結果,財産権や民事的損害への請求権に限定せざるをえなかったのである。

こうした韓国の要求に対抗して,日本側は在韓日本人財産に対する請求権を主張した。日本統治時代に朝鮮において日本政府および日本人が所有した財産は,戦後,米軍政によって没収され,韓国政府に移譲された。韓国側は対日講和条約4条a項により,米軍政による日本人財産の処分の効力が承認されており,日韓交渉の対象ではないと主張した。他方,日本側は処分の効力は認めつつも,その補償を求める請求権は存在するという立場であった。

日本が対韓請求権を提起したのは,韓国側の過大な請求権要求に対抗するための交渉手段であった。当時の外務省文書は在韓財産の

請求権を「バーゲニング・ツール」と位置づけ，日韓双方の請求権の「相互放棄」や「一括相殺」を基本方針としていた（外務省，1970）。

韓国側は激しく反発した。韓国にとっては，自らの請求権要求の否定であるのみならず，植民地支配を正当化する論理であり，日韓会談の根幹にかかわる問題であった。梁裕燦首席代表がムチオ駐韓米大使に述べたように，「あまりにも重大な原則上の問題を含んでいるため，日本側の主張の妥当性を認めるよりは，会談そのものの全面決裂をも辞さざるをえない」ものであった（李鍾元，1994: 168）。対日講和条約発効前の妥結をめざした第1次会談は，請求権問題をめぐる激しい応酬の末，1952年4月25日に終了した。

日韓の対立と米国

第1次会談が決裂した後，韓国の対日姿勢はいっそう硬化した。1952年8月14日，「李ライン」を侵犯した漁船の最初の拿捕を行ったのをはじめ，侵犯漁船および漁民の刑事処罰を規定した捕獲審判令の公布などの強硬措置を相次いで実行した。対韓請求権を提起した日本への対抗措置であったが，米国に対する圧迫でもあった。朝鮮戦争が続いており，日韓両国に米国が軍事的に関与する状況で，日韓が物理的に衝突する事態は避けなければならなかった。

米国はまず日韓の衝突を防ぐための措置をとった。「李ライン」による漁船拿捕が発生した直後の9月27日，クラーク国連軍司令官は「李ライン」より若干狭い水域を軍事的観点からの防衛水域（クラーク・ライン）に指定し，一般船舶の航行を制限した。一方，韓国政府の漁船拿捕に対抗して海上保安庁の巡視船を派遣しようとした日本政府の動きは，マーフィ大使によって抑えられた。

さらに，東京でマーフィ大使を中心に会談再開のための接触が展開される中，クラーク国連軍司令官は1953年1月，李承晩大統領を東京に招請し，吉田首相との面談を斡旋した。李大統領にとって

Column② 李承晩と吉田茂

　李承晩は1875年，吉田茂は1878年に生まれた。李が生まれた75年に「江華島事件（雲揚号事件）」が起き，翌76年に日朝修好条約が結ばれた。日本の朝鮮侵略の始まりである。3歳違いの李と吉田は同じ時代の両側を生きたといえる。ともに帝国主義と植民地支配の時代に生まれたが，李は抗日運動に身を投じ，吉田は帝国日本の外交官としての道を歩んだ。

　2人とも強烈な個性で知られ，貴族的で頑固な性格の持ち主であった。似た者同士であるがゆえに，個人的な関係がうまくいかなかった面もある。しかし，なにより過去の歴史に対する認識の溝はあまりにも大きかった。吉田は韓国併合の直後に中国の安東（現在の丹東）の領事を務めたが，そこでの主な仕事であった朝鮮人同士の紛争問題裁定の経験を通じて，「（朝鮮人）は闘争心が旺盛だとか，和解したがらない」といったイメージをもったとされる（ダワー，1981: 37）。吉田自身，末年の回想で「日本の韓国統治が朝鮮国民に苦痛だけを与えたというのは事実に反」し，「むしろ韓国の経済発展と民生向上に寄与」したと述べた（吉田，1963: 149）。

　吉田と李は2回会っている。2回ともアメリカが日韓関係の打開を目的に斡旋したものであった。1950年2月，マッカーサー司令官の招待で来日した李は初めて吉田首相と面談した。2月17日，ヒューストンGHQ外交局次長官舎で李大統領が「お茶の会」を開き，吉田首相ら日本政府要人を招待するという形であった。儀礼的なものだったようであ

3回目の訪日であり，吉田首相と会うのは2回目であった。しかし，吉田と李は両者とも公式の会談には消極的で，クラーク司令官の官邸で，マーフィ大使らを交えた日米韓三者の非公式懇談という形となった（→ Column ②）。

　こうした米国の強い働きかけによって，第2次日韓会談（1953年4月15日～7月23日）が開かれた。同盟の強化によって，米国の負担軽減をめざすアイゼンハワー政権の登場がそれを後押しした。し

++

り，関連する文書や記録は見当たらない。

 2回目は1953年1月，クラーク国連軍司令官の招待による訪日であった。しかし，吉田は乗り気ではなかったようである。吉田はマーフィ大使が主催した昼食会を欠席し，クラーク司令官の官邸で開かれた茶会にだけ出席した。マーフィによると，吉田は昼食会欠席の理由を，「李に対する彼の個人的な嫌悪の念があまりにも強烈なため，たとえ短時間の会見にしてもその気持を隠すことはできない」からだと述べたという（マーフィ，1964: 447）。

 クラーク司令官が開いた茶会でも，多弁の李に対して，吉田は寡黙であった。会談に陪席した金溶植（キムヨンシク）によると，約70分の会談で，李承晩が45分間話したのに対して，吉田の発言は10分弱であった。話題に窮したのだろうか，吉田が自らの安東勤務時の見聞にふれ，「韓国に虎はいますか」と聞いたところ，李は「加藤清正が全部とって帰ってしまったので，今じゃ一匹もいない」と答えたという（前田，1967: 10）。李承晩の「反日」を物語る逸話として知られるが，真相はやや異なるようだ。金溶植によると，李の答えは「朝鮮半島北部では息子は3人要るという言い伝えがある。1人は家を継ぐため，もう1人はお坊さんにするため，あと1人は虎のためだ」ということであった。虎による被害が多かったという意味であろう。「虎談義」が誇張されて伝説化したのも日韓の溝の一断面といえよう（金溶植，1993）。

++

かし，再開された会談でも日韓は従来の立場を繰り返すだけで，交渉は進展しなかった。日本外交文書によれば，とりわけ日本側に消極論が強かったようである。李承晩政権の強硬姿勢に対する反発が日本政府内に広がり，再開に際して，「今回の会談はtalk〔対話〕するということにして，前回のconference〔会議〕とは切離」することが日本の交渉方針であった（外務省，1970: 83）。

 朝鮮戦争の休戦協定締結が近づき，その過程で，休戦に反対する

李承晩と米国が激しく衝突する状況では，李承晩政権の今後を見守るべきという判断が背景にあった。日本側首席代表の久保田貫一郎外務省参与は，休戦をめぐる米韓の対立を念頭に，李大統領が「遠からず引退を余儀なくせしめられる」ことも予想でき，「李のあとは誰が出ても，李以上の反日的であり得ない。あるいは知日派が台頭する可能性もないのではない」として，会談の「無期休会」を提言した。休戦協定締結直前の7月23日，第2次日韓会談は何ら進展がないまま，日本側の提案で休会に入り，事実上の終了となった（外務省，1970）。

1953年7月27日，休戦協定が締結され，朝鮮戦争は一応終息した。それに伴い，8月27日にはクラーク・ラインが廃止された。民間の操業が自由になったことで，日本の漁船が大挙して「李ライン」の水域に進出し，日韓の漁業紛争が一気に激化した。韓国政府は「平和線」の維持を宣言し，9月8日から韓国海軍が漁船拿捕などの強制措置を実行した。52年1月の「李ライン」設置から53年9月6日までの拿捕が10隻であったのに対し，10月30日までの約2カ月間に42隻508人が拘留される事態となった（加藤，1978）。

対応を求める声が日本国内で高まる中，日本は米国政府に介入を要請した。米国は日韓両政府に会談再開を求め，とりわけ日本側には，韓国の復興援助事業への参加などを考慮して，請求権問題での「譲歩」を含め，「より寛大なアプローチ」に基づいて，会談再開に積極的な姿勢を促した（李鍾元，1994）。

「久保田発言」と
日韓会談の漂流

こうして1953年9月，日本政府は漁業問題に限定した会談再開を提案したが，韓国は懸案の一括討議を逆提案し，第3次日韓会談（53年10月6〜21日）が開かれた。当時は「再開日韓会談」と呼ばれた。しかし，再開に至った経緯が示すように，会談に臨む日韓両国の立場や戦略には依然として大きな隔たりがあった。日本漁

船の相次ぐ拿捕は日本の世論を刺激する一方，韓国側は日本の意図が漁業問題の打開とともに，朝鮮戦争休戦以後の復興事業への参加にあると考え，警戒を強めるなど，会談を取り巻く状況はいっそう悪化した。日韓会談を4年半の長きにわたって中断させるきっかけとなった「久保田発言」(韓国では「久保田妄言」と呼ばれた)はこうした状況から生まれた。

10月15日に開かれた財産請求権委員会で，韓国側の洪璡基(ホンジンギ)代表が日本の対韓請求権主張を批判して，「日本側要求が36年間の蓄積を返せというならば，私達は36年間の被害を償却せよといわざるをえない」と反論した。これに対して，久保田首席代表は「日本側としては，……鉄道を敷いたこと，港湾を建設したこと，……大蔵省の金を多い年は2,000万円，少ない年でも1,000万円も持ち出して韓国経済を培養したことを反対提案として提出し，韓国側の要求と相殺したことであろう」と応じた。続けて，「私見」と断ったうえで，「当時日本が(朝鮮に)行かなかったとすれば支那かロシアが入って来たであろう」とも述べた。さらに，「朝鮮人民の奴隷状態」というカイロ宣言の文言については，「連合国が戦時の興奮状態」にあったためであり，米軍政による在韓日本人財産の没収は「国際法違反」であると主張した(外務省，1970)。

韓国側にとって，「久保田発言」は会談の土台を揺るがすものであった。同発言の取り消しを求めたが，日本側に拒否されると，10月21日，韓国側代表団は交渉を打ち切り，帰国した。日本政府は，岡崎勝男(おかざきかつお)外相が記者会見で，「当たり前のことを当たり前にいっただけのものだ」と語ったように，「久保田発言」を擁護(ようご)した。国会や新聞でも支持する意見が多く，「久保田発言は平均的な日本人の朝鮮認識の発露」といえた。他方，韓国では対日批判が沸騰(ふっとう)し，「久保田発言」は日本が戦前の「帝国主義侵略性から一歩も抜け出ていない」ことを象徴するものとなった(高崎，1996)。

以後，会談決裂の責任を互いに転嫁(てんか)する非難の応酬が続き，漁船の拿捕が強化される中，日本国内では強硬な報復措置を求める声が高まり，武装巡視船の派遣などが真剣に検討されるに至った。日韓の衝突を懸念した米国は，初めて具体的な争点に関する調停に乗り出した。漁業問題に関する米国政府の仲裁者が選任され，「久保田発言」の撤回などを盛り込んだ日米韓3国の共同声明案が準備された。しかし，李承晩政権の強硬な姿勢で，米国の仲裁は挫折した。

李承晩大統領に対する直接の圧力も加えられた。米国は大規模な軍事・経済援助の供与を手段に，李承晩政権に対して，反日政策の放棄，経済政策の改革，休戦体制の維持を突き付けた。1954年7月，李承晩大統領の初訪米と米韓首脳会談は，とりわけ日韓会談問題をめぐって，米韓の首脳が激突する場となった。日韓関係が主な議題であった第3回会談の冒頭，ダレス国務長官は日韓関係の正常化こそが今回の首脳会談の最重要課題であると述べ，韓国の安全保障と経済発展のため，反日政策を放棄するよう迫った。これに対して，李は「久保田発言」を例に挙げ，「相も変わらず韓国をかつての植民地とみなす」日本の高圧的な態度を非難し，反発した。李の頑固な態度にいらだったアイゼンハワーが退席すると，今度は李が再開された会談を途中で切り上げることで応酬した（李鍾元，1994）。

> **日韓会談停滞の理由**

1950年代に日韓会談はほとんど進展しなかった。歴史認識の違いが請求権問題と絡んでいたためであるが，それに加えて，日韓それぞれの戦略的要因が働いた。韓国にとって，朝鮮戦争の結果，米国の関与が確定的になり，大規模な復興援助が期待できる状況では，対日関係の修復を急ぐ必要はなかった。むしろ戦争期間中に，特需の形で大量の日本商品が流入したことで，日本への経済的再従属が現実の脅威として認識され，米国の対韓経済援助を利用した自立的な工業基盤の建設に重点を置くようになった。そのため，米国の対韓援助の内容や調

達地域をめぐって，米韓間で激しい対立が展開された。

　他方，米国の関与は日本の消極姿勢にもつながった。当時の米国務省報告書は，日本が日韓会談に熱意を示さない理由として，①李承晩の退陣後，より妥協的な政権が出現することを待つという基本政策，②韓国に対する優越感，③米国の介入で，韓国と直接交渉せずとも所期の目的を達成できる状況を挙げた。とりわけ，第3の点については，朝鮮戦争特需によって，韓国との交易拡大という目標が「間接的に実現」し，また休戦後の復興特需も米国の援助であり，韓国との交渉を必要としないなど，韓国に対する経済的利害が米国を媒介にして実現している状況を指摘した（李鍾元，1994）。日韓ともに相手国ではなく，米国に目を向けていたのである。

　日本外交文書は当時の日本政府内に李承晩に対する反感が根強く，「ポスト李承晩」への期待が広く共有されたことを示している。久保田首席代表は決裂直後に作成した外務省の内部文書「日韓会談決裂善後対策」（1953年10月26日）で，「彼〔李承晩〕がいる間は，日韓の親善も，結局，口頭禅に終」るしかなく，「わが方としては李打倒の努力を開始すべき」とまで進言した（外務省開示文書，2006-00588-1915）。

4　冷戦の変容と日韓関係

鳩山内閣の「自主外交」と朝鮮半島

　1954年12月，「ワンマン」と呼ばれた吉田首相が不人気の中で退陣し，代わって民主党の鳩山一郎内閣が成立した。外相は重光葵，与党民主党の幹事長は日韓会談に積極的な岸信介であった。鳩山は就任直後に韓国の通信社との書面会見で，「両国関係の正常化」を明言するなど，対韓関係改善に意欲を示した。55年1月，

重光外相も国会での外交演説で日韓関係の早期改善を掲げた。日本の政権交代が日韓関係の打開につながることへの期待が高まり、「鳩山ブーム」は韓国にも波及した（高崎，1996，外務省，1970）。

1955年1月から3月にかけて、日本外務省顧問の谷正之大使と韓国駐日代表部の金溶植公使の間で7回にわたる非公式会談が行われた。「非公式」にしたのは早期妥結を図るためであり、事実上の日韓の首席代表間の交渉であった。谷大使からは「久保田発言」の撤回や対韓請求権の放棄が示唆され、金溶植公使は「李ライン」に関する協議に同意するなど、懸案に対する踏み込んだ折衝が行われた。「日韓修好友好条約」とともに、日韓間の不可侵に関する「日米韓共同宣言」案が出され、協議が重ねられた。当初は、領土保全や政治的独立に対する武力の不使用に関する2国間条約の案であったが、韓国側の要求で米国を含む3国の共同宣言案となった。米国の関与と保障を求めるものであったが、米国務省は賛同した。主な懸案をめぐって、交渉はかなり進展した。

しかし、順調に進んだ日韓打開の動きは、鳩山政権の「自主外交」という新たな障害に直面することになった。鳩山内閣は発足以来、共産圏との平和共存、対共産圏貿易の拡大を掲げ、とりわけソ連との国交回復に力を入れていた。1953年のスターリンの死後、ソ連の新指導部が「平和共存」を唱え、冷戦対立の「雪解け」が進む中、吉田政権期の「向米一辺倒」路線の修正を図る「自主外交」の志向であった。鳩山首相就任直後の55年1月、ソ連は駐日通商代表部を通じて、平和条約交渉を打診するメッセージを寄せた。日ソ国交交渉は55年6月からロンドンで始まり、56年10月、モスクワで日ソ共同宣言が調印され、国交が正常化した。

こうした冷戦体制の変化に、北朝鮮は機敏に対応した。1955年2月、北朝鮮の南日外相が声明を発表して、日本との間で国交正常化と経済文化交流を呼びかけた。明らかにソ連や中国の「平和共存」

外交に連動しつつ,日韓関係への牽制を意図した動きであった。南日声明への所見を問われた鳩山首相は,「善隣友好の実をあげたいと思っており,北朝鮮の方でも何か用意をしているようであるから,近いうちにそういう相談ができるかと思っている」旨を答弁した(3月26日,衆議院予算委員会)。これに韓国政府は強く反発した。反共国家・韓国にとって,日朝の接近は自らの正統性の基盤を揺るがしかねず,受容し難いものであった。李承晩大統領は4月12日の国務会議で「日本を敵性国家と規定してこれを内外に宣布する」と述べたと報じられた(外務省,1970)。

日本政府は公式の日朝接触は否定したが,「政経分離」の方針の下,政党や財界などによる非政府の経済文化交流は徐々に拡大した。1955年10月,日本の社会党の国会議員団が平壌で北朝鮮政府首脳部と会談し,国交正常化や貿易代表部,文化交流など関係改善を唱えた。韓国は日本の「二重外交」を激しく非難し,谷・金溶植会談も中断された。対抗措置として,韓国政府は8月17日,「対日経済断交」を宣言した。対日貿易や人の往来を禁ずる措置だが,対日貿易依存度の高い韓国が打撃を受けるだけで,対日圧力手段としては意味がないものであった。韓国内でも反対論が広がり,10日後には事実上撤回された。

日朝接近をめぐる日韓の対立は「人質外交」の応酬をさらに激化させた。韓国では「李ライン」を越える日本漁船の拿捕が続き,他方,日本では韓国からの密入国者(戦後韓国に帰国した在日韓国人が朝鮮戦争の混乱などで再び日本に戻ったケースが多かった)の取り締まりが強化された。1954年7月から韓国側は大村収容所にいる在日韓国人の密入国者の釈放を要求していたが,それが拒否されると,拿捕された日本漁船の漁民を短期の刑の執行後にも帰国させず,釜山の外国人収容所に拘置し続けた。相互釈放の交渉は膠着状態に陥り,55年11月には韓国軍の連合参謀本部が「日本漁船があくまで李ラ

インを侵犯するならば、韓国はこれを砲撃し、必要とあれば撃沈する用意がある」と声明した。「政府が方針を決定し自衛隊の出動を要請するならば、いつでも艦隊を出動させるし、勝つ自信はある」とした砂田重政防衛庁長官の発言に対抗したものであったが、韓国の強硬措置は日本の世論を刺激し、海上自衛隊の出動や対韓経済断交を求める強硬論が台頭した。日韓の物理的な衝突を避けようと、東京とソウルの米国大使館は奔走した（外務省、1970）。

鳩山政権の「自主外交」は世界的な冷戦の変容を受けて、日本の外交的地平を広げようとしたものであった。日ソ国交正常化と国連加盟はその成果であった。しかし、2つの分断国家が対峙する朝鮮半島に対して、どのような外交を構想していたかは定かでない。「日韓」と「日朝」という2つの課題は戦略的に統合されず、日韓関係は停滞を続けた。

岸外交の模索

1957年2月、病気のため在職わずか2カ月で辞任した石橋湛山に代わって、岸信介が首相に就任した。56年12月に国連加盟が実現し、翌57年に岸内閣が出した『外交青書』第1号は、戦後日本外交の原則として、「国際連合中心」「自由主義諸国との協調」「アジアの一員としての立場の堅持」の3つを掲げた。共産圏への接近を図った鳩山政権の「自主外交」から転換し、「自由陣営」への貢献を通して日本の国際的地位の向上をめざしたのが岸外交であった。具体的には、韓国や台湾など反共アジア諸国との関係改善で日米関係を強化し、日米安全保障条約の改定をめざした。

岸は早速日韓会談の打開に動いた。首相に就任したその夜、岸は韓国の次期外務次官の金東祚に会い、「日本の過去における植民地統治の過誤を深く反省し、至急に関係を正常化するよう努力する覚悟」であると述べ、李承晩大統領へのメッセージを託した（金東祚、1993: 114-115）。岸の対韓積極姿勢の背景には、外交戦略や戦前から

の「アジア主義」の思想に加えて,「李ライン」による漁船拿捕の現場である山口県出身という政治的な事情もあった。

　岸政権の下,岸自身の政治スタイルの影響もあって,日韓会談では非公式チャンネル（→ *Column* ③）が重要な役割を担うことになった。金東祚を岸に引き合わせたのも政界の黒幕といわれた矢次一夫であった。国策研究会を主宰し,日本の政界に幅広い人脈をもっていた矢次は,1956年ごろから日韓問題にかかわりはじめ,石井光次郎や船田中ら自民党親韓派の形成を支えた。

　非公式チャンネルの韓国側窓口は駐日代表部の柳泰夏参事官であった。柳は李承晩大統領の個人的な腹心として東京に送り込まれた人物であった。柳の父は大地主であり,米国から帰国した李を資金面で支えた。柳は李夫妻の側近となって外務部に入り,1951年,参事官として日本に赴任した。早稲田大学で学んだ柳は日本語も流暢であった。56年末ごろ,矢次が柳に接近し,チャンネルができたという（池田, 2011）。

　岸からのアプローチに李承晩も積極的に応じた。李にとっても,日韓打開を考えざるえない状況があった。米国の対韓援助は1957年をピークに減少に転じた。56年の正副大統領選挙で,大統領には李承晩が当選したが,副大統領には野党民主党の張勉が当選した。張勉をはじめ,民主党は日韓会談に積極的であり,国内で日本との経済関係を求める声が高まっていた。57年5月,李承晩は金溶植に代わって,経済通で日本留学派の金裕澤（元韓国銀行総裁）を駐日代表部大使に任命した。対日経済外交を強化し,日韓会談の打開を視野に入れた人事であった。柳泰夏は参事官から公使に昇格した。以後,岸政権期の日韓交渉は,金裕澤大使と外務省を結ぶ公式ラインに加え,柳と矢次の非公式ルートを通じた政界工作が併存し,二元外交の様相を呈した。官僚組織の抵抗を押さえ,政治主導の決着をめざす形であった。

Column ③ 日韓の非公式チャンネル

日韓会談の過程では非公式チャンネルが重要な役割を果たした。外交交渉において正式の代表だけでなく，さまざまなルートが活用されることはよくある。しかし，戦後日韓関係では，とりわけ1950年代の後半から1980年代末ごろまでの期間に，政治家や政界のフィクサー（黒幕）と呼ばれた人物を含め，「裏の人脈」が暗躍した。

その理由としては，密室での折衝や妥協が必要な日本の政治風土に加え，権力者に権限が集中していた当時の韓国の政治体制を挙げることができる。さらに，日韓国交正常化は巨額の経済協力資金を伴うものであり，経済的利権が日韓の政界をつなぐ人脈の形成を促進した。日韓の非公式チャンネルでは，かつての植民地統治期の人脈が土台をなしたことも一つの特徴であった。

矢次一夫は日韓の非公式チャンネルの嚆矢といってよい。当時，読売新聞の記者であった戸川猪佐武によると，日本政界の親韓派は，「岸首相の対韓外交の方法と，在日韓国代表部の柳泰夏公使の政治工作」によって誕生したが，その中心に矢次がいた（戸川，1959）。矢次は岸首相の特使として訪韓し，李承晩と面談しただけでなく，当時懸案であった抑留された日本人漁民送還問題を打開するために，「1年間に400回もの会談」を重ね，日韓交渉に深くかかわった（池田，2011）。

柳泰夏が矢次を通じて築いた自民党親韓派の人脈は，1961年の軍事

当初日韓は，6月16日の岸首相の訪米前に懸案を打開することをめざし，6月11日に金裕澤大使と大野勝巳次官の間では，①抑留者の相互釈放，②久保田発言の撤回，③日本の対韓請求権の放棄などに合意していた。しかし，「請求権の相互放棄ではない」旨の明記を求める韓国政府の訓令で調整ができず，岸の訪米前の妥結は実現しなかった。対韓請求権問題に関する韓国側の強硬な姿勢が要因だが，交渉の過程で，岸の政治主導に対する外務省など官僚組織の抵抗の強さも浮き彫りになった。岸の党内基盤は弱く，新たに外

✛✛

クーデタ後,朴正煕議長の右腕であった金鍾泌・韓国中央情報部(KCIA)部長に引き継がれた。

池田勇人政権期には矢次に代わって,児玉誉士夫が日韓の裏交渉のルートとなった。政権基盤を安定化させるため,日韓会談の妥結を急いだ朴正煕政権は,日本政界への働きかけを強めた。岸信介や佐藤栄らが自民党の官僚派は日韓交渉に前向きであった。問題は妥結に消極的な大野伴睦や河野一郎ら党人派であった。金鍾泌部長の腹心であった崔英澤が駐日代表部参事官として政界工作に携わったが,崔の相談を受けた外務省アジア局長の伊関佑二郎が紹介したのが児玉であった。崔は児玉を通して,大野と接触し,以後,崔と児玉の説得で大野は親韓派に転じた。大野は池田首相の特使として訪韓し,朴正煕議長と会見するなど,池田政権期の日韓の裏交渉を取り仕切った。大野の死後は河野が党人派のチャンネルを引き継いだ。

佐藤政権に入って,国交正常化が近づくと,経済協力資金の利権や事業をめぐって,韓国側では金鍾泌系以外にも,李厚洛大統領秘書室長や丁一権国務総理らが加わり,自民党の各派閥や企業との間でさまざまなルートが現れた。当時「日韓癒着」と批判された構造だが,韓国で民主化が進むにつれ,こうした不透明な非公式チャンネルの比重は低下した。

✛✛

相に就任した藤山愛一郎は対韓強硬派で知られた。

北朝鮮帰還問題の浮上

日本の対韓請求権,すなわち在韓日本人財産の請求権という難題の打開には,最終的に米国の関与が必要であった。1957年12月31日,藤山外相と金裕澤大使は「久保田発言」の撤回,抑留者の相互釈放など懸案に関する合意を発表した。日本の対韓請求権については,「米国政府の見解」(1957年12月31日)に基づく決着が図られた。その「見解」とは,「米軍政の措置により,在韓日本人財産に対する日本の請求

権は消滅した」が,「韓国の対日請求に際して, その事実は関連がある」というものであった。つまり日本側には「対韓請求権の放棄」を求め, 韓国側には「対日請求権の総額の抑制」を迫る, 折衷的な内容であった。韓国は「請求権の相互放棄ではない」旨の明記の主張を取り下げ, 日韓会談の再開に合意した（外務省, 1970: 148-153）。

こうして「久保田発言」による決裂から4年半ぶりに, 第4次日韓会談（1958年4月15日〜60年4月25日）が東京で開かれた。会談を進展させるための雰囲気づくりの一環として, 日本側は韓国文化財106点の「引き渡し」（韓国では「返還」）を行い, 韓国側は日本人漁民300人を送還した。日本側首席代表の沢田廉三と韓国側首席代表の林炳稷はともに国連大使を務め, 旧知の間柄であった。

1958年5月19日, 矢次は岸首相の「個人特使」として韓国を公式訪問し, 李承晩大統領と会談した。矢次は岸首相の言葉として,「日本軍閥の帝国主義的な支配や日韓合邦が韓国にとっても迷惑であったろう」と述べ,「同じ山口県出身である伊藤博文の後輩として, その後始末をしたい気持ちでいる」と伝えた。これに対し, 李承晩は「自分の代で岸と話しあいで日韓関係を解決し, 反日・抗日といった敵対関係は自分の代でおしまいにしたい」と答えた（池田, 2011: 157）。岸政権になって, 李承晩は日韓会談の妥結に最も積極的な姿勢を示した。

日韓の首脳がかかわり, 政治主導で再開された日韓会談であったが, すぐに北朝鮮帰還問題という暗礁に乗り上げた。1953年の朝鮮戦争休戦以後, 日本と北朝鮮は, 赤十字国際委員会を通じて, 北朝鮮残留日本人の引き揚げと在日朝鮮人の北朝鮮帰還について, 個別のケースでの対応が続いていた。さらに, 55年の南日声明以後, 北朝鮮による対日接近が続く中, 58年9月, 北朝鮮の金日成首相が在日朝鮮人の帰国を歓迎すると言明したことで, 北朝鮮への「帰国事業」（日本では「帰還事業」, 韓国では「北送」と呼んだ）が始まっ

た。北朝鮮としては,ソ連や中国の「平和攻勢」と連携して,日本への外交的アプローチを強化し,日韓関係の分断を図るという戦略的意図があった。加えて,朝鮮戦争後の経済復興のための労働力や人材の確保も動機として指摘された。在日朝鮮人社会では,日本での差別や経済的困窮に加えて,朝鮮戦争後の復興を遂げつつある北朝鮮への肯定的な報道のイメージが帰国運動を後押しした。

日本政府も1959年2月の閣議で赤十字国際委員会の仲介による帰還事業を決定し,その結果,同年8月,日朝の赤十字社による帰還協定(カルカッタ協定)が結ばれ,12月14日に最初の帰還船が新潟を出港した。日本政府は,帰国希望者に対する人道的措置という公式の名目であったが,在日朝鮮人問題の解消という思惑もあった。同協定は期間が数回延長され,67年11月までの第1次帰還事業で日本人家族(配偶者など)約6500人を含む8万8611人が北朝鮮に渡った。その後も数回の帰還事業が実施され,85年に最終的に終了するまで,北朝鮮帰還者の総数は9万3340人に上り,うち日本人家族は6730人であった。彼らの日本への里帰りや自由往来,帰国は日朝間の懸案の一つになっており,2014年5月の拉致問題の再調査に関する日朝ストックホルム合意でも「日本人配偶者問題」が課題として明記された。

「北送」事業に対する韓国の反発で,再開された日韓会談は中断を繰り返した。韓国は日本政府の措置が「敵に援助を与え,韓国政府の管轄権を侵害」するものであると非難し,武力による阻止にも言及した。米国にも「北送」阻止への協力を要請したが,米国務省は「自由意志による帰国という原則」を強調し,日朝のカルカッタ協定を支持した。有効な対抗手段をもたない韓国政府は,首席代表をソウル市長の許政(ホジョン)に交替し,日韓会談を続けたが,実質的な協議の進展はなかった。この過程で,日米安保改定に追われていた岸首相はほとんど関与せず,北朝鮮帰還事業や日韓会談は藤山外相と外

務省が主導した。60年4月,独裁政治と不正選挙に抗議した学生や市民の蜂起(「4月革命」)で李承晩大統領が退陣し,第4次日韓会談は終了した。

韓国民主党政権と日韓関係

李承晩政権の崩壊後,議員内閣制への改憲を経て,1960年8月,民主党政権が誕生した。儀礼的な役割をもつ大統領には尹潽善が選ばれ,国務総理には前副大統領の張勉が指名された。張勉らは野党時代から李承晩の強硬な反日政策に批判的であったが,60年7月の総選挙でも「対日国交正常化」を公約の一つとして掲げ,圧勝した。韓国の政変の背景には低迷する経済状況があり,新政権にとって日韓関係の打開による経済協力は急務であった。尹潽善大統領は就任早々,李承晩時代の「孤立外交」との決別を宣言し,日本の商社員に初めて入国を許可した(高崎,1996)。

一方,日本でも国内政治の変化があった。新日米安保条約(安保改定)に反対する何十万もの市民が国会を取り囲む中,岸首相が退陣し,60年7月,池田勇人内閣が成立した。池田首相は,安保改定をめぐる日本社会の深刻な分裂を解消するために,「寛容と忍耐」に基づく「低姿勢」を標榜し,所得倍増計画に代表される経済中心主義を政権運営の基本とした。日韓両国でほぼ同時に,「政治」から「経済」への転換が現れたのである。

池田政権は,韓国の政権交代に機敏に対応した。外相に任命された小坂善太郎は,1960年9月6日,新政権への親善使節団を率いて,自ら訪韓した。日本政府高官による戦後初の公式訪問であった。ソウル到着声明で,小坂外相は,「然るに不幸,両国の関係がこのように本然の姿から離れておりましたことは,私どもが最も遺憾に存じているところであります」と述べ,間接的な表現ながら,「過去」に対する「遺憾」の意を表明した。記者会見では経済協力の用意を示し,鄭一亨外相との会談で,日韓会談の再開に合意した

(外務省, 1970)。以後, 9月中旬に日本の経済使節団が訪韓し, 10月には抑留漁民40人が帰還するなど, 日韓会談再開に向けた雰囲気づくりが進められた。

第5次日韓会談(1960年10月25日～61年5月16日)は予備会談として東京で始まった。日本側首席代表は第4次会談の沢田廉三, 韓国側代表は第1次会談からかかわった法学者の兪鎮午(ユジノ)高麗大学総長であった。日韓会談再開に際して, 日本政府は, 最大の争点であった請求権問題について, 無償経済協力方式による妥結を方針として臨んだ。それが「過去の償い」などの問題を引き起こさず, 日韓会談を早急に妥結し, 韓国の経済再建に寄与できるという論理であった(外務省, 1970)。予備会談で韓国側の対日請求権要項が取り上げられたが, 法律的な議論に終始したのも,「もしその結果どうにもだめだということがわかれば, 正式会談の政治折衝にするほかあるまい」という方針に基づくものであった(外務省, 1970)。

日韓ともに政治折衝に向けて動いた。日韓会談の妥結を後押しするために, 1961年4月, 自民党の親韓派グループは日韓問題懇談会を立ち上げた。石井光次郎が座長で, 岸信介, 佐藤栄作(さとうえいさく), 船田中などが名を連ねた。それをふまえ, 5月初め, 野田卯一(のだういち)を団長に田中龍夫(なかたつお), 田中角栄(たなかかくえい)ら8人の自民党議員団が訪韓した。日韓会談の政治的な地ならしという名目だったが, 外務省の伊関佑二郎アジア局長が同行し, 韓国の金容植外務次官との間で, 事実上の政府間の折衝が行われた。5月9日の伊関－金会談で, 予備会談を5月末に切り上げ, 6-7月にそれぞれ国内での政治的決定を経て, 8月に「極秘裏に両国政府間で政治折衝」を行い, 9月に本会議を開き, 1カ月ぐらいで「全面解決」をめざすことに合意した。きわめて短い期間で政治決着をめざす構想であった。その背景には, 混乱が続く韓国民主党政権の切迫した状況があった。請求権や経済協力の具体的な金額についても, 非公式に踏み込んだやりとりが行われた(李鍾

元，2011)。

 その後，5月11日，韓国議員団の訪日予定が発表され，5月14日には「張勉国務総理が7月20日訪日予定」と報じられた。しかし，その2日後の5月16日に朴正煕将軍による軍事クーデタが起こり，民主主義への熱望を背に誕生した「第2共和国」は短命に終わった。第5次日韓会談は一度も正式の本会談を開くことなく終了した（外務省，1970)。

●引用・参考文献●

池田慎太郎，2011年「自民党の『親韓派』と『親台派』――岸信介・石井光次郎・船田中を中心に」李鍾元・木宮正史・浅野豊美編『歴史としての日韓国交正常化Ⅰ 東アジア冷戦編』法政大学出版局。

大久保武雄，1978年『海鳴りの日々――かくされた戦後史の断層』海洋問題研究会。

太田修，1999年「大韓民国樹立と日本――日韓通商交渉の分析を中心に」『朝鮮学報』173輯。

太田修，2015年『日韓交渉――請求権問題の研究〔新装新版〕』クレイン。

大沼久夫編，2006年『朝鮮戦争と日本』新幹社。

海上保安庁50年史編纂委員会事務局編，1998年『海上保安庁50年史』海上保安庁。

外務省，1970年『日韓国交正常化交渉の記録』（浅野豊美・吉澤文寿・李東俊編，2011年『日韓国交正常化問題資料 基礎資料編 第6巻』現代史料出版所収)。

鹿島平和研究所編，1973年『日本外交史』第28巻「講和後の外交Ⅰ・対列国関係（上）」鹿島研究所出版会。

加藤晴子，1978年「戦後日韓関係史への一考察――李ライン問題をめぐって（上）」『日本女子大学紀要・文学部』28号。

カミングス，ブルース／横田安司・小林知子訳，2003年『現代朝鮮の歴史――世界のなかの朝鮮』明石書店。

金 賛 汀, 2007 年『在日義勇兵帰還せず——朝鮮戦争秘史』岩波書店。
金東祚／林建彦訳, 1993 年『韓日の和解——日韓交渉 14 年の記録』サイマル出版会。
金民樹, 2002 年「対日講和条約と韓国参加問題」『国際政治』第 131 号。
木村幹, 2003 年『韓国における「権威主義的」体制の成立——李承晩政権の崩壊まで』ミネルヴァ書房。
戦後経済史編さん室編, 1957 年『戦後経済史 総観編』大蔵省印刷局。
占領軍調達史編さん委員会編, 1956 年『占領調達史——記述編 占領軍調達の基調』調達庁 総務部調査課。
ダワー, ジョン／大窪愿二訳, 1981 年『吉田茂とその時代』上, TBS ブリタニカ。
戸川猪佐武, 1959 年「日本のコリヤン・ロビイ」『中央公論』6 月号。
中村隆英, 1993 年『昭和史 II, 1945-1989』東京経済新報社。
高崎宗司, 1996 年『検証・日韓会談』岩波新書。
高崎宗司, 2002 年『植民地朝鮮の日本人』岩波新書。
日本工業倶楽部五十年史編纂委員会編, 1967 年『財界回想録』上, 日本工業倶楽部。
前田利一, 1967 年「吉田さんと韓国」『親睦』169 号。
マーフィ, ロバート／古垣鐵郎訳, 1964 年『軍人のなかの外交官』鹿島研究所出版会。
水野直樹, 2014 年「悲劇はなぜ起こったか——朝鮮北部の日本人埋葬地が語るもの」『世界』851 号。
文京洙, 2015 年『新・韓国現代史』岩波新書。
山本剛士, 1983 年「日韓関係と矢次一夫」『国際政治（特集 日本外交の非正式チャンネル）』75 号。
山本剛士, 1985 年「朝鮮特需」山室英男編『昭和の戦争 10——朝鮮戦争・ベトナム戦争』講談社。
吉田茂, 1963 年『世界と日本』番町書房。
李鍾元, 1996 年『東アジア冷戦と韓米日関係』東京大学出版会。
李鍾元, 1993 年「戦後米国の極東政策と韓国の脱植民地化」大江志乃夫ほか編『アジアの冷戦と脱植民地化』（岩波講座 近代日本と植民地

8) 岩波書店。

李鍾元, 1994 年「韓日会談とアメリカ——『不介入政策』の成立を中心に」日本国際政治学会編『国際政治(特集 一九五〇年代の国際政治)』第 105 号。

李鍾元, 2011 年「日韓会談の政治決着と米国——「大平・金メモ」への道のり」李鍾元・木宮正史・浅野豊美編『歴史としての日韓国交正常化Ⅰ 東アジア冷戦編』法政大学出版局。

＊韓国語文献

金溶植, 1993 年『새벽의 약속——김용식 외교 33 년(夜明けの約束——金溶植外交 33 年)』김영사(キムヨン社)。

＊英語文献

Clark, Mark W., 1988, *From the Danube to the Yalu*, New ed.,Tab Books.

第2章 冷戦と経済協力

●1960年代

🔼 首相官邸で日韓基本条約などに調印する椎名悦三郎外相と李東元外務部長官
(1965年6月22日,東京。写真提供:時事)。

　1965年6月の日韓国交正常化は,植民地支配の清算よりも,日韓が経済協力を通して反共陣営を強化することを優先したものであった。ただし,日本にとっては「対岸の火事」であったベトナム戦争に韓国は参戦するなど,冷戦への関与に関して日韓間に温度差があった。また,国交正常化後,政府間関係や経済関係は緊密になったが,市民社会は関心を共有することができず,関係は疎遠であった。

1 日韓国交正常化

● 冷戦による日韓接近の政治力学

> アジア冷戦の激化と
> ベトナム戦争

1965年6月22日に日韓基本条約が締結され、日韓国交正常化が実現した。これは、「国交なき」日韓関係から「国交のある」日韓関係への変化という意味で、戦後の日韓関係における最も大きな節目であった。また、近年の日韓関係における摩擦原因の一つが日韓国交正常化への評価をめぐるものであるだけに、日韓国交正常化は過去の出来事ではなく、それをどのように評価するのかが政治的争点になっている現在の問題でもある。

戦後、日韓両国は冷戦体制下における反共自由主義陣営の一員という条件を共有していたが、1950年代の李承晩（イスンマン）政権は、それに劣らず日本からの徹底した脱植民地化という課題にも取り組んだために、安易な日韓接近を拒絶した。しかし、60年代に入って、経済協力による反共自由主義陣営の強化が、日韓を接近させる力として従来以上に大きく作用した。ベトナム戦争に現れたように、第三世界諸国の政治経済体制において、どのような体制が望ましいのかをめぐる対立が激化した。ベトナム戦争は、ベトナムの政治経済体制の選択をめぐる左右対立に対して、米国などが介入することによって熱戦へとエスカレートしたものである。このように、アジア冷戦は、米ソどちらの勢力圏に組み込まれるのかということ以上に、自国の政治経済体制をめぐる対立が争点になっていたために、単なる軍事同盟以上に援助や経済協力がよりいっそう重要な意味をもつようになった。言い換えれば、一国の政治経済体制の安定という「国内安全保障」のために経済発展が必要とされ、そうした経済発展を達成するための援助や経済協力が、従来よりも重要性をもつように

なったのである。

日韓の政治変動

韓国では，1960年の4・19革命によって李承晩政権が打倒され，その後に登場した第2共和国の張　勉民主党政権も，61年，朴正煕を中心とする5・16軍事クーデタによって打倒されるという劇的な政治変動を経験した。60年代の国際環境の変化を考慮すると，どのような政権であったとしても，日韓国交正常化交渉を進めざるをえない状況に置かれていたことは間違いない。しかし，朴正煕政権の登場は，次の2つの意味で日韓国交正常化交渉を促進する方向に働いた。

第1に，「より徹底した権威主義支配を制度化しようとする」軍部権威主義政権（韓培浩, 2004: 133-134）であるという朴正煕政権の性格である。韓国国内では，日韓国交正常化に対しては，その必要性を認めたとしても安易な妥協をするべきではないという慎重論が根強かったが，軍事クーデタによって登場した朴正煕政権の下で，反対を物理的に抑えることが相当程度可能になった。1963年の民政移管に至る軍事政権期には，ほぼ一切の政治活動が禁止された。その後，64年の「6・3事態」で頂点に達する反対運動の高揚に対しても，戒厳令の宣布によって切り抜け，65年6月22日，日韓国交正常化を実現した。これは，軍部に権力の源泉をもつ朴正煕政権であったからこそ可能であったと見るべきだろう。

第2に，朴正煕政権の政治経済外交に及ぶ広義の発展戦略である。李政権の対日政策（→第1章）とは対照的に，朴正煕政権は，「経済発展をとおして北朝鮮との体制競争に勝ち抜くためにも，日本との国交正常化，それによる日本との本格的な経済協力が必要であると認識した」（木宮, 2012: 62-63）。こうした冷戦観や発展戦略を与件とすると，日韓国交正常化の優先順位は高まることになる。

では，日本の政治変動は日韓国交正常化にどのような影響を及ぼしたのか。1960年の安保改定をめぐる国内政治の混乱は，岸信介

内閣の退陣と池田勇人(いけだはやと)内閣の登場に帰結した。池田内閣は,主として経済協力という観点から日韓関係に接近した。日韓国交正常化には,日本の戦後処理と冷戦下における安全保障の確保という2つの要請があったが,池田内閣は,一方では日韓国交正常化が日本の安全保障にとって重要な意味をもつことを十分に認識しながらも,前任の岸内閣が冷戦や安全保障の観点から日韓関係の重要性を位置づけることに積極的な姿勢を示したのとは異なり,特に朝鮮半島の冷戦体制に過剰に巻き込まれたくないという国内世論を考慮して,「日韓問題が軍事的な問題となることを極力さけるように努力した」。そして,「韓国政情の安定は,ただ経済の安定によってのみはかられる」(伊藤, 1966: 172-173)という信念に基づいて経済協力に焦点を合わせた日韓国交正常化を選択した。

日韓交渉の争点①　──請求権問題

5・16軍事クーデタ直後の1961年6月,日米首脳会談(池田-ケネディ会談)で,日韓国交正常化を早期に妥結することに日米両政府が基本的に合意した。これは,日韓国交正常化交渉を促すアメリカの圧力が従来以上に本格的になったことを示す。さらに11月には朴正熙(国家再建最高会議議長)と池田,続いてケネディとの間で首脳会談が開催され,日韓交渉における過去の清算を請求権問題として解決する方向で合意が形成された。つまり,日本の植民地支配によって発生した財産関係を,法的根拠があるものに限って日本側が韓国側に支払うという基本線であった。その結果,それまで韓国側が念頭に置いていた賠償の意味合いをもつ支払いの可能性が排除されることになった。ただし,日本の積極的な対韓関与を求める米国の要求などもあり,請求権についてだけを弁済すればよいということにはならなかった。その代わり,日本側が提示したのは,経済協力として支払うことで韓国側の要求金額に近づけることによって,請求権問題を「解消」してしまおうとする「経済協力方

式」であった。

　日韓交渉に関する日韓双方の外交文書に基づく近年の研究によると，「賠償・請求権・経済協力という名目の違いにもかかわらず，その処理方法にあっては，『質的に断絶』した変化はなく，日韓のあいだの植民地関係清算の成立可否に関し，その名目上の変化によって質的な差異が生まれたと判断することは，妥当ではない」(張博珍，2011: 45) と，韓国政府は実は交渉の当初から違法な植民地支配に対する対価としての賠償・補償要求というような考え方をあらかじめ放棄していたと指摘される。また，「1950 年代初期から 65 年まで，日本の対韓交渉態度および政府内の議論においては，朝鮮統治および対韓請求権主張を正当化した上で，日韓間請求権を実質的『相互放棄』とし，経済問題として韓国へ支払うという点が貫かれた」(金恩貞，2015: 27) と，日本政府も，韓国の対日財産請求権の要求に対応して，対韓請求権を要求し，その両者間で相互放棄もしくは相殺を図ることによって決着を図ったうえで，「経済協力」のような名目での何らかの資金提供を交渉当初から構想していたという見方も提起されている。したがって，50 年代は交渉が停滞し，60 年代に入ってから「経済協力方式」という新たなアイディアが導入されることで交渉が急進展したという従来の通説は再考を迫られている。

　それを留保したうえで，実際に交渉の急進展が見られたのは，1962 年第 6 次会談であったのは間違いない。日韓双方は，一方で日本が支払う金額の乖離を埋めていくとともに，「経済協力方式」に向けた歩み寄りを始めることになる。そして，そうした交渉に対して仲介役を果たしたのが米国であった。米国政府は駐日・駐韓大使館を通して，韓国政府に対しては，受け取る資金の名目にこだわるよりも経済開発のために必要な資金をできるだけ多く獲得するほうが得策であると説得し，日本政府に対しては，韓国の経済開発の

ために必要な資金を可能な限り多く供与するべきだと助言した。そして，無償3億ドルという具体的な金額を示した妥協ラインを日韓双方に示唆した（木宮，2001）。それを最終的に決定づけたのが，62年11月の金鍾泌（キムジョンピル）（韓国中央情報部長）と大平正芳（おおひらまさよし）（外相）との会談による政治決着であった。この会談で，無償3億ドル，有償（政府開発援助〈ODA〉）2億ドル，そして民間投資1億ドル＋α（65年の協定では，3億ドル＋αに増額された〈木宮，2011〉）という，65年に調印された日韓請求権協定の2条1項「両締約国は，両締約国及びその国民（法人を含む）の財産，権利及び利益並びに両締約国及びその国民の間の請求権に関する問題が〔中略〕完全かつ最終的に解決されたこととなることを確認する」という基本的な形に合意した。ただし，こうした名目や金額などに関しても，米国を仲介とする日韓の交渉はそれ以前からも絶え間なく行われていたのであり，この金－大平会談の意義を過大評価するべきではないという重要な指摘もある（李鍾元，2011）。

戦争賠償や植民地支配に対する補償を日本が認めないということを与件とすると，請求権問題は過去の植民地支配を金銭的に「清算」するためのほぼ唯一の手段であった。「財産請求権」という言葉の文字通りの意味で法的な根拠と具体的な証拠の提示を求める日本側に対して，韓国側は具体的な証拠の挙証責任はむしろ日本側にあると主張した。韓国側には，「日本の植民地支配それ自体が不法かつ無効なものである」という不満がくすぶっていたからだ。

こうした日韓の異なる立場は現在まで平行線をたどっている。韓国は，1910年の日韓併合に至る一連の協定や条約が元来不法で無効なものであり，植民地支配が合法的には成立しなかったと解釈する。それに対して，日本は，当時の国際法から見て植民地支配自体は合法であったが，45年の時点で効力がなくなったと主張する。そして，請求権と経済協力との関係についても，請求権の一環とし

て受け取ったと主張する韓国側と,あくまで経済協力として供与し,その結果として請求権問題が解決されたことに日韓が合意したと主張する日本側との間で,乖離が埋まらないまま,それぞれの政府は国内向けに異なる説明をした。近年,日韓関係の葛藤が激化している背景には,1965年の日韓基本条約の解釈をめぐる日韓間のこうした異見がある。

> **日韓交渉の争点②**
> ——漁業,謝罪,文化財など

金-大平会談によって請求権問題に関する合意は形成されたが,日韓それぞれの国内事情(具体的には日本では総選挙が控えていたし,韓国でも民政移管を控えた政党活動の再開や与党勢力の内紛など)のため,交渉は停滞した。この時期は,特に「李承晩ライン(李ライン)」の撤廃と漁業問題をめぐる対立が主要な争点となった。韓国では先進的な日本漁業から後進的な韓国漁業を保護するためには「李ライン」が必要であると認識されていたのに対して,日本は「李ライン」の撤廃を求めた。結果的には,日本が韓国漁業の近代化のために経済協力を行う代わりに「李ライン」が実質的に撤廃されるという形で,「漁業問題でも経済協力による懸案妥結がはかられた」(吉澤, 2015a: 238)ことになる。また,交換公文によって漁業問題を領土問題から切り離し,漁業専管水域を日韓がそれぞれ設定したうえで,共同規制水域に関しては日韓双方が旗国主義に基づき取り締まるということにした(趙胤修, 2015)。

もう一つの問題は,植民地支配に対する日本の「謝罪」の問題であった。日韓基本条約などの文書には,植民地支配に対する日本の「謝罪」や「反省」の言葉は含まれていなかったが,1965年2月,日本の椎名悦三郎外相が訪韓し,口頭で「両国間の長い歴史のなかで不幸な期間があったことは本当に遺憾な次第であり,深く反省する」(高崎, 2014)というメッセージを発表することで,韓国の反日世論をなだめようとした。その他,在日韓国人の法的地位をめぐる

Column ④　日韓国交正常化交渉の「主役」たちの記録

　日韓国交正常化交渉は15年という長期間にわたる交渉であったために，多くの政治家，外交官が交渉に関与した。そして，その当事者たちが交渉に関する個人記録を後世に残している。交渉に関する一次史料が公開されるようになったのは1990年代に入ってからなので，それ以前の研究はこうした個人記録に相当程度依存していたことになる。外交文書が公開されてからも，こうした個人記録の利用価値は決して低下しているわけではない。これらの個人記録のうち，日本語で利用可能なものを中心に紹介する。

　まず，韓国側では，1965年当時，駐日大使兼日韓会談首席代表であった金東祚（キムドンジョ）（林健彦訳）『韓日の和解――日韓交渉14年の記録』（サイマル出版会，1993年〈原著『回想30年，韓日會談』は86年〉）と，同じく外相であった李東元（イドンウォン）（崔雲祥（チェウンサン）監訳）『韓日条約締結秘話』（PHP研究所，1997年〈原著『대통령을 그리며（大統領を偲んで）』は92年〉）が代表的である。前者は，60年代の交渉妥結当時の状況だけでなく，50年代の外務部政務局長時代における「平和線（李承晩ライン）」設定などに関する回想が印象的である。後者は，必ずしも外交官ではなかったが，朴正熙政権に30歳代の若さで外相に抜擢され，交渉をまとめ上げた。

　その他，日本語に翻訳されていないが，1950年代に駐日公使として

問題，領土の帰属（竹島〈独島〉の領有権）をめぐる問題，韓国政府の管轄権問題，文化財の返還，船舶の返還問題などが争点となった。

　在日韓国人に対する永住許可の範囲について，「終戦前から引き続き日本に居住している韓国人，およびその子孫でこの協定発効の5年後までに生まれたもの」に限ると主張し，それ以降は自由裁量を保持しようとする日本側と，「すべての子孫に与えるべきだ」と主張した韓国側とが対立した（高崎，1996）。結局，「協定発効の5年以降に生まれた者」にまで範囲を拡大するとともに，協定発効後

交渉にかかわった金溶植（キムヨンシク）（『새벽의 약속〈夜明けの約束〉』），第6次日韓会談の韓国側首席代表であった，裵義煥（ペウィファン）（『보릿고개는 넘었지만〈飢えの峠は越えたが〉』）が回顧録を刊行している。また，当時条約課長であった呉在熙（オジェヒ）のオーラル・ヒストリー（『韓国外交と外交官　呉在熙前駐日大使』国立外交院，2014年）なども当時の交渉の雰囲気をよく伝えており，資料的価値が高い。さらに，その役割が過大評価されていることへの批判はあるが，やはり韓国側の主役であったことには異論の余地がない，金鍾泌の証言録も出版された（『金鍾泌証言録』1・2）。今までも雑誌などのインタビューで，日韓交渉において自らが果たした役割を話していたために目新しい記述はないが，日韓交渉に関しては相当の紙幅が割かれている。

他方，日本の交渉当事者による個人記録は少ない。政治家としては大平正芳や椎名悦三郎などが回顧録の中で交渉に関するエピソードを振り返っている程度である。また，外交官による回顧としては交渉締結時に外務審議官であった牛場信彦（うしばのぶひこ）による回顧（『外交の瞬間　私の履歴書』）がある。その他，1950年代末から北東アジア課事務官として交渉に携わった柳谷謙介（やなぎやけんすけ）のオーラル・ヒストリー（『柳谷謙介〈元外務事務次官〉オーラル・ヒストリー』上，政策研究大学院大学，2005年）は，交渉当時の日本側の視点を詳細に説明している。

25年以内に再協議をするということで妥協した。竹島（独島）の領有権に関しては，日韓双方がそれぞれ歴史的に「固有の領土」であるという主張を譲らないだけでなく，戦後処理の過程で，韓国の独立とともに当然韓国領土に編入されたと韓国側が主張するのに対して，返還されるべき領土だと明記されていないので日本の領有権が継続しているはずだと日本側は主張した。そして，交渉過程で国際司法裁判所への提訴を主張した日本側の提案に対して，韓国の「固有の領土」であることは疑いないので，裁判を拒否するという韓国

側(ただし,一度だけ韓国政府は「第三国仲裁案」の可能性を示唆したことがある)との間で,接点が見出せないまま,解決は見送られ,国交正常化後に話し合うということで合意した(高崎,1996)。

韓国側が「朝鮮半島における唯一合法な政府であり」韓国の管轄権は朝鮮半島全域に及ぶことを主張したのに対して,日本側は韓国の管轄権を38度以南に限定しようとした。結局,1948年に朝鮮独立問題に関して出された国連決議第195号(Ⅲ)に基づいて「国連臨時朝鮮委員会が観察し,かつ協議することができた地域」と限定を加えることで,日本は韓国政府が朝鮮半島全体を管轄していないことを前提に,韓国政府が朝鮮半島における唯一の合法な政府であることを認めた(吉澤,2015a)。

文化財の返還に関しては,「日韓間の文化財問題の解決及び文化協力の増進に関連し,品目その他につき協議の上日本国より韓国に対し韓国文化財を引渡す」となっている。これは,一方で,文化財問題は解決した請求権問題には含まれないという韓国政府の立場が反映されているが,あくまで文化協力のためであり,韓国が返還請求権をもつわけではないことに合意した。船舶返還問題についても同様に,韓国の返還請求権を認めない代わりに日本が船舶に関する経済協力を行うという形で妥協が図られた(吉澤,2015a)。

こうした争点の背後には,植民地支配それ自体が不法であり,そこから派生する諸問題も日本側の不法行為に起因しているので,韓国側にはそれを回復する当然の権利があるということを前提とする韓国政府と,植民地支配自体は合法的に行われたことを前提とし,そのうえであくまで日本の対韓協力という形で問題解決を図ろうとする日本政府との間の,根本的な違いが反映されている。しかし,こうした根本的な違いが露呈しないように取り繕うことで,1965年6月,日韓両国は日韓基本条約に調印し,日韓国交正常化が達成されたのである。

> **日韓市民社会の異なる視座**

日韓国交正常化は，日韓政府が日韓の歴史認識の違いを棚上げにして，反共陣営の強化のために両者が経済協力を通して経済発展と政治的安定を図るという共通利益に注目した帰結である。ところが，それぞれの国内における批判的な見方は，日韓国交正常化への批判という点では共通していたが，批判の理由には歴然とした乖離が見られた。

韓国国内の批判は，何よりも「過去の清算」が十分になされていないことに重点が置かれ，「民族主義」の名の下に徹底した「脱植民地化」を要求した。「自分たちの過誤にたいするいささかの反省もなく，かえっておごりたかぶり，殺気にみちたまなざしでわたくしたちと手を握ろうとするとき，それが順調になしとげられると考えるのは，おろかな考え方でありましょう」（李在学／梶井陟訳「日本　総理大臣への手紙——佐藤氏へ」『青脈』1965年8月号，梶村・渡部，1971: 20）というような，日本側の過去の「過ち」を認めず反省もしないという「不道徳さ」が何よりも問題にされた。植民地支配に対する日本の謝罪が十分になされていないこと，植民地支配に関する清算が「賠償」や「補償」ではなく「請求権」や「経済協力」という形に「すりかえられた」こと，しかも当初漠然と考えられていたような何十億ドルという規模ではなく無償3億ドル（有償2億ドル）という「少額」であること，「平和線（李ライン）」の撤廃を受け入れたことなど，当時の韓国社会の平均的な対日観を基準にすると，朴政権の対日外交は「低姿勢」かつ「屈辱的」であると映った。

しかし，韓国が経済開発のために獲得することができる資源は限られており，日本との経済協力が必要かつ不可欠であるという認識も相当程度共有されていた。その意味で，韓国の反対論には，朴正熙政権の指向したものに代わる明確な国家戦略があったわけではなかった。日韓国交正常化に代わる戦略として南北統一の可能性を模

索するべきだという主張もあった。しかし，こうした主張は，その現実的な可能性がほとんどない状況の下で発せられた「絶望的な叫び」と見るべきだろう。

それに対して，日本国内の批判の矛先は「冷戦」に向けられた。日韓国交正常化は，「カイライ朴政権を全朝鮮の代表と認めることにより北朝鮮への北進武力統一の口実を与えるのであり日本国民の到底承認できない所である。〔中略〕現在のアジア情勢をみれば南ベトナムでの米地上軍の直接戦闘参加がきめられ，韓国軍も南ベトナムへ増派されようとしている。この日に日韓正式調印を行なうことは，日本が韓国とともに，実質的にベトナム戦争に介入する結果をもたらす」（日本社会党，「日韓会談調印に当たっての声明」『社会新報』1965年6月27日，神谷，1980: 516）という主張である。日韓国交正常化は将来における「北東アジア軍事同盟（NEATO）」の布石であると危惧された。そして，日本が朝鮮半島冷戦によりいっそう「巻き込まれる」ことで，日本の「平和が奪われる」と批判された。その他，「韓国に対する収奪を強化する」ことによって独占資本がいっそう強化されるという批判もあった。

日本国内におけるこうした批判に共通するのは，植民地支配の清算にはほとんど関心が払われなかった点である。長期にわたる日韓交渉中断の原因となった「日本の朝鮮統治は朝鮮人に恩恵を与えた面もある」（高崎，2014: 225）という1953年10月の第3次日韓会談における日本側首席代表久保田貫一郎による「久保田発言」（→第1章），さらに条約締結直前の65年1月，日本側首席代表高杉晋一による記者会見での「日本は謝れ，という話があるが，とても言えたものではない。日本は朝鮮に工場・家屋などを置いてきた。創氏改名をとってみても，それは朝鮮人を同化し，日本人と同じに取り扱おうとして取った措置であって，悪いことだったとばかりは言えない」（高崎，2014: 255）という「高杉発言」は，当時の日本社会の常

識から逸脱した発言であるとは言い難いものであった。

　政府間関係，さらにはその後に展開される経済関係の緊密化と比較して，日韓市民社会間の交流は非常に制限されたものであった。韓国の権威主義体制下における反共イデオロギーの圧倒的な影響によって自由な交流が不可能であったからである。韓国政府は，在日本朝鮮人総連合会（朝鮮総連）をはじめとする左翼勢力による浸透を招くという理由で，日本の市民社会との交流を極度に制限した。しかし，そうした制限がなかったとしても，日韓の市民社会の交流には相当の限界があったとみるべきだろう。日本の市民社会は「歴史の清算」に真正面から取り組むことはなかったし，韓国の市民社会は反共イデオロギーによる制約を免れることができなかったからである。

戦後日韓関係における 1965 年体制の意味

　1965 年の日韓国交正常化は，戦後日韓関係を画する重要な契機であった。国交が正常化されるとともに，日韓の経済協力が深まり，韓国の経済発展に必要な資源が提供された。日韓国交正常化は，日韓協力が相互の利益になるという判断に基づいて，日韓両政府が「選択」した帰結であるのは確かだが，それ以上に，アジア冷戦の激化に伴う反共自由主義陣営の結束を強化するために「外発的に」要請されたものでもあった。言い換えれば，冷戦によって日韓が再び「結び付けられた」のが 1965 年体制である。これは，日韓基本条約，日韓請求権協定をはじめ，日本国と大韓民国との間の漁業に関する協定（日韓漁業協定），在日韓国人の法的地位協定，文化財及び文化協力に関する日本国と大韓民国との間の協定（日韓文化財協定），日韓紛争解決交換公文（紛争の解決に関する交換公文）など一連の合意から構成される。しかし，その結果，日韓間に横たわっていた諸問題は，韓国社会が満足する形では解決されなかった。したがって，日韓両国民がともに日韓国交正常化を「祝福」するとい

う雰囲気はなかった。また，時間の経過とともに否定的評価が解消されて「祝福」されるようになるわけでもなかった。

　それに対して，その後50年を経過して，この50年間の実績を考慮して評価するべきだという考え方もあるだろう（木宮, 2015a）。この50年間の最も大きな変化は，1965年時点で顕著であった日韓の非対称な関係が，水平化（パワー関係の均等化），均質化（市場民主主義という体制価値観の共有），多様化・多層化（関係領域における多様化，関係主体の多層化），双方向化（関心や情報における日本から韓国へ，韓国から日本へという双方向化）によって，次第に対称化されつつあるということである。さらに，北朝鮮に比べて劣勢であった南北体制競争においても韓国が逆転し，現状では不可逆的な優位を確保し，朝鮮半島の統一に関する主導権を確保するようになったことである（木宮, 2015b）。こうした変化に関して，日韓関係が少なからぬ影響を及ぼしたことは強調されるべきだろう。

2　ベトナム戦争をめぐる日韓関係
●冷戦との「距離感」の違い

　日韓国交正常化を促進した一つの重要な要因が，ベトナム戦争によるアジアにおける冷戦の激化であったという点は，すでに述べた通りである。ただし，ベトナム戦争のために日韓が直接に協力したわけではなかった。むしろ，ベトナム戦争に対する日韓社会の対応は対照的でさえあった。それは，日韓関係を取り巻く冷戦への対応に関する日韓それぞれの「温度差」を示していた。

**ベトナム戦争と韓国
　　——派兵と特需**

　韓国は1965年から72年まで約5万人規模の軍隊をベトナムに駐留させ，ベトナム戦争に参戦した。また，ちょうど日本経済が朝鮮戦争特需によって戦後不況を脱することができたように，韓国

経済の60年代後半の高度経済成長の一因に，ベトナム戦争に伴う特需の獲得があった。では，この派兵と特需はどのような関係にあったのだろうか。

まず，東南アジアの反共体制の維持に関して，韓国政府が従来から高い関心をもっていた点に留意する必要がある。1954年，李承晩大統領は米国に対して韓国軍のインドシナへの派兵を提案した。アジアにおける反共国家としての国際的威信を高めると同時に，米国に協力し「貸しを作る」ことで対米交渉力の増大を図ろうとしたのである。さらに，こうした指向は朴政権にも継承された。ベトナム戦争への米国の本格的介入が決定される以前，61年11月の朴正熙訪米に伴う米韓首脳会談で，ケネディに対して朴正熙は韓国軍のベトナム派兵の可能性を打診した。これは，米国の対韓軍事経済援助に関する韓国の交渉力増大をねらったものである。こうしたことから，米国の目には，韓国政府がベトナムへの派兵に対して並々ならぬ関心をもっていると映った（木宮，2001: 105-106）。

その後，ベトナム戦争への米国の介入が本格化するとともに，米国は，孤立を免れるために共同参戦国を募ることになる。その候補の中で，最も派兵に熱心であり，かつ，派兵によって予想される弊害が少ないと判断されたのが韓国であった。韓国は，1960年代の半ばになると，米国政府による駐韓米軍の削減とそれに基づくベトナム戦争への転用を警戒するようになり，それを封印するために韓国軍のベトナム派兵に積極的な姿勢を示した。しかも，61年以降，テコンドー教官，医療部隊，工兵部隊を派遣する実績を積み上げていった。台湾も，ベトナム戦争に関する米国の積極的介入政策を支持し，派兵に積極的であった（→ *Column* ⑥）。しかし，台湾の関与は，中国政府を刺激して，戦争のエスカレーションを招くかもしれないことを，米国政府は憂慮した。それと比較すると，韓国の関与はリスクが大きくないと判断された（木宮，2001）。このような経緯

で，米国政府は，韓国に対して戦闘部隊の派兵を要請することを決断した。そして，65年の朴正熙訪米に伴うジョンソン大統領との首脳会談の結果を受けて，朴正熙は戦闘部隊のベトナム派兵を決断した。

韓国政府の本来のねらいは，駐韓米軍の削減を封じ込め，対米交渉力を増大させるということであったが，ベトナム派兵は韓国に物質的な利益をもたらした。それが「ベトナム特需」である。そして，こうした特需を獲得することが，ベトナム戦争に対する韓国の関与を持続させる原動力になった。ベトナム特需を通して，韓国はベトナム戦争の「受益者」になったのである。確かに韓国国内にもベトナム派兵に対する慎重論や批判が展開されていた。しかし，批判の多くは，ベトナム派兵の代償をもっと米国から受け取るために条件闘争をするべきだというものであり，ベトナム戦争それ自体に対する批判は表には出てこなかった。ベトナム戦争は共産主義侵略に対する反共陣営の防衛のための戦いであるという名分を前提とすると，韓国がそのために協力すること自体に異議を唱えることは難しかったからである。

ベトナム特需の主要な部分を占めたのは，物品軍納，さらには，韓国企業のベトナム進出によって初めて可能となるような，用役軍納，建設軍納，そして韓国の労働力輸出に伴う「技術者送金」，米国によってドルで支払われた韓国兵士の手当てや補償などであった(朴根好，1993)。そして，その規模は累計で約10億ドルになると推計され，GNPの3-4%の比重を占めたと考えられる。こうした数字は，日本における朝鮮戦争特需と比較しても，それに匹敵するか，もしくはそれ以上であった。このように，軍の派兵，さらに，それに伴う企業進出，労働力輸出と非常に密接な関連をもった特需であった。言い換えれば，ベトナム特需を獲得するためには軍の派兵という「コスト」を支払う必要があったということになる（木宮，

2012)。

　その後,ベトナム戦争の拡大に伴い,米国政府は韓国軍の増派を要請した。1967年までは韓国政府はその要請に応じたが,次第に,それに応じることは国内外の世論や北朝鮮と対峙する軍事的負担を考慮すると,重荷になっていった。さらに,68年初頭に米韓関係を動揺させる2つの事件が起こった。一つは,北朝鮮ゲリラ部隊による韓国大統領府襲撃事件である。これに対して韓国政府は報復行動も辞さないという強硬姿勢を示したが,米国がブレーキをかけた。もう一つは,米国の偵察船プエブロ号が北朝鮮によって拿捕され,1年近くにわたり乗組員が抑留された「プエブロ号事件」である。この事件に対して,米国は北朝鮮と直接交渉を行い,乗組員返還のために北朝鮮に実質的な謝罪をせざるをえなかった。しかし,米国のこうした対応は,韓国防衛のための米国の軍事関与の本気度に対する韓国政府の不信を増大させることになった(木宮,2005)。

　さらに,1969年7月,ニクソン大統領は,アジアにおける戦争に対して,今後は米地上軍を派遣して介入するようなことはしないという「グアム・ドクトリン」を発表した。そして,それに伴って,71年,駐韓米軍1個師団約2万人の削減を決定し,韓国政府に通告した。こうした米国の政策変化は,韓国政府にとっては,ベトナム派兵の目的を根底から無効にするものであった。ベトナム戦争における戦況悪化を恐れて,米国政府は韓国軍が急激に撤退しないように要請した。また,韓国自身もベトナムの戦後復興特需への期待もあって,韓国軍を72年までは駐留させ続けた。しかし73年初頭,韓国政府は,ついにベトナムからの韓国軍の完全撤退を決断した。

ベトナム戦争と日本 ——「対岸の火事」と特需

　当時は憲法上の制約も強く,日本政府がベトナム戦争に自衛隊を派兵することは想像できなかった。その代わり,日本政府は,南ベトナムおよび周辺諸国に対する経済援助や駐日米軍基地の使用

Column ⑤　ベトナム派兵と韓国社会

　ベトナム戦争に派兵された兵士の間には，戦争の精神的・肉体的後遺症に悩まされた者もいたが，韓国社会においてベトナム派兵は，特需の享受という「甘い記憶」と戦争の「敗北」という「苦い記憶」が共存しながらも，忘却されていた。ところが，民主化と冷戦の終焉によって政治的自由が大幅に拡大する中，ベトナム派兵を批判的に再考する動きも現れた。「하얀 전쟁（白い戦争，日本語での題名は「ホワイト・バッジ」〈White Badge〉）」という映画が名優安聖基主演で1992年に上映されたことは，その象徴である。この作品にはベトナム戦争帰りのジャーナリストと，戦争による精神的後遺症に苦しむ昔の部下の姿を中心に，ベトナム派兵に対する批判的な視角が込められていた。

　韓国は1992年にベトナムと国交を正常化し，98年の金大中大統領のベトナム訪問時，ベトナム派兵に伴って生じた両国の不幸な歴史に関する実質的な謝罪を行った。また，進歩的なマスメディアからは，韓国軍が民間人を虐殺した蛮行への批判が提起されたが，それに対しては，在郷軍人会を中心とする保守勢力が，韓国軍の輝かしい栄光を冒瀆するものであるとして反発を強めた。ベトナム派兵に対する歴史的評価は，韓国の現代史評価をめぐる保守派と進歩派との対立の争点である。

　保守側の見方は以下の通りである。北朝鮮と対峙して反共を選択した韓国が，同じ分断国家である反共の南ベトナムを軍事的に支援するのは

など，ベトナム戦争を遂行しようとする米国に対する協力を惜しまなかった。社会党を中心とする野党の反対にもかかわらず，ベトナム戦争に関する佐藤栄作政権の米国支持の姿勢は一貫していた。ベトナム戦争はアジアにおける共産主義の侵略に対抗する防衛的なものであり，反共産主義勢力が結束して支援しなければならないという姿勢である。ただし，国内の反対運動を意識して，露骨で直接的な支援には慎重であった。その意味で，日韓国交正常化を目前にして韓国がベトナム派兵の動きを見せたことは，日韓国交正常化が反

++

当然であった。南ベトナムの滅亡という残念な結果に終わったが，戦争特需という経済的利益の獲得に貢献したのは誇れることである。過剰な暴力が見られるのは戦争の不可抗力であり，韓国としては誰に対しても何も謝罪する必要はない。

それに対して進歩側の見方は次の通りである。ベトナム戦争は，ベトナム革命を封じ込めるために米国が帝国主義的介入を選択したものであり，韓国軍派兵は「傭兵」として米国の「お先棒を担いだ」ものである。しかも，戦争特需は他人の不幸に便乗したという意味で道義的に誇れることではない。さらに，ベトナム民間人の虐殺に関与したことなども含めて，ベトナムで行った戦時行動について韓国は反省しなければならない。

韓国とベトナムとの関係は，経済関係を中心に良好な関係を維持しているために，派兵に起因する摩擦の顕在化は抑えられているが，両国関係の変化が摩擦を顕在化させる可能性は残されている。韓国は，歴史的に常に「被害者」の立場に置かれたと自認する。しかし，ベトナム戦争に関しては少なくとも「被害者」ではない立場に置かれる。韓国社会は，こうした社会的亀裂を抱えながら，それにどのような対応を示すのかが，試されている（伊藤，2013）。韓国はベトナム戦争に関して何も反省せずに「被害者面」ばかりしているわけではないのである。

++

共軍事同盟結成の第一歩になるという国内の反対論に根拠を与えることになりかねないだけに，日本政府は厄介な問題を抱えることになった。

さらに，日本国内では，野党や市民団体「ベトナムに平和を！市民連合（ベ平連）」などを中心として，ベトナム反戦運動が展開され一定の影響力をもった。日韓条約反対闘争は安保条約改定反対運動ほどの盛り上がりを見せることはなかったが，ベトナム反戦運動は，野党や労働組合などの既成組織だけでなく，草の根の市民運動

をも巻き込むことで広がりを見せた。そして，米国国内やグローバルに展開されたベトナム反戦運動と呼応しながら，ベトナム戦争に対する米国の姿勢を批判しただけでなく，そうした米国の政策を支持した日本政府の関与にも厳しい批判の目を向けた。

ただ，日本の政府や社会にとって，ベトナム戦争は基本的には「対岸の火事」であったために，一方で戦争に反対する勢力と他方で戦争によって利益を享受(きょうじゅ)する勢力とが平和的に共存することができた。「良心と財布の両方をともに満たすのは難しいことではなかった」。言い換えれば，「隔絶した距離と島国的心性というレンズを通して」ベトナム戦争を見ていたという，米国の日本史研究者ヘイブンズの指摘（ヘイブンズ，1990: 335）は，的外れとはいえないだろう。

ベトナム戦争に伴う経済的利益は韓国だけでなく日本においても，1960年代の高度経済成長の一要因を形成した。ただし，韓国のベトナム特需とは異なり，日本のそれは主として，米国，南ベトナム，その他の周辺諸国との貿易拡大を通した利益の獲得に主眼が置かれており，「手を汚さず」「コストを支払わず」利益を享受することができた。日本経済がベトナム戦争から受けた経済的利益には，66年から71年までの期間中，「年平均，最も低く見積もっても10億ドル」（ヘイブンズ，1990: 128）であり，当時の日本の輸出が200億ドルであったことを考えると，輸出の5％程度を常に占めていた勘定になる。

> 日韓の冷戦認識の違い

以上のように，日韓国交正常化を目前に控えた時期，ベトナム戦争という共通の現実を前にして，米国と「同盟」関係にある日韓両国が，それぞれ異なる冷戦認識に基づいて，韓国は「派兵というコストを支払う見返りに」利益を享受したのに対して，日本は「対岸の火事を見物しながら」受益者となった。こうした相異なる冷戦認識は，日韓国交正常

化が達成されたにもかかわらず，その後も持続することになる。韓国から見ると反共に対する日本の関与は不十分で消極的なものと映った。韓国は，一方では反共防衛に対する日本のより積極的な関与を期待したが，他方で日本の侵略という過去の歴史を繰り返さないために，日本への「期待」には歯止めもかかった。日本から見ると韓国の関与は反共に傾斜するあまり，アジアにおける冷戦を必要以上に激化させるものであると映った。そして，韓国のそうした姿勢を一方で支援しながらも他方では巻き込まれることを警戒した。

1967年に開催された第1回日韓定期閣僚会議の共同コミュニケ（声明）の第6項「両国の閣僚は，国際情勢一般に関して広範囲に意見を交換した。日本側は，世界的な緊張緩和の情勢を指摘し，日本の外交の基本方針が平和の維持にあることを説明した。韓国側は，アジア地域における緊張状態の存在を強調し，共産主義勢力の直接の脅威に直面している韓国の特殊な立場を説明した」（外務省，1968: 17）。これは冷戦に対する日韓の距離感を反映したものであった。こうした両者の違いが明確な形で現れたのが，韓国が主導して1966年に結成されたアジア太平洋協議会（ASPAC）をめぐる日韓の姿勢の違いであった。

アジアにおける「地域主義」と日韓関係

韓国のベトナム派兵の背後にある韓国外交の目的の一つが，アジアの反共陣営の中で主導権を握るということであった。その成果の一つが，韓国などが主導したASPACの組織化である。ベトナム戦争の本格化に直面して，韓国とタイが主導して，その他，日本，マレーシア，台湾，南ベトナム，フィリピン，オーストラリア，ニュージーランドから構成されるASPACという組織を結実させた。

しかし，ASPAC結成には，次のような紆余曲折があった。ASPAC参加国はアジアにおける反共諸国の連携を強化するという目的を共有していたが，どのような形の連携を強化するのかという

点については合意がなかった。一方に反共軍事同盟の組織化につなげるためにも，反共政治色の濃い組織化を模索しようとする動きがあった。こうした発展の方向を支持したのが台湾と南ベトナムであった。他方で，反共政治色の強い組織への参加には難色を示し，あくまでも緩やかな協議機関にとどめるべきだと主張したのが，日本やマレーシアなどであった。そして，こうした2つの相異なる要請を両立させようとしたのが韓国であった。

　韓国は当初，日本の参加に対してそれほど好意的ではなく，日本も参加には消極的であった。ところが，ASPACが結実するためには，できるだけ多数の国家，しかも域内の重要国家の参加が必要であった。その成否を握っていたオーストラリアやマレーシアなどの参加を確実なものにするためには，日本の参加が必要とされた。したがって，韓国も次第に日本の参加を積極的に誘導する姿勢に転換した。ただし，日本を参加させるためには，ASPACの性格に関して日本の要請を相当程度受け入れなければならなかった。それは，場合によってはASPACの意義を希釈させる危険性を抱えた（木宮, 2001）。

　韓国はそうした難問を何とか解決しようとした。ASPACの発展方向として，経済や社会文化などの機能主義的な協力の可能性を強調することで，たとえ「同床異夢」であることは避けられないにしても，参加国に対して組織参加への動機づけおよび組織持続の原動力を付与することにとりあえずは成功したのである。しかし，ASPACは，1970年代に入ると，ASEANというライバル組織が結成される一方で，米中和解やベトナム戦争の終結などでアジアにおける冷戦が緩和する中，その存在意義を次第に喪失し，73年に事実上消滅した。

| 冷戦に対する
日韓の関与の差 | 1960年代の日韓関係は，アジアにおける冷戦に「埋め込まれる」中で関係正常化を達成したが，それに関連して，次の2点を

指摘することができる。一つは，冷戦に対する距離感の違いという相違点である。冷戦体制下で米国との「同盟」関係を中心に同じ反共陣営に組み込まれながらも，冷戦体制にどの程度関与するのかという点で，相対的に韓国が積極的であるのに対して，日本は抑制的であったという違いである。もう一つは，軍事協力よりも機能主義的な社会経済協力を相対的に重視しようとしたという共通点である。韓国はベトナム派兵を断行し，冷戦に対して過剰に関与したことは否定できないが，ASPACを志向した主要な動機は，アジアにおける機能主義的協力を強化することが反共陣営の強化にもつながるという発想であった。これは，経済協力を手段としてアジアの反共主義陣営に梃子入れをするという日本のアジア外交の発想と重なるものであった。冷戦に制約された経済協力，「地域主義」であったが，これは「冷戦を超えた」今日における地域主義の萌芽として位置づけることもできる。

このように，1960年代の日韓関係は，冷戦との距離感の違いを互いに意識しながら，軍事分野だけではなく社会経済分野を中心とした機能的な協力関係を深めることで反共陣営を強化していくという点に，その特徴を求めることができる。

3 経済協力の進展とその政治的意味

| 国交正常化以後の
日韓政府間関係 | 国交正常化後の日韓政府間関係は，1967年以後ほぼ毎年，外相，蔵相，通産相，経済企画庁長官（韓国側は外相，副総理兼経済

企画院長官,財務相,商工相)などの主要閣僚で構成される日韓定期閣僚会議が,ソウルと東京で交互に開催されるようになった。構成メンバーからもわかるように,主要な議題は経済協力や貿易に関するものであった。3億ドル以上とされていた商業借款の供与を5億ドル以上に「増額」することや,当初の予定を変更して,資金の一部を韓国側が要望する総合製鉄所を建設するために使用することなどが決められた。日韓の経済協力を韓国の経済発展と政治的安定に寄与するように,いかに有効に行うべきかが焦点になるとともに,日韓の経済格差や産業構造の違いなどが反映された利害対立を,いかに妥協に導くのかが議論された。参考までに,67年の第1回日韓定期閣僚会議の主要議題は,①両国関係の全般的レヴュー及び国際情勢一般に関する意見の交換,②両国の経済情勢の説明,③経済協力問題,④貿易問題,⑤租税問題,⑥農林水産問題,⑦海運問題であった(外務省,1968: 16)。

しかし,閣僚同士の実務的な交流は政府間で活発になったものの,首脳同士の活発な交流が可能になるほどの密接な関係が形成されたわけではなかった。またそれを許容するような社会的雰囲気が醸成されたわけでもなかった。意外な事実であるが,朴正熙大統領は,国家再建最高会議議長時代の1961年に訪米途上,非公式に日本に立ち寄ったことはあるが,それ以後79年に死亡するまで公式に訪日することは一度もなかった。他方で,日本の首相の訪韓も,67年,71年の朴正熙大統領就任式典に佐藤栄作首相が出席したという儀礼的なものにとどまるか,74年8月の文世光(ムン セグァン)事件(在日韓国人の文世光が独立記念日の式典において朴正熙大統領の暗殺を企図した事件)によって死亡した陸英修(ユギョンス)大統領夫人の国民葬に田中角栄(たなかかくえい)首相が列席するために訪韓したという皮肉なものであった。また,天皇の訪韓は現在に至るまで実現されてはいない。

日韓経済協力の深化

日本との経済的な結び付きについて、それが量的に増大しただけではなく、韓国の全体的な経済関係の中で、相対的にどのような位置づけが付与されるようになったのかを、いくつかの重要な指標に基づいて検証してみる。

1965年の日韓国交正常化以前の、韓国の貿易構造は、主として米国の援助物資を加工して国内市場向けに生産し、海苔、生糸、鉄鉱石などの一次産品を日本向けに輸出して外貨を稼ぐというものであった。しかし、国交正常化以後、特に日本から原材料を輸入して製品に加工し、米国などに最終消費財を輸出するという貿易構造が次第に定着するようになった。これは、韓国が輸出指向型工業化戦略を選択し、日韓国交正常化による日本との経済関係の強化を、その戦略を推進するために利用しようとした帰結である。そして、韓国の経済成長を支えたのが、工業製品の輸出増大であることを考慮すると、60年代以後の韓国の経済成長と日本との経済関係強化との間に密接な関連があったことは否定できない。しかし、そうした貿易構造の変化は、対日貿易赤字が増大し、「対日従属」が強化されたという批判を強めることになった。

1965年以後、日本からの投資も活発になったが、朴正煕政権は外国企業による直接投資に対しては一貫して警戒的であった。したがって、日本からの投資に関しても、公共借款や商業借款という形態を奨励し、しかも政府が支払保証をするという形で関与することで、外国資本による直接的支配という「弊害」を免れようとした。したがって、日本の大企業が単独で韓国に直接投資をするという形態がとられることはほとんどなく、合弁企業や技術協力などの形態がとられる場合が大部分であった。そして、日本からの直接投資が許容される場合でも、小規模な投資が大部分を占めた。しかし、こうした特徴は、日本からの民間投資が技術移転効果を必ずしも伴っ

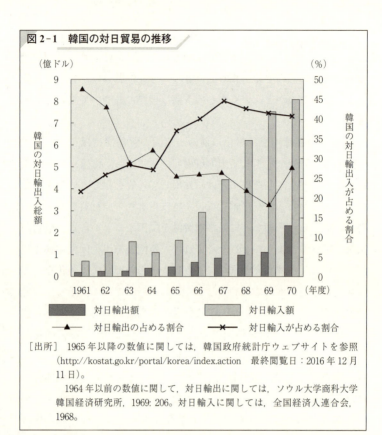

図 2-1 韓国の対日貿易の推移

[出所] 1965年以降の数値に関しては，韓国政府統計庁ウェブサイトを参照 (http://kostat.go.kr/portal/korea/index.action 最終閲覧日：2016年12月11日)。
1964年以前の数値に関して，対日輸出に関しては，ソウル大学商科大学韓国経済研究所，1969: 206。対日輸入に関しては，全国経済人連合会，1968。

たものではないという，別の批判をのちに生むことになった。

また，1965年以後，日韓の人的交流が増大したが，その特徴は，ビジネス関係に限定された交流が多いことであった。ビジネス以外の観光分野などでは，70年代に入り，日本から韓国への観光が増大したが，韓国から日本への渡航は限定されたものであり，相互に不均衡なものであった。

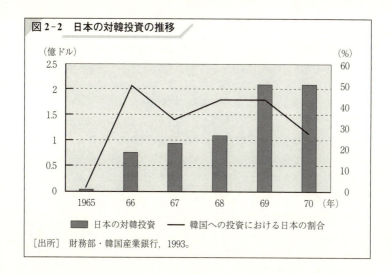

図2-2 日本の対韓投資の推移

[出所] 財務部・韓国産業銀行, 1993。

| 国交正常化以後の
日韓の相互視座 | 国交正常化の交渉過程で現れた，日韓国交正常化反対運動における視座の乖離は，国交正常化以後も続いた。その結果として， |

政府間関係および経済関係の利害の共有とは対照的に，日韓の市民社会は相互の違いを理解するための接点をもつことさえできなかった。日本における韓国理解は，韓国社会と真正面から向き合おうとするのではなく，日本における左右対立をそのまま朝鮮半島に投影するものであった。社会党や共産党などの左派は韓国ではなく北朝鮮のほうを正統な政権であるとみなしたのに対して，自民党などの右派は逆に韓国のほうが正統性をもつとみなし，その中間は存在しなかった。そして，日本の植民地支配に対する反省など，過去の歴史認識に関する問題意識を十分にもつことができなかったのは，左右とも共通していた。

日本社会のこうした対立に対して，韓国政府は，日本国内の右派＝「親韓派」との連携を強化した。そして，左派を「反韓派」・

Column ⑥ 韓国と台湾——分断国家の異同

　日本の植民地支配という経験を共有したにもかかわらず，韓国は「反日」であるが台湾は「親日」であるのはなぜか，という質問を受けることがある。この質問には，韓国の「反日」は，日本にではなく韓国のほうに責任があるということを，類似の経験をもつ台湾を引き合いにして説明する狙いがあるようだ。まず，韓国＝反日，台湾＝親日という二分法がどれだけ事実と合致しているのかは疑問である。そのうえで，両国の歴史の中で日本の植民地期がどのように評価されるのかということを考えれば，答えはさほど難しくはない。韓国は独立国として存在したが，日本の植民地支配によって独立を否定され，その後独立を回復したものの分断状況の下で「真の独立」を達成しているわけではない。それに対して，台湾は中国から日本へと支配の主体が変わっただけであり，独立後は，台湾人口の大半を占める本省人から見ると外省人主体の国民党支配に変わっただけだという冷めた見方もあるからだ。

　日本の植民地支配経験だけでなく，冷戦体制下における反共の分断国家であること，アジア新興工業経済群（NIES）としての経済発展を達成したことなど，韓国と台湾とは共通部分が多く，しばしば比較研究の対象となってきた。反共自由主義陣営の一員として，権威主義体制の下で，アメリカの援助や日本の経済協力などを利用して，輸出指向型工業化によって世界経済との連携を強めることで経済発展を達成し，政治的

「親北朝鮮派」とみなして一切の交流を断絶した。しかし，韓国政府も，日本の「親韓派」がもつ歴史観には，植民地支配に対する反省がなく，それを正当化しようとする点で同意できなかった。そうした違いを，冷戦体制下における反共陣営の結束強化という観点を優先させることで「封じ込めた」といえる。

　さらに，韓国の野党や民主化運動勢力は，信頼に足るべき連携勢力を日本国内に見出すことはできなかった。こうした政治勢力も反共イデオロギーを政府と共有していたのであり，そうしたイデオロ

✦✦✦✦✦✦✦✦✦✦✦✦✦✦✦✦✦✦✦✦✦✦✦✦✦✦✦✦✦✦

民主化も達成していったという点でも共通する。

　しかし，経済発展の主体に関して，韓国が大企業中心であったのに対して，台湾が中小企業中心であったことなど，顕著な違いも存在する。何よりも大きな違いは，統一への指向が全く正反対であるという点である。韓国は，北朝鮮との体制競争に勝利することで自国主導の統一の可能性が開かれると展望する。それに対して，台湾は「大陸反攻」を放棄してから半世紀以上も経過しており，「独立」を明示しないが，中国の一部に組み込まれない「独自の台湾」を指向する。

　さらに，韓国と台湾とは，その共通性にもかかわらず，密接な相互関係を構築してきたとは言い難い。経済的には，その共通性が相互の競争的な側面を強く意識させたために，貿易や投資など相互の協力関係は目立ったものにはならなかった。これは政治的側面でも同様である。韓国と台湾との間には，反共アジアの主導権争い，日本との関係などに関する認識の乖離があり，安全保障や外交面での全面的な協力を指向したわけではなかった。中韓国交正常化は1992年を待たなければならなかったが，すでに，70年代に中国が国際政治の表舞台に復帰すると，韓国は中国との関係改善を重視するようになり，その分，台湾との関係の重要度は低下せざるをえなかったのである。

✦✦✦✦✦✦✦✦✦✦✦✦✦✦✦✦✦✦✦✦✦✦✦✦✦✦✦✦✦✦

ギーを共有できない日本国内の左派との連携は考慮されなかった。そして，韓国の野党や民主化勢力は，朴政権に梃子入れする日本政府に対する不信を強めていくことになる。

日韓経済協力の政治的意味

　このように，1960年代の日韓協力は経済協力が中心であったが，それは政治的意味をもたないわけではなかった。日韓の経済協力の動機が，日韓の政府や企業にとって相互の利益にあったことは間違いないが，日韓協力はそれを取り巻く冷戦体制と密接な関連

3　経済協力の進展とその政治的意味

性をもって行われたからである。「安保経済協力」という言葉は当時使われなかったが、日本の対韓経済協力は純粋な経済的動機に基づくというよりも、韓国の朴正熙政権という反共体制を強化することが日本の安全保障にも寄与するという考慮が働いた結果でもある。また、朴政権も、日本からの経済協力をより有利な条件で獲得するために、日本の安全保障に韓国が貢献していることを強調した。こうした安全保障に対する考慮が優先的に働いたのが、70年代以降の韓国の重化学工業化に対する日本の積極的な支援であった。

ただし、そうした傾向は1970年代になって突如として始まったわけではなく、すでに60年代にも現れていた。韓国政府は、当初、62年からの第1次経済開発5カ年計画で総合製鉄所の建設を計画していたが、それに必要な財源を調達できず、結局断念せざるをえなかった（木宮, 2012）。その後、67年から開始される第2次経済開発5カ年計画でも総合製鉄所の建設を検討したが、この事業に対しては国際通貨基金（IMF）・世界銀行などが事業の採算性や必要性に対して疑念を提起したために、米国輸出入銀行の借款などを獲得することができなかった。それとは対照的に総合製鉄所の建設を積極的に支援したのが日本の政財界であった。日本の政財界が日韓の国際分業の再編を考慮に入れた結果であったが、70年前後の国際政治の流動化状況の下で、経済的見地だけでなく「国防的見地から韓国最重要国策として採り上げられた製鉄所の建設」（八木, 1978: 495）に尽力したからでもあった。

さらに、日韓協力の増大は、日韓の政治体制に対しても、少なからぬ影響を及ぼした。それが本格化するのは1970年代であるが、60年代後半にも次第に、日韓協力が日韓のそれぞれの与党勢力を直接的もしくは間接的に強化するという関係が形成されつつあった。韓国の朴正熙政権にとっては、日韓協力によって韓国の経済成長に拍車がかかることは政権の実績を上げて政権の正統性を高めるため

に有効に働くことになった。63年の大統領選挙で野党候補に辛勝し，64年には日韓国交正常化反対運動によって政権放棄の一歩手前まで追い込まれた朴正煕政権は，67年の大統領選挙，国会議員選挙では圧勝した。さらに，69年には反対派を抑えて三選改憲（大統領の三選を禁止した憲法を改正して三選を可能にした）を達成した。他方で，日本の自民党政権も，60年代の高度経済成長を達成することで，一党優位体制を確立し，与野党政権交代の可能性をほぼ封じ込めることに成功した。日韓協力の「成功」が，こうした日本の高度経済成長と政治的安定を達成する一因になったといっても過言ではないだろう。

●引用・参考文献●

安倍誠・金都亨(キムドヒョン)編，2015年『日韓関係史 1965-2015 Ⅱ 経済』東京大学出版会。

磯崎典世・李鍾久(イジョング)編，2015年『日韓関係史 1965-2015 Ⅲ 社会・文化』東京大学出版会。

伊藤正子，2013年『戦争記憶の政治学——韓国軍によるベトナム人戦時虐殺問題と和解への道』平凡社。

伊藤昌哉，1966年『池田勇人 その生と死』至誠堂。

李東元(イドンウォン)／崔雲祥(チェウンサン)監訳，1997年『韓日条約締結秘話——ある二人の外交官の運命的出会い』PHP研究所。

牛場信彦，1984年『外交の瞬間 私の履歴書』日本経済新聞社。

太田修，2015年『日韓交渉——請求権問題の研究〔新装新版〕』クレイン。

外務省，1968年『わが外交の近況 第12号』外務省。

梶村秀樹・渡部学編，1971年『韓国の思想と行動』（シリーズ・日本と朝鮮 2）太平出版社。

神谷不二編集代表，1980年『朝鮮問題戦後資料 第3巻 1961〜1965』日本国際問題研究所。

木宮正史，2001年「一九六〇年代韓国における冷戦外交の三類型——

日韓国交正常化・ベトナム派兵・ASPAC」小此木政夫・文正仁編『市場・国家・国際体制』(日韓共同研究叢書 4) 慶應義塾大学出版会。

木宮正史, 2005 年「韓国外交のダイナミズム――特に一九七〇年代初頭の変化を中心に」小此木政夫・張達重『戦後日韓関係の展開』(日韓共同研究叢書 14) 慶應義塾大学出版会。

木宮正史, 2011 年「韓国の対日導入資金の最大化と最適化」李鍾元・木宮正史・浅野豊美編『歴史としての日韓国交正常化Ⅰ 東アジア冷戦編』法政大学出版局。

木宮正史, 2012 年『国際政治のなかの韓国現代史』山川出版社。

木宮正史, 2015 年 a「日韓外交協力の軌跡とその現在的含意」木宮正史・李元徳編『日韓関係史 1965-2015 Ⅰ 政治』東京大学出版会。

木宮正史, 2015 年 b,「日本の安全保障と朝鮮半島」木宮正史編『朝鮮半島と東アジア』(シリーズ日本の安全保障 第 6 巻) 岩波書店。

金恩貞(キムウンジョン), 2015 年「日韓会談請求権問題における日本政府の政策的連続性――「経済協力方式」の起源と妥結」『現代韓国朝鮮研究 (特集 日韓国交正常化 50 年を超えて)』15 号。

金恩貞, 2016 年「1950 年代初期, 日本の対韓請求権交渉案の形成過程――「相互放棄プラスアルファ」案の形成を中心に」『アジア研究』62 巻 1 号。

金鍾泌(キムジョンピル)著・中央日報社編/木宮正史監訳, 若杉美奈子・小池修訳, 2017 年『金鍾泌証言録』新潮社。

金東祚(キムドンジョ)/林建彦訳, 1993 年『韓日の和解――日韓交渉 14 年の記録』サイマル出版会。

曺良鉉(ジョヤンヒョン), 2009 年『アジア地域主義とアメリカ――ベトナム戦争期のアジア太平洋国際関係』東京大学出版会。

政策研究大学院大学, 2005 年『柳谷謙介 (元外務事務次官) オーラル・ヒストリー』上, 政策研究大学院大学。

高崎宗司, 1996 年『検証日韓会談』岩波新書。

高崎宗司, 2014 年『「妄言」の原形――日本人の朝鮮観〔定本〕』木犀社。

張博珍(チャンバクチン), 2011 年「日韓会談における被害補償交渉の過程分析――「賠

償」・「請求権」・「経済協力」方式の連続性」李鍾元・木宮正史・浅野豊美編『歴史としての日韓国交正常化Ⅰ　東アジア冷戦編』法政大学出版局。

趙胤修（チョユンス），2015年「海洋をめぐる日韓関係五〇年」木宮正史・李元德編『日韓関係史 1965-2015 Ⅰ 政治』東京大学出版会。

朴根妤（パクグンホ），1993年『韓国の経済発展とベトナム戦争』御茶ノ水書房。

朴正鎮（パクジョンジン），2012年『日朝冷戦構造の誕生 1945-1965――封印された外交史』平凡社。

韓培浩（ハンベホ）／木宮正史・磯崎典世訳，2004年『韓国政治のダイナミズム』（韓国の学術と文化17）法政大学出版局。

ヘイブンズ，トーマス R. H.／吉川勇一訳，1990年『海の向こうの火事　ベトナム戦争と日本 1965〜1975』筑摩書房。

八木信雄，1978年『日本と韓国』日韓文化協会。

吉澤文寿，2015年 a『戦後日韓関係――国交正常化交渉をめぐって〔新装新版〕』クレイン。

吉澤文寿，2015年 b『日韓会談 1965――戦後日韓関係の原点を検証する』高文研。

李鍾元（リージョンウォン），1994年「韓日会談とアメリカ――『不介入政策』の成立を中心に」日本国際政治学会編『国際政治（1950年代の国際政治）』105号。

李鍾元，2011年「日韓会談の政治決着と米国――「大平・金メモ」への道のり」李鍾元・木宮正史・浅野豊美『歴史としての日韓国交正常化Ⅰ　東アジア冷戦編』法政大学出版局。

李鍾元・木宮正史・浅野豊美編，2011年『歴史としての日韓国交正常化Ⅱ　脱植民地化編』法政大学出版局。

＊韓国語文献（カナタラ順）

国立外交院，2014年『한국 외교와 외교관 오재희 전주일대사 (면담 이원덕 교수)（韓国外交と外交官 呉在熙前駐日大使（面談李元德教授）』역사공간（歴史空間）。

金溶植，1993年『새벽의 약속 ―― 김용식 외교 33년（夜明けの約束――金溶植外交33年)』김영사（キムヨン社）。

金鍾泌, 2016 年『김종필 증언록 —— JP가 말하는 대한민국 현대사 (金鍾泌証言録——JP が語る大韓民国現代史) 1・2』와이즈베리 (ワイズベリー)。

裵義煥, 1992 年『보릿고개는 넘었지만 (飢えの峠は越えたが)』内外経済新聞社。

서울대학商科大学韓国経済研究所, 1969 年『輸出振興을 위한 日本経済 研究』。

安正孝, 1989 年『하얀 전쟁 (白い戦争)』고려원 (高麗苑)。

張博珍, 2009 年『식민지 관계 청산은 왜 이루어질 수 없었는가 : 한일회담이라는 역설 (植民地関係清算はなぜ成し遂げられなかったのか——韓日会談という逆説)』논형 (論衡)。

張博珍, 2014 年『미완의 청산 : 한일회담 청구권 교섭의 세부과정 (未完の清算——韓日会談請求権交渉の細部過程)』역사공간 (歴史空間)。

財務部・韓国産業銀行, 1993 年『韓国外資導入 30 年史』

全国経済人連合会, 1968 年『韓国経済年鑑 1967 年度版』。

第3章 冷戦の変容と関係の緊密化

●1970年代

⬆ 訪中し,毛沢東国家主席と会談するニクソン米大統領(1972年2月21日,北京。写真提供:AFP＝時事)。

1972年2月の米国ニクソン大統領の訪中(上の写真)によって,米中は対立から和解へと大きく舵を切った。この米中和解に起因した1970年代の東アジア冷戦の変容は,日本の対中・対朝外交の選択の幅を広げ,日韓間に葛藤を生じさせたが,それ以上に,情勢流動化による衝撃を緩和しようとする共通利益に基づいて,日韓両政府はより直接的な協力を深めた。半面,「日韓癒着」を批判し,イデオロギーではなく「人権」という共通の関心に基づいた,新たな日韓の市民社会関係の萌芽も見られるようになった。

1 冷戦の変容と日韓関係

米中接近と日韓の反応　1969年から政権を担当した米国のニクソン政権は，ベトナム戦争の完全勝利にはこだわらず終結をめざした。そして，極限的な対立状況にあった中国への接近を図り，米中和解を指向するようになった。それに伴って，韓国軍のベトナム派兵によって封印されていた駐韓米軍の削減にも着手した。米国のこうした政策変化は，朝鮮半島の現状変更や日韓関係などの劇的な変更を企図したものではなく，むしろ東アジアの現状を安定させることを企図したものであった。しかし，結果として，日韓関係や朝鮮半島をめぐる国際政治に変化をもたらさないわけにはいかなかった。朝鮮半島における南北対立の背後には米中対立があると考えられていたし，日本の対アジア外交も，米中対立を与件として構築されていたからであった。その結果，日韓両国ともに，外交政策に関する再検討を迫られた。

米中接近に直面した日本の政治指導者の反応は，どのようなものであったのか。佐藤栄作首相は，キッシンジャー訪中に接して，次のような，淡々としてはいるが何か無念さが漂う感想を，日記に書き留めている。

> キッシンジャーが国務省をぬいてカラチから北京入りしたもんだが，発表までよく秘密が保たれた事だ。牛場大使に対しては，発表前僅か2時間ばかり前にロジャーズ長官から通報をうけ，日本や国府〔台湾の蔣介石政府〕との関係にはかわりないとの事。中身はわからぬが，ベトナム戦を早くやめ度い，それが主眼か。それにしても北京〔中国政府〕が条件をつけないで訪支〔訪中〕を許した事は意外で，いろいろ噂話も出る事と思ふ。而して発表が正午前だったので，夕刊は一斉に大々的に報道

する。何れにしても中共〔中華人民共和国の略称〕の態度も柔軟になって来た証拠か。すなほに慶賀すべき事だが、これから台湾の処遇が問題で、一層むつかしくなる。(1971年7月16日、佐藤、1997: 377)

米中接近を基本的には歓迎しながらも、日本を出し抜いて米国が秘密裏に対中接近を図ったことに対する冷淡な反応を示している。

韓国の朴 正煕(パクチョンヒ)大統領の反応はどのようなものであったのか。朴正煕は、訪中を予定していたニクソンに対して、次のような内容の書簡を送っている。

> たとえ、今日、世界が緊張緩和という強力な潮流に従って大きな変化を経ているとしても、北朝鮮共産主義者はこうした潮流とは反対に武力で朝鮮半島を共産化しようとする政策を依然として捨てていない。〔中略〕そのような北朝鮮の政策は中国による公然とした支援を受けている。〔中略〕中共の目的は、韓国やその他のアジア諸国から米軍を撤収させることにあるという点が非常に憂慮される。〔中略〕朝鮮半島から外国軍を撤収させなければならないという『赤い中国』の主張は、どのような場合にも受け入れられない。
>
> (1971年9月20日、Department of State, 1971)

米中接近それ自体は時代の趨勢であるとして受け入れる姿勢を示したが、安易に中国と妥協することで朝鮮半島情勢を流動化させ、韓国の立場を不利にするようなことにはならないように釘を刺している。米中接近は米国が台湾の蒋 介石(しょうかいせき)政権を「見捨てる」ことを意味するものであり、朴正煕は、米国は韓国も「見捨てる」かもしれないと危惧した。実際に、朴正煕は新聞記者との非公式の会見で「キッシンジャーが秘密外交を行ったことで韓国は米国への信頼を失い、また、外交政策が成功している雰囲気をつくるため、ニクソンがいかに信頼に足る冷戦の同盟国を犠牲にしているかを痛烈に非難」(チャ、2003: 115) したという。そして、朴正煕は、ニクソン訪中前に自ら訪米して、朝鮮半島に関する重要な決定を米中だけで行

1 冷戦の変容と日韓関係

わないように，米韓首脳会談を開催してニクソンに念押ししようとしたが，ニクソンは朴正熙を招請しなかった。朴正熙は，韓国の経済発展を通して，南北間の力関係が次第に韓国優位の方向に変化するという認識に基づいて，1970年8月15日に，南北朝鮮のどちらの体制が優位な実績を上げることができるかを競争しようという，いわゆる「善意の競争」提案を北朝鮮にしていた。そして，その後，南北対話に積極的な姿勢を示していた。しかし，朝鮮半島における南北対立を背後から支えていた米中対立の緩和が，朝鮮半島をめぐる国際政治にどのような影響を及ぼすのかを計りかねていたので，米国から何らかの保障を得ようとしたのである。その後の，朴正熙による南北対話への取り組み，維新体制の成立などは，米中接近に伴う情勢の不安定化を未然に防ごうとする意図をもっていた（木宮，2005）。

米中和解と日中国交正常化

1971年7月と10月の2度におよぶキッシンジャー米大統領補佐官の訪中，そして72年2月のニクソン大統領の訪中を通して明確になった，米中和解という米国の選択は，同盟国である日韓の頭越しに行われたものであり，日韓には驚きをもって迎えられた。そして，日韓も新たな対中政策を模索しなければならなくなった。

日本政府は，1960年代にはすでに政経分離の原則に基づき中国との間で貿易を通して関係を深めていたので，米中和解の流れは基本的には歓迎すべきことであった。したがって，野党はもちろん，与党自民党内部にも，積極的に日中友好路線を選択するべきであるという主張が存在した。しかし，佐藤政権は米国に義理立てをし，米国に先んじるような積極的な対中政策を選択することには慎重であった。しかし，結果的には，対中接近に関しては米国に出し抜かれる形となった。これが一因となって，佐藤の後継首相の「本命」と見られていた福田赳夫ではなく，田中角栄が政権の座に就き，田

中首相は大平正芳外相とともに72年9月に訪中し，日中国交正常化を達成した（服部，2011）。このように，従来，封印されていた日中国交正常化を米中和解が解き放ったのである。

韓国も，それに乗り遅れないように，中ソを中心とした対共産圏外交を積極的に進めようとした。しかし，中ソ対立下において中ソがともに北朝鮮との関係を重視しなければならない事情を考慮すると，中ソが韓国との関係改善に前向きに取り組むことは期待しにくかった（木宮，2012）。むしろ，韓国は，ベトナム戦争から撤退することで南ベトナムを見捨て，さらに米中和解によって台湾を見捨てたように，米国は駐韓米軍を削減し，さらには撤退させることで，韓国をも見捨てるのではないかという警戒感を増大させた（李東俊，2010）。さらに，中国が国連安全保障理事会（安保理）の常任理事国として国際舞台に登場することによって影響力を高めることは，中国の同盟国である北朝鮮に有利に，韓国には不利に働くと認識された。

韓国は，従来，国連において，北朝鮮よりも優位な立場を占めていた。しかし非同盟色の強い第三世界諸国の台頭に伴い，北朝鮮支持が相対的に増大する中，韓国の優位が自動的には保証されなくなった。そこで，朴正煕政権は，国連への依存を減らそうと，一方で南北対話を進めることで，南北朝鮮の優劣を競う場として国連を利用することには固執しない姿勢を示した。他方で，1973年6月23日「平和統一外交政策に関する大統領特別声明（6・23宣言）」によって国連への南北同時加盟の受け入れへと実質的な一歩を踏み出した（金伯柱，2015）。ただし，この提案は，分断の固定化につながるという理由で北朝鮮によって拒否され続け，91年まで実現しなかった。

そして，日中国交正常化は日韓関係の疎遠化を招いた。1970年に中国の周恩来首相が提示した「周恩来4原則」は，台湾や韓国

1 冷戦の変容と日韓関係　109

のような反共国家に投資する企業と中国は取引しないことを言明したものであり（井上，2010），中国との関係を重視する企業は韓国に対する投資を差し控えるようになった。その結果，「韓国の新進(シンジン)自動車との合弁を進めていたトヨタ自動車は，中国市場への進出を優先して韓国市場からの撤退を決断した」(Chang, 1985)。

　以上のように，米中和解は，中国に対する日韓の対応の違いを際立たせることで，日韓を離間させたともいえる。韓国が対共産圏外交を開始したとはいえ，中ソが韓国との関係を改善させる可能性は希薄であった。日本の企業にとっては，中国との関係強化を優先させるのか，それとも従来通り韓国との関係を維持するのかを選択しなければならなくなった。その際，日本企業は中国との関係強化を優先させるほうを選択することが多かった。ただし，中国への対応をめぐる乖離(かいり)は日韓関係に決定的な亀裂を生まなかった。その亀裂を修復して余りあるような日韓接近の力学が，米国の政策変化への対応をめぐって働いたからである。

米韓同盟の変容と日韓関係

　韓国軍がベトナムに派兵されている間，駐韓米軍の削減は封印された。しかし，ニクソン政権成立後の1971年，駐韓米軍の削減を韓国政府は受け入れざるをえなかった。駐韓米軍の削減は，米国の負担を軽減するとともに，アジア冷戦に米国が必要以上に巻き込まれないようにするためのものであった。米韓同盟に安全保障を依存していた韓国にとっては，駐韓米軍のこれ以上の削減は当分ないと米国政府が約束したとしても，駐韓米軍の削減がもたらす衝撃は大きかった。そこで，韓国政府は，その衝撃がもたらす動揺を最小限に抑えようとした。駐韓米軍のさらなる削減はないという確約を得るために対米外交を強化し，米国の支援に基づく韓国軍現代化計画を推進することで，米国に全面的に依存しないという意味での「自主国防」をめざした（劉仙姫，2012）。

こうした「米国離れ」は経済面でも安全保障面でも，相対的に日本への接近を促した（崔慶原，2014）。1970年代の韓国の防衛産業育成を含む重化学工業化に対して，日本の政財界は協力的な姿勢を示した。そして，米国としても，自らが従来担っていた役割を，漸次，日本が肩代わりすることを歓迎した。69年の日米（佐藤-ニクソン）首脳会談後の日米共同声明で言及された「総理大臣と大統領は，特に，朝鮮半島に依然として緊張状態が存在することに注目した。総理大臣は，朝鮮半島の平和維持のための国際連合の努力を高く評価し，韓国の安全は日本自身の安全にとつて緊要であると述べた」（外務省，1970: 400）という「韓国条項」は，韓国の安全保障に関する日本の関心と役割の増大を日米間で確認したことを意味する。韓国としては，日本の役割の増大が米国の関与の減少を引き起こす場合には，それを望ましいと考えていたわけではない。また，韓国の安全保障に対する日本の関与の本気度に対して懐疑的であった。にもかかわらず，日韓国交正常化以後，韓国の安全保障に関する日米の負担分担という図式は，日米韓の間で相当程度共有されたと見るべきだろう。

　ただし，1976年の米国大統領選挙で，駐韓米地上軍の完全撤退を公約として掲げたカーターが当選し，それを決定することで，安全保障のコスト負担に関する日米韓の合意が動揺した。駐韓米地上軍の撤退決定は，75年の実質的なベトナム統一後，ただでさえ流動的な東アジアの国際情勢を過度に不安定にするのではないかという危惧を，日韓両国政府に共有させた。日韓（韓日）議員連盟は，「1978年1月に再び在韓米軍撤退に反対する共同声明を発表し，カーター大統領に送付した」（村田，1998: 176）。そして，日韓両政府は安全保障上の懸念を増大させ，米国内の撤退反対派と連携して，駐韓米地上軍の撤退政策を撤回させる方向で協力した（木宮，2015）。その結果，カーター政権は，「在韓米軍の撤退を1980年末まで延期

Column ⑦　張俊河と朴正煕

　日本では，韓国社会の一部に朴正煕を「親日派」と批判する見方が存在することに，違和感をもつ人が多い。朴正煕と同世代だが対照的な生き方を選択した著名人と比較することで，この問題について考えてみたい。李承晩のライバルというと金九(キムグ)という名前がすぐ思い浮かぶ。朴正煕のライバルというと，尹潽善(ユボソン)，金鍾泌(キムジョンピル)，金大中(キムデジュン)など，いろいろな名前が挙がるが，世代的にも比重としてもライバルと呼ぶのには抵抗がある。

　そこで，朴正煕のライバルとして雑誌『思想界』を創刊した張俊河(チャンジュンハ)を取り上げてみたい。張俊河は1918年生まれで朴正煕よりも1歳年下で，ほぼ同世代である。彼は日本留学中，学徒出陣によって日本軍に入隊したが，脱走して中国国民党軍，重慶の大韓民国臨時政府の韓国光復軍に加わり，そこで日本の敗戦を迎えた。そして金九らと45年12月に帰国した（張俊河，1971）。類似の経歴をもつ同世代の知識人として韓国における中国研究の草分け的存在でもある金俊燁(キムジュンヨプ)（1982-85年高麗大学総長）を挙げることができる。こうした経歴は，満州軍官学校を卒業し満州国軍人になった朴正煕とは対照的で，韓国社会では非常に尊敬される。日本の植民地時代にどのような行動を選択したのかという問題が，今でも韓国社会では重視されるからである。

　張俊河は解放直後の政局では金九らと行動を共にしたこともあり，李

して，その後の撤退のペースやタイミングについては，南北朝鮮の軍事バランスや朝鮮半島における緊張緩和などの状況によって判断する」（村田，1998: 234）として，駐韓米地上軍の撤退政策を事実上撤回した。こうして，日韓が協力して米国の「アジア離れ」にブレーキをかけようとしたのである。

　以上のように，米国の関与の縮小に対応して，日韓ともに情勢の不安定化に伴う懸念を共有するようになり，それが日韓関係の緊密化をもたらした。にもかかわらず，1960年代にすでに現れていた，

承晩政権には批判的な立場から1953年に雑誌『思想界』を刊行し、言論活動を展開した。その後、不安定な政権では国家の近代化を達成することができず、強力な政府が必要であるという認識に基づき、5・16軍事クーデタに対して『思想界』は当初好意的な反応を示した。しかし、朴正熙政権が独裁的な性格を強め日韓国交正常化を強行しようとすると、政権を真っ向から批判する論陣を張った。そして、自らも野党である新民党の国会議員として政治活動に向かった。ただし、『思想界』の論調は、朴正熙政権の独裁的な政治手法を批判しながらも、韓国がめざすべき目標を、近代化を通した強力な国家の建設と設定していた点で、朴正熙政権が掲げた目標と一致していた。

『思想界』は1970年、詩人金芝河の「五賊」を掲載したことを理由に廃刊処分を受けた。張俊河は、維新体制に対しても抵抗し、民主化運動を展開し、74年には大統領緊急措置1号違反によって逮捕された。そして、75年に登山中に謎の死を遂げた。事故死として処理されたが、韓国中央情報部(KCIA)の関与を主張する見解もある。

以上のように、朴正熙と張俊河はほぼ同世代であるが、植民地支配への対応の違い、独立後における政治活動の異同など、韓国のナショナリズムを体現するという共通性をもちながらも、その方法をめぐっては真っ向から対立したという意味でライバルであった。

冷戦への距離感において存在した日韓間の温度差が解消されたわけではなかった。こうした日韓間の乖離は、特に北朝鮮の脅威に対する認識の違いをめぐって顕著に現れた。

南北関係の変容と日韓関係

1950年代末には、李承晩政権の猛烈な反対にもかかわらず、日本政府が在日朝鮮人の北朝鮮帰還事業を実質的に推進したように、日韓関係を犠牲にしてでも日朝関係の進展を模索した時期もあった(→第1章)。しかし、60年代に入ると、日韓国交正常化に

よって日朝関係の進展は封印された。南北朝鮮が対立関係にあったために,日韓関係と日朝関係とは二者択一の関係にあったからである。70年3月,日本赤軍派による「よど号」ハイジャック事件で,犯人たちが北朝鮮への亡命を希望した際,日本政府は韓国政府と協力して,航空機をソウルの金浦空港にいったん着陸させ,金浦空港を平壌空港に偽装して,それを阻止しようとした。しかし,それは失敗し,結局は北朝鮮が犯人の亡命を受け入れることで決着した。これは,当時の日本と南北朝鮮との関係を象徴的に示す事件であった。ただし,その後71年に入ると南北対話が行われ,南北関係が「対立」から「競争」へという新たな局面に転換すると,日朝関係にも進展の可能性が芽生えた。

1971年,南北赤十字会談が開始され,それが政府間秘密交渉に発展し,韓国の李厚洛（イ フラク）（中央情報部長）の平壌訪問,北朝鮮の朴成哲（パクソンチョル）（第2副首相）のソウル訪問が行われた。72年には,「自主・平和・民族大団結」という統一3原則などに合意した「7・4南北共同声明」が発表された。これに対して,日本政府は朝鮮半島の緊張緩和に寄与するという点で基本的に歓迎の姿勢を示した（金伯柱,2015）。そして,72年から73年にかけ,ちょうど南北対話が進行している間,日朝関係の改善の兆候が現れた。72年10月,北朝鮮の朝鮮国際貿易促進委員会代表団が来日し,さらに73年3月には,技術交流のため朝鮮放送技術代表団が来日し,貿易・技術関係者の入国が認められた。また,73年秋にタオル製造工場建設に対する日本輸出入銀行融資が初めて認められた（山本,1978）。さらに,金日成（キムイルソン）（国家主席）は日本の『読売新聞』のインタビューで,「日朝国交正常化のためには日韓条約が必ずしも破棄される必要はない」（高一,2010: 114）と述べ,日朝関係の改善に積極的な姿勢を示した。日本も韓国の反応を探りながら,実質的には政経分離のアプローチに基づいて北朝鮮との関係改善の機会を模索することになった。

韓国政府は1973年の「6・23宣言」で，北朝鮮との競争的共存の可能性を模索するようになり，その一環として，国連への南北同時加盟の可能性に言及した。さらに，75年9月にはキッシンジャー米国務長官が国連において，日米が北朝鮮を承認し中ソが韓国を承認する，いわゆる「南北のクロス承認」を提唱した（金伯柱，2015）。これは日朝関係の改善にとって追い風になるものであった。また，その直前の8月，日米（三木－フォード）首脳会談後の共同新聞発表での「新韓国条項」（「両者は，韓国の安全が朝鮮半島における平和の維持にとり緊要であり，また，朝鮮半島における平和の維持は日本を含む東アジアにおける平和と安全にとり必要であることに意見の一致をみた。両者は，かかる平和を維持するために現行の安全保障上の諸取極がもつ重要性に留意した。同時に，両者は，緊張を緩和させ，ひいては平和的統一を達成するために南北間の対話が進捗することを強く希望した。国連における朝鮮問題に関して，両者は，すべての当事者が，現在の休戦を保持する体制を維持することの重要性を認識するようにとの希望を表明した」〈外務省，1976: 94〉」）は，69年の「韓国条項」の骨格を継承しながらも，日朝関係の改善可能性にも含みをもたせるものであった（金伯柱，2015）。

　しかし，結果的には，日朝関係は改善しないどころか，後から振り返ってみると，1970年代後半以降，関係は停滞したとみるべきだろう。肝腎の南北対話が73年に実質的には断絶してしまうことで，日朝関係の進展には誰よりも韓国がブレーキをかけ続けることになったからである。韓国の政府やマスメディアは，90年代半ばまでは，日本が北朝鮮との接近の兆候を少しでも見せると「二股外交」であると批判し，日朝関係の改善を牽制する姿勢を堅持した。そして，日本政府も，韓国政府の牽制に直面し，日韓関係を犠牲にしてまで日朝関係を改善する意志をもたなかった。日中国交正常化や日中平和友好条約の締結など対中関係では現状変更を指向したが，

それを朝鮮半島にまで波及させて東アジア国際関係を急激に変容させる準備はなかったのである。日朝関係の進展は南北関係の進展にとっても望ましいと韓国政府が判断することで、日韓関係の改善と日朝関係の改善との相互補完性が日韓に共有されるのは、実質的には金大中政権の対北朝鮮和解協力政策を待たなければならなかった。

2 維新体制と日韓協力

1970年代の日韓関係を形容するときに最も頻繁に使われた言葉が「日韓癒着」であった。もちろん、これは腐敗を伴っているという意味で批判的な表現ではあったが、政財界同士の関係に限定されていたとはいえ、70年代の日韓関係がその前後の時期と比較して、いかに緊密であったのかを示しているともいえる。まず、日韓間に起こった事件や議論を中心に日韓2国間関係をたどってみる。

日韓の葛藤 1970年代前半の日韓関係に大きな衝撃を与えたのは、第1に、72年10月17日の大統領特別宣言を起点とする維新体制の成立であった。朴正煕大統領は、翌11月に初の公式訪日が予定されていたのを突然取り消し、非常戒厳令を発布し、大統領特別宣言によって既存の憲法の効力を停止させた。その後、12月に新たに維新憲法を成立させ、自らを半永久的に大統領にする維新体制を成立させた。その直前の7月には、「7・4南北共同声明」が発表され、朝鮮半島においても緊張緩和がもたらされるのではないかという期待が高まっていた。それだけに、この維新体制の成立は、日本においても、いかにも唐突なものであると受け止められ、朴正煕政権に対する批判が高まった。

第2に、1973年8月8日、東京のホテルグランドパレスにおいて、野党・新民党の前大統領候補金大中が拉致され、韓国に連れ戻

されるといういわゆる金大中拉致事件が起こった。71年の大統領選挙で善戦した金大中は，維新体制成立後，海外で活発な反政府運動を展開していたが，こうした動きを封じ込めるために，何者かが金大中を拉致して韓国に連れ戻し，その後も事実上の軟禁状態に置いたという事件であった。この事件はのちに韓国中央情報部（KCIA）による仕業であることが明らかにされたが，当時からもその疑いが提起されていた。この事件がKCIAの仕業であると報道した『読売新聞』に対して，韓国政府は，1年5カ月の間，特派員追放と支局閉鎖を行った。この事件は，日本にとっては主権侵害に当たり，朴正煕政権に対する批判が与野党の政治的立場の違いを超えて高まった。そして，日本政府は日韓定期閣僚会議を延期するなどの対抗措置をとった。それに対して，朴正煕政権は同年11月に金鍾泌首相を訪日させて謝罪し，政治決着を図った。このように，金大中拉致事件は，日本における朴正煕政権に対する批判的な見方を強めるとともに，韓国政府が日本政府に「借りを作る」ことになった。

第3に，1974年8月15日，今度は，韓国の独立記念日の式典で，文世光という在日韓国人が朴正煕大統領を狙撃し，その過程で陸英修大統領夫人が被弾し，死亡するという事件が起こった。この事件で使用された拳銃が日本の警察から奪取されたものであったことや，日本国の偽造旅券（パスポート）が使われたりしたことから，朴正煕政権は対日批判を強めた。特に，この事件に関連して，日本のマスメディアが韓国政府の自作自演であることを疑った報道をしたために，日韓関係は極度に悪化し，韓国政府は対日断交の可能性を示唆したほどであった。これに対して，日本政府は田中角栄首相自らが陸英修夫人の葬儀に参列し，さらに椎名悦三郎自民党副総裁を特使として派遣し，事態の収拾を図った。今度は韓国側が攻勢，日本側が守勢に回り，金大中拉致事件を「帳消し」にする格好になった

(木宮, 2013)。

こうした日韓間の葛藤は1975年に宮沢喜一外相が訪韓した際に政治決着を図った。すなわち双方が前記の2つの事件をこれ以上政治問題化させないということで妥協したのである。こうした一連の摩擦の背後には、60年代から持続する冷戦との距離感の違いが70年代に入っても依然として続いていたという事情がある。北朝鮮の軍事的脅威は、日本にとっては従来から直接的なものではなく、脅威認識は日本にとってのものであるというよりも、韓国のそれへの同調という側面が強かったからである。

日韓の緊密化

しかし、1970年代後半になると、日韓の葛藤はそれほど目立たなくなる。それは、中国、米国、北朝鮮との関係など、第三国とのどのような関係を考慮しても、日韓を接近させる力のほうが強く働いたからである。日中、米中の接近は、朝鮮半島の変化を促進するよりも、「分断構造の再制度化」という方向で朝鮮半島の現状を維持・管理する方向に働いた (李東俊, 2010)。また、駐韓米地上軍の撤退決定などアメリカの対韓政策の変化は、米国抜きでの安全保障上の懸念を日韓に共有させることになった。特に、75年のベトナム実質的統一は、安全保障上の懸念を日韓が共有することを加速させた (李東俊, 2010)。さらに、南北関係の改善も停滞した結果、日朝関係の改善は促進されるどころか、反対にブレーキがかけられた。

そして、こうした日韓の認識や利害を共有するのに貢献したのが、日韓 (韓日) 議員連盟や日韓 (韓日) 協力委員会などの政財界中心の日韓を横断する組織であった (崔喜植, 2015)。当初、「日韓 (韓日) 議員懇談会」が1968年に発足し、毎年ソウルと東京で交互に開催された。72年に「日韓 (韓日) 議員懇親会」が発足し、さらに75年に「日韓 (韓日) 議員連盟」として恒常的組織に発展した。日本側では、竹下登 (のちの首相) など自民党や民社党の「親韓派」

議員が主体となったが、それ以外の政党からの参加は韓国が民主化されるまではなかった。韓国側は、日韓国交正常化に尽力した金鍾泌をはじめ、与党だけではなく野党・新民党からも参加していた。日韓（韓日）協力委員会は、69年に日本側の会長を岸信介元首相、韓国側の会長を白斗鎮元首相として発足した、政治家と財界人を中心とする組織であり、日韓政府間関係を補完する役割を果たした。71年までは総会が開催されたが、それ以後は毎年、合同常任委員会がソウルと東京で交互に開催された。

　こうした組織が成立した原動力は何であったのか。第1に、反共イデオロギーの共有である。朴正煕政権は、北朝鮮の金日成体制に対抗するために、反共イデオロギーを韓国国内に浸透させた。また、日本側の担い手も徹底した反共イデオロギーの持ち主であった。第2に、経済的利益の共有も重要であった。この時期、日本の政府開発援助（ODA）を含めて公的資金や民間投資などの莫大な資金が日本から韓国に移転された。それに伴い、そこに利権が生じ、それが日韓それぞれの政府与党の政治資金に還流することになり、それが「日韓癒着」として批判されたのである。

　しかし、1970年代の後半には、第3の要素が介在した。それは、米国への全面的な依存から一定の距離を置いたという意味での、ある種の「アジア主義的な連帯」という発想である。朴正煕政権は、維新体制の下で「韓国的」民主主義を掲げ、米国式の自由民主主義とは一線を画した。カーター政権や米国議会との間に韓国の人権をめぐって絶え間ない摩擦が生じたのも、そのためである。その代わり日本の「親韓派」との間のより密接な関係に依存した。日本の「親韓派」も、米国を仲介者とする間接的な日韓関係ではなく、日韓の地政学的な隣接性に基づいた直接的な関係をよりいっそう重視した。その意味で、70年代の日韓関係は、その前後の時期には見られない、米国を仲介者としない、より直接的な関係が構築される

Column ⑧ 日朝関係と日韓関係

　冷戦期，南北朝鮮ともに相互に排他的な正統性を主張したので，日韓関係と日朝関係とは両立し難い関係にあった。戦後の日朝関係は，日韓間の国交が正常化されるまでの第1期，日韓国交正常化以後の冷戦期における第2期，ポスト冷戦期の第3期に分けられる。

　第1期に，北朝鮮の存在と行動は日韓交渉の攪乱要因であった。1955年「対日国交樹立の用意がある」と北朝鮮の南日(ナムイル)外相が表明したように，停滞した日韓交渉をさらに攪乱するために，北朝鮮は日朝関係の改善に積極的な姿勢を示した。そして，1959年から61年にかけて，韓国政府の反対にもかかわらず，約9万人の在日朝鮮人とその家族が北朝鮮に「帰国」する事業が進められた。これは，日本政府が北朝鮮との関係を優先させたという点で，日韓関係の葛藤を激化させた。

　第2期は，日韓関係が緊密になっていく一方で，日朝関係の実質的な進展が封じ込められた。ただし，1970年代に米中が和解し，南北対話が進展する中，日本政府は，北朝鮮の貿易関係者や技術者の入国を認めたり，日本輸出入銀行の融資付きのプラント輸出が認められたり，政経分離に基づいた日朝関係の進展を模索したこともあった。この背景には，日本社会では，韓国よりも北朝鮮に対するイメージのほうがよかったという事情もあった。しかし，南北朝鮮が体制競争を展開する中，韓国政府

可能性を孕(はら)んでいた。

韓国の重化学工業化と経済協力

　1970年代の日韓の経済協力は，一見逆方向に見える2つの方向に基づいて展開された。一つは，韓国の重化学工業化に対する協力であった。韓国の重化学工業化は，国際通貨基金(IMF)，世界銀行などの国際金融機関によって経済的合理性が疑問視されたため，国際的には必ずしも歓迎されなかった。そうした中で，特に総合製鉄工場の建設に関して，経済的合理性だけではなく安全保障上の観点を考慮して日本は積極的に支援した。浦項製鉄所の社長とし

╋╋╋╋╋╋╋╋╋╋╋╋╋╋╋╋╋╋╋╋╋╋╋╋╋╋╋╋╋╋╋

は，競争に不利に作用する日朝関係の進展を牽制し，日本にも日朝関係改善に対する強い意欲がなかったため，日朝関係は改善されなかった。そして，80年代以降，北朝鮮が経済的困難に直面し，政治経済外交面における韓国優位が明らかになることで，北朝鮮は国際的な孤立を深めた。

第3期には，韓国の圧倒的な優位という状況で冷戦の終焉(しゅうえん)を迎えた北朝鮮は，自国の体制の国際的保障をいかに確保するかという「生存の危機」に直面した。さらに，韓国がそうした優位に基づいて対北朝鮮政策を，自国主導の統一へと転換させるようになった。そして，日朝関係の改善を韓国が許容する姿勢に転換したために，1991年，日朝国交正常化交渉が開始された。2000年6月に平壌で南北首脳会談が開催され，2002年9月には小泉 純一郎(こいずみじゅんいちろう)首相が訪朝，日朝平壌宣言で国交正常化交渉の再開に合意した。しかし，北朝鮮が核開発を企てるとともに，日本人拉致が明らかになり，米朝間の緊張や日本国内の対北朝鮮強硬論が高まった。近年は，核問題に関する六者協議が中断されたままであったり，日朝国交正常化交渉も停滞していたりするなど，日朝関係は展望が開けない状況にある。

╋╋╋╋╋╋╋╋╋╋╋╋╋╋╋╋╋╋╋╋╋╋╋╋╋╋╋╋╋╋╋

て総合製鉄所の建設に尽力した朴泰俊(パクテジュン)は，欧米資本による支援が期待できなくなった状況の中，69年，総合製鉄所建設のための技術支援と請求権資金の使用を日本政府に認めさせるための交渉を行った。韓国の総合製鉄所建設に懐疑的であった大平正芳通産相に対して，朴泰俊は「日本が日清戦争後，軍備の基礎をつくるために12万トン規模の八幡製鉄を建設する時，採算性を考えたでしょうか。韓国は現在休戦状態です。北側は軍備拡張を継続しているので，われわれの自主国防は必然性があります。採算性問題ではなく，防衛問題としても優先すべき事業が製鉄所建設です。日本は1人当たり

GDP（国内総生産）50-60ドルの時から製鉄所を始めたのではなかったでしょうか。われわれは現在約200ドルなのでやれないことではないと思います」（永野, 2008: 305）と主張し，まさに安保経済協力の論理を掲げて説得したのである。

　もう一つは，韓国の労働集約的な輸出産業に対する直接投資である。これは中小規模の資本によって担われた。韓国は1970年に馬山に輸出自由地域を造成して，そこに労働集約的な産業に対する日本資本を誘致した。日本国内で労働者の賃金上昇や公害問題などのために採算が合わなくなった企業を，各種免税措置などの誘因を供与することで誘致し，韓国の安価な労働力を活用して輸出産業を振興し，輸出を増大させ外貨を稼ごうとしたのである。馬山輸出自由地域に投資した企業は，投資件数でも投資規模でも日本企業が8〜9割を占めたように，日本資本の投資が圧倒的であった。

　日韓関係における影の交渉役として重要な役割を担ってきた矢次一夫（日本国策研究会会長）が，1970年の日韓協力委員会において提示した「日韓長期経済協力試案」は，「日本が今後拡大発展すると期待する産業，特に鉄鋼，アルミニウム，石油，石油化学，造船，電子工業，プラスティック分野は，沿岸の土地使用，公害対策などの問題によって日本国内における発展が次第に限界に直面している。この問題で，韓国が努力を分担し，日韓協力形式を採用するのに，韓国側の希望と可能性問題」（矢次一夫「日韓長期経済協力試案」1970年4月22日，高麗大学亜細亜問題研究所日本研究室, 1977: 651-652）を議論したいと言及したように，日韓を同一の経済圏と設定し，日本の産業構造の高度化に対応して日本の既存産業の一部を韓国に移転するという構想であった。こうした構想が70年代には次第に実現されていった。60年代と比較して，70年代に日本からの外資導入が拡大するだけでなく，日本からの原資材の輸入が増大したのは，こうした国際分業体制の再編が貿易や投資にも反映された結果である。

しかし，これは，日本側の一方的な要求を韓国側が受動的に受け入れたことを意味するわけではない。韓国政府は，重化学工業に関しては，外国企業単独の直接投資はできるだけ抑えて，浦項製鉄所などの国営企業を含めた国内企業を優先的に育成しようとした。他方，外貨を稼ぐための輸出産業の育成に関しては，外国企業の直接投資を奨励した。このように，韓国の外資導入政策は韓国政府の選択に基づく選別的なものであった。1970年代の韓国の重化学工業化とそれに対する日本の相対的に積極的な支援は，こうした日韓の利害が一致した結果であった。

日韓の貿易競争の始まり

ところが，こうした日韓の垂直的な国際分業体制が持続する保証はなかった。韓国の重化学工業化の進展に伴って，次第に，非耐久消費財だけではなく，耐久消費財，中間財，資本財などの生産をめぐって，欧米先進国市場において日韓が競争するという場面が時に現れるようになったのも1970年代後半である。それ以降，こうした日韓の競争は，よりいっそう頻発するようになった。70年代は南北朝鮮の経済力が逆転する決定的な時期であったが，日韓関係においても，日韓の経済格差が急速に縮まった時期であった。経済成長率に関しても，60年代は日韓ともに同程度の高い経済成長率であったが，70年代に日本が安定成長期に入ったこともあって，韓国の経済成長率は日本のそれをはるかに上回るものであった（図3-1）。その結果，1人当たりのGDPに関しても日韓の格差は急速に縮まったのである（図3-2）。

ただし，興味深いのは，韓国にとって輸出全体における商品構成と対日輸出における商品構成との間に時差が見られることである。1960年代の韓国の輸出増大を支えたのは，何よりも繊維産業などの軽工業製品の輸出増大であったが，対日輸出に関しては依然として海苔などに代表される一次産品の比重が大きかった。同様に，70

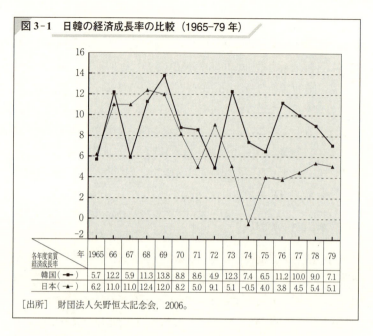

図 3-1 日韓の経済成長率の比較（1965-79 年）

[出所] 財団法人矢野恒太記念会，2006。

年代も，韓国は重化学工業化によって産業構造を高度化するのに伴い，輸出商品構造における重化学工業製品の比率が飛躍的に高まった。しかし，対日輸出に関しては依然として繊維製品などの軽工業製品が大きな比重を占めていた。このように，韓国の輸出増大に対して日本企業の直接投資が貢献したことは事実であるが，日本がそうした韓国製品の市場を提供したという側面は限定的であった。したがって，70 年代にも 60 年代に引き続き，対日貿易赤字は増加の一途をたどり，それは日本の「経済侵略」だとして韓国国内で問題視されることになる。「漢江の奇跡」という言葉に代表されるように，韓国の急速な経済発展を高く評価する見方がある一方で，対日貿易赤字が増加し続けたために日本経済への従属を深化させているだけではないかというイメージも依然として根強かった。

図3-2 1人当たりGDPの日韓比較

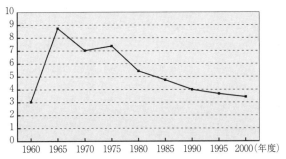

[注] 日本の1人当たりGDPを韓国のそれで割った値。値が小さくなるほど格差が小さい。
[出所] 財団法人矢野恒太記念会，2006。

朴正熙と「日本」

　日韓関係を直接に担ったのは，日韓それぞれの政治指導者の個性である。日本側では佐藤政権の後，田中角栄（1972年7月～），三木武夫（74年12月～），福田赳夫（76年12月～），大平正芳（78年12月～80年6月）という4つの政権が登場した。ただし，いずれの政権もスキャンダルや政争などで辞職し，各政権の対韓政策には際立った特徴があったとは言い難い。それとは対照的に，韓国の朴正熙大統領は，60年代に引き続き70年代も一貫して計18年間政権を担当した。その意味で70年代に非常に密着した日韓関係が形成されたことは，朴正熙という政治指導者の個性を抜きにしては語れない。

　朴正熙は1917年生まれであり，彼が生まれたとき，朝鮮はすでに日本の植民地であった。これは，日韓「併合」以前から独立運動に従事した李承晩とは異なる。さらに，朴正熙は大邱（テグ）師範学校を卒業し，いったんは教師になったが，その後満州軍官学校に入学し，卒業後は満州国軍人として任官し，日本の敗戦を迎えた。解放後，米軍政下で韓国国軍の前身に当たる南朝鮮国防警備隊に入隊し，軍

人生活を続けていた。しかし，左翼勢力である南朝鮮労働党（南労党）の大邱地区幹部であった長兄の影響を受けて南労党に一時入党し，南労党が主導した「麗水(ヨス)・順天(スンチョン)軍反乱事件」に係累して無期懲役判決を受けた。その後，丁一権(チョンイルグォン)ら満州国軍時代の同僚の助力などもあって赦免され，朝鮮戦争中に軍に復帰した。このように，朴正煕は満州国軍人として大日本帝国に忠誠を誓ったという意味で，「親日派」として括られかねない経歴をもっていた。そして，65年の日韓国交正常化を主導したこともあって，その後も「親日派」としての側面を批判された (→ *Column* ⑦)。

しかし，朴正煕の対日観を「親日派」という一言で語るには，あまりにも複雑であったと考えるべきだろう。朴正煕にとって日本はいろいろな意味でモデルであったことは間違いない。朴正煕が育った植民地朝鮮にとって日本は近代のモデルとして認識されていたし，そうであるからこそ，朴正煕は満州国軍官学校に入学し，帝国軍人としての道を選択したのであろう。モデルとしての日本という点は，5・16軍事クーデタ後，朴正煕政権による経済開発にも反映された。朴正煕政権による経済開発に日本からの資本導入が重要な役割を果たしたことは先に述べた通りであるが，政府主導の経済開発戦略という点で，最も身近にある成功例が日本であった。特に，重化学工業化を朴正煕が選択したのは，日本のような自己完結型の自立的な経済発展パターンを指向した結果でもある。また，朴正煕自身が命名した「維新」も元来韓国ではほとんど使われない言葉であり，明らかに日本の「明治維新」を連想させるものであった。このように，1970年代における韓国の政治経済のモデルはこれまでよりも日本型モデルに傾斜したものであり，これには朴正煕自身の選択が大きく介在していた。

しかし，朴正煕は，1974年の文世光事件に対する対日強硬策などで，韓国社会の反日ナショナリズムを政治的に利用した。また，

68年にはソウル中心街の光化門に豊臣秀吉(とよとみひでよし)の侵略を撃退した韓国史の英雄,李舜臣(イスンシン)将軍の銅像を建立し,国民の抗日・反日ナショナリズムに訴えかけた。さらに70年代に入ると「民族中興」を国家目標のスローガンとして掲げた。もちろん,こうしたことは,単なる便宜的な政治利用に過ぎないという批判もあるだろう。しかし,「いまわれわれは,受難と試練を通じてきたえられた民族の底力を再発見し,未来に対する自信と意欲と使命を新たに認識し,燃える情熱と奮起で,民族の中興のため,心を合わせて前進している」(朴正熙,1973:20) という言葉に端的に表れるように,朴正熙は,大国に包囲された小国であったために,大国によって翻弄されてきた韓国が,自国の運命をいかに切り開くことができるのかという課題を,痛烈に自覚し追求した指導者であった。独裁や人権弾圧という過去の「罪」にもかかわらず,指導者としての朴正熙への評価が,その被害者も含めて韓国社会の中で依然として高いのはなぜなのか。それを解く鍵は,朴正熙のこうした「ナショナリスト」としての側面に対する評価にある。朴正熙は韓国の国益を実現するために,単に大国に抵抗するのではなく,大国の力を利用することで大国に匹敵する国力を獲得することを指向したと考えるべきだろう。その意味で,朴正熙の対日ナショナリズムは,反日ナショナリズムではなく,用日(日本を利用する)ナショナリズムであり,克日(日本を克服し,日本を凌駕(りょうが)するような強国になる)ナショナリズムであった。韓国の国益のために日本を利用するという現実主義的な思考に基づいていたという点で一貫していた。

したがって,朴正熙にとっての対日批判の最も重要な点は,日本の政府や社会が過去の植民地支配を反省しているのかどうかという点ではなく,韓国の経済発展や安全保障のために日本が貢献するべきであるにもかかわらず,ともすれば貢献が不十分であるという点であった。朴正熙にとっては,冷戦と距離を置いた「腰の引けた」

日本の政治指導者や日本国民の姿勢は，到底満足できるものではなかった。そして，そうした貢献が不十分であるにもかかわらず，韓国の政治体制や人権状況を外から批判する姿勢に反発を感じていたのであろう。

3 韓国の民主化運動と日本

1960年代の日韓関係は，政府間関係や経済関係が先行し，社会同士の交流は非常に限定されていた。しかし，60年代とは異なり70年代になると，日韓の社会間の接点が，人権を軸に生まれるようになった。維新体制下における韓国の人権状況に対する批判が高まることで，日本社会の中に，政府間関係や経済関係だけに還元されない「もう一つの日韓関係」の可能性を模索する動きが現れた。また，韓国の民主化運動が，韓国の維新体制を日本が支えるという政治経済構造の視点に注目して対日批判を展開したことも，60年代の情緒的な対日批判とは質的に異なるものであった。特に，カーター政権や米国議会による韓国の人権状況に対する批判が高まり，維新体制と米国との緊張関係が注目されていただけに，維新体制と日本との密着ぶりに対する，韓国の反体制民主化運動の批判はよりいっそう加速されることになった。

金大中拉致事件の衝撃と日韓「連帯」　日韓関係を大きく揺るがした1973年の金大中拉致事件は，一方で日本の主権に対する侵害であるとして，日本では朴正熙政権に対する批判が高まった。他方で，韓国の維新体制の人権状況に注目が集まる契機となり，そうした人権弾圧の犠牲者となった金大中に代表される野党政治家や民主化運動を支援しようとする運動が日本に登場した。また，KCIAが事件に関与したと報道したことを理

由に,『読売新聞』のソウル特派員が追放され, 支局が閉鎖され, 韓国の言論弾圧が日本にまで及んだことも, 維新体制への批判を後押しした。こうした運動を担ったのが青地晨(あおちしん)や和田春樹(わだはるき)らの知識人が主導した日韓連帯連絡会議であった。こうした運動は, イデオロギーよりも人権を基準として韓国の維新体制を批判し, 韓国の民主化運動との連帯を模索したという点で新しさがあった。

和田春樹は運動の意義について次のように述べている。

> このたびの機会のもっとも重要なことは, われわれに韓国の民衆がみえてきたということである。〔中略〕それらの人々は, みな民衆の闘いを象徴する存在として知ったのである。そして, われわれは, その人々の闘いに感動した。朴政権を批判し, 日本の経済侵略に反対するその人々の意見にわれわれは耳をすます。それがどんなに厳しい非難であろうと, われわれはきかずにはおれないのである。〔中略〕金大中氏拉致事件が金大中氏の人権の侵害であると同時に, 韓国の権力による日本の主権の侵害であったことは事実である。だが, 主権侵害論で政府に迫るときには, 日本人と朝鮮半島の人々の関係の過去と現在を考えて, 厳しく注意して誤ちを犯さぬようにしなければいけない。日帝三十六年の植民地支配を否定し, その肯定に基づく日韓条約を批判し, 現におこなわれている韓国への経済侵略に反対することと結びつけて, はじめて主権侵害論は展開しうるのである。
>
> (原文は『展望』1974 年 12 月号, 青地・和田, 1977: 52-53)

こうした運動は, 維新体制という権威主義体制を日本政府が支持しているという点を批判し, 韓国の民主化運動と連帯し, 韓国の民主化を支援するとともに, その目的に合致するような新たな日韓関係を構築していこうとするものであった。イデオロギーではなく, 普遍的な人権と歴史の反省に基づいて, 日韓の市民社会における政治勢力の連帯を模索し, 単に政府間関係や経済関係だけに還元されない新たな日韓関係の可能性を示したという点で意義深い。そして, 人的ネットワークなど, 韓国の民主化以後に本格的に展開されるよ

Column ⑨ 若き金大中の外交構想

韓国現代史において朴正煕に次ぐ重要な人物は誰か。筆者は金大中を挙げたい。1960年代から長年にわたり民主化運動に献身しただけでなく、98年から2003年まで大統領として、日韓パートナーシップ宣言を通した日韓関係の改善、南北首脳会談を通した南北関係の改善など多大な功績を残した。ここでは、1960年代から70年代の若き40歳代の金大中に焦点を当てる。金大中は71年の野党大統領候補としての「惜敗」後、73年に日本においてKCIAに拉致されたことなどによって日本との因縁の深い政治家であるし、日本に対する理解も深い政治家である。これは、大統領時代の対日文化開放政策などにも反映された。98年、訪日時の国会における演説で、戦後日本の憲法に基づく平和主義を非常に高く評価したことは印象深い。従来の韓国の政治指導者を基準とすると決して考えられない、非常に新鮮な視点であった。

1960年代の韓国の国会議事録からもうかがわれるが、経済政策や外交政策における野党時代の金大中議員の質問や演説は異彩を放つ内容豊かなものであるだけでなく、批判のための批判ではなく現実主義に基づくものであった。野党は朴正煕政権による日韓国交正常化には反対であったが、金大中は日韓国交正常化の必要性は認識していた。しかも、日本との経済協力を通して韓国の経済発展を図るべきであるという主張も展開した。

うになる日韓の市民社会交流の前提条件を準備することにもなった。しかも、こうしたネットワークは市民社会のみならず、自民党の宇都宮徳馬をはじめとした日本の与野党を横断したハト派の政治家をも巻き込むことで、一定の政治的影響力をもっていた。

「韓国からの通信」と日韓関係

日韓連帯連絡会議は韓国の民主化運動に向けた日本の市民社会側からのアプローチであった。他方、韓国の人権状況を、日本社会をはじめ世界に広く知らせ関心を高めたのが、岩波書店の雑誌

それから，金大中は1971年の大統領選挙に臨む選挙公約として，成長一辺倒ではなく分配にも重点を置く「大衆経済論」とともに，朝鮮半島を取り巻く4大国である日米中ソに対して，朝鮮半島において戦争を起こさないことを約束させることによって朝鮮半島の平和を図るという「4大国不戦保障論」を掲げた。これは，自国の安全保障を周辺大国に任せる「事大主義」であり，しかも中ソに任せるという非常に危険な発想であるという批判を，朴正熙から即座に浴びることになった。しかし，こうした発想は，朴正熙政権以後の韓国政府が採用するようになる，「2つのコリア政策」「南北のクロス承認」を先取りするものであったし，今日の六者協議の原型であるとも考えられる。

　金大中は，1960年代すでに，中国との国交がなかった状況にもかかわらず，いち早く中国との関係改善の可能性を提案した。また，日本に対しても経済協力の相手としてだけではなく，朝鮮半島の平和のために日本が貢献する可能性を一定程度認めることも辞さなかった。反日一辺倒・反共一辺倒の外交ではなく，しかも，朴正熙政権の外交とも異なる代替的な外交を，すでにこの時点から構想していた。のちの金大中政権による外交は，単に冷戦の終焉に対する韓国外交の受動的な対応ではなく，金大中自身の外交構想の進化の帰結であると考えるべきだろう。

『世界』の1973年5月号から88年3月号まで連載された「韓国からの通信」であった。これは，TK生というペンネームで発表されたものであったが，のちに，当時日本に「亡命」していた池明観（雑誌『思想界』前編集長で，当時は東京女子大学教授）が筆者であることが明らかにされた（『朝日新聞』2003年7月30日付朝刊6面）。この連載記事は，当時，自由な言論が極度に弾圧されていた状況下において，韓国の民主化運動や労働運動などの動きを生き生きと伝え，維新体制がいかに抑圧的で非人間的な体制であるのかを，日本のメ

ディアを通して日本のみならず全世界に伝えた。特に，YMCAやYWCAのようなキリスト教の世界的なネットワークが貢献した。また，「韓国からの通信」は，韓国からだけではなく，韓国では『世界』は禁書とされ公式には輸入されなかったにもかかわらず，「非合法」に韓国にも「逆輸入」され密かに読み続けられ，民主化運動を「勇気づけた」といわれる。

ちょうど文世光事件から1年後の1975年8月に椎名自民党副総裁が送った韓国国民へのメッセージへの批判として書かれた次のような文章は，「韓国からの通信」の日韓関係への批判的視座をよく表している。

> 多くの韓国人が民主主義と人権を踏みにじられて泣いている。その権力をそのように支援しなければ日本の「安全」が守れないというのか。日本の安全が朴政権の弾圧政治に頼らなければならないほど脆弱なものであるならば，どうせそれは守り通しえない安全ではなかろうか。日本の賢明な国会議員たちは，返答してもらいたい。日本の良心的な知識人たちは，憂いを共にしてもらいたい。(T・K生, 1977: 13)

「韓国からの通信」の意義は，日本の市民社会の中で韓国の人権状況に対する関心を高めることによって，日韓の市民社会間の交流に寄与したということだけに尽きるわけではない。韓国において極度に制限されている民主化運動や言論の自由を，日本の市民社会が媒体を提供することによって支援するという意味で前例のないことであった。そして，「韓国から日本へ」と「日本から韓国へ」という双方向の情報や関心が共有された点に，それまでとは違う新しさを見出すことができる。

では，今まで困難であったことが，なぜ可能になったのだろうか。1960年代までは，それぞれの政府に批判的な運動において，日本では冷戦と距離を置こうとする意識が，韓国では脱植民地化を徹底させるべきだという意識が，それぞれ強く，両者の間には接点がな

かった。乖離の大きかった日韓関係が接合された契機が、こうした日韓の異なる関心を包み込むことができる普遍的な人権という価値への認識の高まりであった。そして、そうした人権を重視するキリスト教や知識人の国際的ネットワークの存在が「韓国からの通信」を支えたのである。

| 韓国の民主化運動から見た日本 |

維新体制下における韓国の民主化運動は、日本をどのように認識していたのだろうか。日韓の経済協力は、不透明な政治資金を日韓の間に還流させ、維新体制を支える政治的基盤になっているという疑惑が、韓国の民主化運動の間で共有されるようになった。さらに、過去における日本の植民地支配に関する記憶に基づいて、日本の攻撃的な侵略性が強く刻印された。民主化運動による対米批判は、その後の1980年代に比べると、それほど強くはなかった。その代わり、朴正熙政権を外から支えるものとして日本が注目されるようになった。「日本の韓国にたいする経済、軍事、政治的利害関係は、新植民地的政治介入を招くようになるであろう。こうして日本は不正選挙、不正腐敗の論理の中に加担しており、ゆえに不正腐敗－不正選挙－日本と一体の論理をなしている」(ソウル大学自由の鐘同人会「五賊とむすぶ日本」〈原題は「不正選挙－不正腐敗－日本との一体の論理」であり、『自由の鐘』18号、1971年5月24日に収録された。渋谷、1973: 32〉)という批判は、韓国の民主化運動の対日認識をよく示している。さらに、こうした対日批判は、当時、日本からの観光客による「妓生(キーセン)観光」という名の売春観光によって加速された。

しかし、1970年代に入って、ちょうど日本社会が朴正熙政権とは異なる民主化運動の存在を認知したのと同様に、韓国社会も、批判の対象として日本を一括りに理解するのではなく、日韓連帯連絡会議や「韓国からの通信」に尽力する、いわゆる「良心的な勢力」が日本に存在することを認知するようになった。そして、「韓国か

らの通信」に代表される日本発の情報に非常に大きな関心を向けただけでなく、日本の知見にも関心を示した。例えば、76年に出版された隅谷三喜男『韓国の経済』は、馬山輸出自由地域に対する分析などに基づいて、国内の二重構造と対外依存構造に起因する韓国経済の脆弱性を明らかにしたものである。こうした分析は、韓国の反維新民主化運動に重要な影響を与えた。韓国の民主運動に対する日本の知的影響力は、80年代にはよりいっそう顕著になる。80年代前半、民主化運動の戦略と関連して、韓国の社会科学界で広範に展開された韓国社会構成体論争は、ちょうど戦前から戦後にかけて、日本の社会科学界で展開された日本資本主義論争の知的影響を強く受けたものであった。

ただし、既存の日韓関係に批判的な反対勢力同士が直接自由に交流することは、韓国における人権状況を考えると、困難な状況であった。また、両者は普遍的人権という価値を共有していたが、例えば、北朝鮮や社会主義に対する姿勢においては、依然として大きな乖離があった。さらに、過去の日韓の歴史をどのように見るのかという問題に関しても違いが解消されたとは言い難かった。

日韓関係の緊密化とその限界

1960年代、さらに、その後の80年代と比較して、70年代における日韓関係の特徴を何に求めることができるだろうか。60年代の日韓関係は、65年の日韓国交正常化交渉でも顕著に現れたように、基本的には冷戦体制の下で、米国との同盟関係によって媒介された関係であった。しかし、70年代に入って、駐韓米地上軍の削減、さらには駐韓米地上軍の撤退決定などに典型的に現れるように、米中接近に伴う東アジア冷戦体制の緩和に伴って、米国の関与が不透明になる状況がもたらされた。そうした中で、中国との関係などは必ずしも一致したわけではないが、ともかくも、日韓双方とも、一方で米国の関与が急激に縮小されることに伴う不安と、他

方で米国の関与の縮小を与件とした場合の対応の必要性を共有するようになった。その意味で，少なくとも60年代と比較すると，70年代の日韓関係は，より直接的な関係の比重が大きくなったといえる。政府間関係，財界間関係，さらに市民社会間関係にも，こうした日韓を直接に結び付ける力がよりいっそう強く働くようになり，「日米韓」から「日韓」へと関係が移行する可能性を大きく孕んだ時期であった。そして，これは朴正熙という日本と密接ではあるが，複雑な関係をもった政治的個性によって担われた。

また，1970年代の日韓関係を政治体制という観点から再検討すると，韓国の権威主義体制を日本の民主主義体制が支え，逆に日本の民主主義体制を韓国の権威主義体制が支えるという構図であった。日韓の間では政治体制に関する規範的な価値観を共有しなかったにもかかわらず，少なくとも政府間関係は，その前後のどの時期と比較しても最も緊密なものであった。「日韓癒着」は政治資金の日韓還流を通して，日韓の両政府を相互補完的に支えるという帰結をもたらした。

しかし，こうした日韓関係は，1979年10月の朴正熙の死，そして，12月のソ連軍によるアフガニスタン侵攻に伴う「新冷戦」状況の出現とともに，再び，米国との同盟関係を媒介とした間接的な関係に逆戻りした。朴正熙政権後も韓国は維新体制と同様の権威主義体制が持続したが，1917年生まれの朴正熙と1931年生まれの全斗煥とでは，日本との距離感や思い入れは大きく違っていた。たとえ，中曽根康弘首相と全斗煥大統領が「日韓新時代」を提唱したとしても，70年代ほどの親密さはなかったのである。

● 引用・参考文献 ●

青地晨・和田春樹編，1977年『日韓連帯の思想と行動』現代評論社。
井上正也，2010年『日中国交正常化の政治史』名古屋大学出版会。

3　韓国の民主化運動と日本

外務省，1970 年『わが外交の近況　昭和 44 年版　第 14 号』外務省。

外務省，1976 年『わが外交の近況　昭和 51 年版　第 20 号』下巻（資料編），外務省。

木宮正史，2005 年「韓国外交のダイナミズム――特に一九七〇年代初頭の変化を中心に」小此木政夫・張達重編『戦後日韓関係の展開』慶應義塾大学出版会。

木宮正史，2011 年「朴正熙政権と韓国現代史」中野聡編『ベトナム戦争の時代 1960〜1975 年』（岩波講座　東アジア近現代通史 8）岩波書店。

木宮正史，2012 年「朴正熙政権の対共産圏外交――1970 年代を中心に」『現代韓国朝鮮研究』11 号。

木宮正史，2013 年「日本の対朝鮮半島外交の展開――地政学・脱植民地化・冷戦体制・経済協力」波多野澄雄編『外交史　戦後編』（日本の外交　第 2 巻）岩波書店。

木宮正史，2015 年「日韓外交協力の軌跡とその現在的含意」木宮正史・李元德編『日韓関係史 1965-2015 Ⅰ　政治』東京大学出版会。

木宮正史，2016 年「1970 年代第三世界をめぐる南北外交競争と韓国外交」『現代韓国朝鮮研究』16 号。

金大中／波佐場清・康宗憲訳，2011 年『死刑囚から大統領へ――民主化への道』（金大中自伝 1）岩波書店。

金伯柱（キムベクチュ），2015 年『朝鮮半島冷戦と国際政治力学――対立からデタントへの道のり』明石書店。

高一（コイル），2010 年『北朝鮮外交と東北アジア 1970-1973』信山社。

財団法人矢野恒太記念会，2006 年『世界国勢図会 2005/06 年版〔CD-ROM 版〕』富士通ラーニングメディア。

佐藤栄作／伊藤隆監修，1997 年『佐藤榮作日記　第四巻』朝日新聞社。

渋谷仙太郎編訳，1973 年『南朝鮮の反日論――日本の新膨張主義批判』サイマル出版会。

隅谷三喜男，1976 年『韓国の経済』岩波新書。

崔慶原（チェギョンウォン），2014 年『冷戦期日韓安全保障関係の形成』慶應義塾大学出版会。

崔喜植, 2015年「日韓政策コミュニティの生成と変化」木宮正史・李元徳編『日韓関係史 1965-2015 Ⅰ 政治』東京大学出版会。

池明観, 2005年『境界線を超える旅——池明観自伝』岩波書店。

チャ, ヴィクター, D／船橋洋一監訳／倉田秀也訳, 2003年『米日韓 反目を超えた提携』有斐閣。

張 俊河／安宇植訳, 1971年『石枕 韓民族への遺書 上・下』サイマル出版会。

趙 甲済／永守良孝訳, 1991年『朴正熙——韓国近代革命家の実像』亜紀書房。

朝鮮統一問題研究会編, 1980年『腐敗する政治——機構と人脈』(シリーズ日韓問題1) 晩聲社。

T・K生／「世界」編集部編, 1974年『韓国からの通信 1972.11〜1974.6』岩波新書。

T・K生／「世界」編集部編, 1975年『続 韓国からの通信 1974.7〜1975.6』岩波新書。

T・K生／「世界」編集部編, 1977年『第三 韓国からの通信 1975.7〜1977.8』岩波新書。

T・K生／「世界」編集部編, 1980年『軍政と受難——第四 韓国からの通信』岩波新書。

永野慎一郎, 2008年『相互依存の日韓経済関係』勁草書房。

朴正熙／金定漢訳, 1973年『民族の底力』サンケイ新聞社出版局。

服部龍二, 2011年,『日中国交正常化——田中角栄, 大平正芳, 官僚たちの挑戦』中公新書。

古野喜政, 2007年『金大中事件の政治決着——主権放棄した日本政府』東方出版。

村田晃嗣, 1998年『大統領の挫折——カーター政権の在韓米軍撤退政策』有斐閣。

矢次一夫, 1973年『わが浪人外交を語る』東洋経済新報社。

山本剛士, 1978年『日朝関係——発展する経済交流』教育社。

山本剛士, 1992年「記録・日朝不正常関係史」『世界(臨時増刊 日朝関係——その歴史と現在)』567号。

劉仙姫, 2012 年『朴正熙の対日・対米外交――冷戦変容期韓国の政策,
1968～1973 年』ミネルヴァ書房。

李東俊, 2010 年『未完の平和――米中和解と朝鮮問題の変容 1969-
1975 年』法政大学出版局。

＊韓国語文献

高麗大学校亜細亜問題研究所日本研究室編, 1977『韓日関係資料集　第
Ⅱ輯』高麗大学校出版部。

＊英語文献

Chang, Dal-Joong, 1985, *Economic Control and Political Authoritarianism : the Role of Japanese Corporations in Korean Politics, 1965-1979*, Seoul, Sogang University Press.

Department of State, USA, "Memorandum for Mr. Henry A. Kissinger, The White House, 9/21/1971: Letter from President Park Chung Hee to President Nixon," National Archives, Record Group 59, Box 2429, Central Files 1970-73, POL KOR.S-US.

第4章 韓国民主化と市民社会交流

●1980年代

🔼 金大中に死刑が求刑されたことに対して韓国政府に抗議しようとデモ行進する人たち（1980年9月13日、東京。写真提供：読売新聞社）。1980年代に急速に展開した韓国の民主化と市民社会の交流の端緒の一つでもある。

1980年、民主化の流れを抑えて全斗煥政権が成立し、新政権との間で国家間関係が再編された。首相と大統領の相互訪問が初めて実現し、政府主導の「日韓新時代」が幕を開けた。民間交流の回路も増え、相互の認識も変化し始めた。80年代後半には、冷戦終結と韓国の民主化という大きな変化が起きた。それを背景に、日韓を結ぶチャンネルや両国関係にかかわるアクターが多様化し始め、政府間で決着した問題に対しても、両国の社会から異議申し立てがなされるようになった。

1 新冷戦の逆流

全斗煥政権の登場　1980年代は，激動の中で始まった。79年12月に起こったソ連軍のアフガニスタン侵攻を契機に米国のカーター政権は対ソ強硬姿勢に転じ，80年1月，カーター・ドクトリンで「新冷戦」開始を宣言した。11月の大統領選挙では「強いアメリカの復活」を唱えた共和党のレーガン候補が当選し，米ソ対立の緊張がいっそう高まった。日本では，1980年，大平正芳（おおひらまさよし）内閣に対する不信任案が可決され，衆議院解散を経て6月に衆参同日選挙が行われた。選挙戦の最中に大平首相が急死して自民党が圧勝し，7月に鈴木善幸（すずきぜんこう）内閣が発足したが，内政は不安定で，激動する国際情勢への対応も混迷を極めた。

韓国では，1979年10月，18年間権力の座にあった朴正煕（パクチョンヒ）大統領が側近の中央情報部長・金載圭（キムジェギュ）に暗殺され，大統領と一体化していた維新体制は崩壊の危機に瀕した。国会では，与野党が直接選挙による大統領選出で合意し，有力候補とみなされた金鍾泌（キムジョンピル），金泳三（キムヨンサム），金大中（キムデジュン）の「三金レース」が注目されるなど，民主化の動きが顕在化した80年の春は「ソウルの春」と称された。しかし，軍においては，全斗煥（チョンドゥファン）将軍を中心とする勢力が，79年12月の軍内クーデタで内部の権力を掌握（しょうあく）し，民主化を阻止しようとしており，80年5月17日，非常戒厳令の全国拡大を契機に，軍が政治舞台の前面に登場した。「三金」など有力政治家を逮捕し，全羅南道光州市では学生・市民の抵抗に戒厳軍を投入して鎮圧する（当時，日本では「光州事件」といわれた）など，力で反対勢力を抑えて準軍政を敷き，8月には，軍を退役した全斗煥が大統領に選出された。

軍の政治介入と全斗煥政権の登場は，日本でも衝撃をもって受け

止められた。韓国政府は，光州事件は共産主義者が煽動(せんどう)した暴動であるとして鎮圧を正当化し，国内で情報統制を行ったが，弾圧の実態は断片的ながら海外に伝達された。日本のメディアでも衝撃的な写真や映像が掲載・放映され，韓国に対する負のイメージにもつながった。

1980年9月，軍法会議において光州事件の首謀者とされた金大中に内乱陰謀罪などで死刑判決が下り，日米など国際社会で助命運動が高まった。鈴木首相は崔慶禄(チェギョンノク)・駐日韓国大使に「重大な関心と憂慮」を伝え，「金氏が処刑されれば〔中略〕韓国に協力したくてもできなくなる」と述べたが(『朝日新聞』1980年11月26日付朝刊)，そうした日本の対応は戒厳令下の韓国メディアでは「内政干渉」と批判された(池明観, 1999)。

他方，日本政府は，日本と関係の深かった有力政治家をも失脚させた全斗煥政権に対して，接触のルートを模索した。当時，外務省から首相秘書官に出向していた谷野作太郎(たにのさくたろう)は，全斗煥大統領と親交があった瀬島龍三(せじまりゅうぞう)(伊藤忠商事相談役)に，鈴木首相から大統領に宛てた金大中助命嘆願の親書を託して秘密裏に届けたことを，のちに証言している(谷野, 2015)。瀬島による秘密工作というと，後述する中曽根康弘(なかそねやすひろ)政権期のものが有名であるが，すでに鈴木政権期から非公式ルートによる接触が試みられていた。

軍事力で政権を掌握した全斗煥政権と最初に良好な関係を築いたのは，1981年1月にレーガン大統領が就任した米国であった。レーガン政権は，全斗煥大統領を最初の国賓訪米者として待遇し，韓国政府は見返りに，金大中の無期懲役への減刑や戒厳令解除を実施した。2月にワシントンで米韓首脳会談が開催され，両国首脳は共同声明で，70年代に動揺した米韓同盟を完全に修復したことを謳(うた)い，新冷戦に対応する米韓の同盟関係の構築が確認された。

1 新冷戦の逆流

日米韓の戦略協調　この米韓首脳会談で、全斗煥大統領は、日本から韓国への「地域安保に寄与する経済協力」の必要性を米国に訴えた。韓国の新政権は、初のマイナス成長（1980年）となった経済対策の資金を必要としており、また新冷戦下での日韓関係を再定義しようとしていた。韓国は、共産陣営に対する防波堤としての自らの役割を強調し、日本は韓国に経済協力することで極東地域の安全保障に貢献すべきと主張したのである。

1981年4月、韓国政府は総額100億ドルの公共借款の提供を日本に打診した。韓国側は、共産勢力の侵略から日本を防御している点と、貿易不均衡・対日赤字の増大という点を掲げて、巨額の経済協力を要請したが、鈴木政権は「安保がらみの経済協力」には難色を示した。外務官僚間の折衝は続けられ妥協点が見出されたが、結局、鈴木政権下では合意に至らなかった。それは、後で述べる「第1次教科書問題」など新たな争点の影響もあったが、根本的には両国政府の国際情勢に対する認識の差が要因であった。鈴木首相は外交的に穏健派で、地域安全保障への役割分担を求めるレーガン政権の戦略に必ずしも協調しておらず、全斗煥政権との関係構築の方向性も一致しているとは言い難かった。

こうした日米および日韓政府間の溝を埋めたのが、1982年11月に登場した中曽根政権だった。首相になった中曽根康弘は、米韓両首脳と協調して新冷戦に対応することを重視し、自らのイニシアチブによる首脳外交で、双方との関係を改善しようとした。中曽根首相は、初閣議の後、日韓関係を修復するため訪韓する意向を主要閣僚に示し、すでに発表されていた翌年1月中旬の訪米より前に、韓国訪問を行う方向で調整するとした。これは、日本の首相による初の公式訪韓になるものだった。中曽根は、個人的にも親交の深かった瀬島に訪韓の準備工作を依頼し、秘密交渉を重ねた瀬島は、82年12月末に、経済協力問題の解決と中曽根首相訪韓で韓国側と合

意した(瀬島, 1995；中曽根, 2006)。こうして83年1月5日, 同月11日からソウルで日韓首脳会談が開催されることが電撃的に発表され, 初の首相公式訪韓が実現した。

懸案の経済協力は, 借款7年間で総額40億ドル(政府開発援助〈ODA〉総額18.5億ドル, 輸出入銀行資金21.5億ドル)で最終合意した。従来, この問題は, 中曽根政権発足後に瀬島が水面下で交渉して決着した点が強調されてきたが, 近年, 当時の外務官僚への聞き取りが進み, すでに鈴木政権期に外務官僚の事務レベルで合意が形成され, 大枠は決定されていたと証言されている(長谷川, 2014；谷野, 2015)。しかし, そうした事務レベルの合意を政府間の取り決めに格上げして問題を解決するためには, 瀬島を通じて行使された中曽根首相のリーダーシップが重要だった。彼は, 共産主義に対抗し日本の安全保障を維持するためには, 韓国の安全保障が重要であるという認識を示し, 全斗煥大統領に直接働きかけ, 懸案の解決のみならず両国首脳の信頼関係を築こうとしたのである。

日本の対韓協力は, 米国の対日防衛力増強要求に間接的に応じる側面もあった。中曽根首相自身, 「当面の大きな目標である対アメリカ政策を成功させるためには, まず悪化していた韓国との関係を改善し, それをお土産にしてワシントンに行ってレーガン大統領に会うほうが, スムーズに仕事ができるのではないか, そういう戦略を持ったわけです」と回想している(中曽根, 2006: 39)。

以上のように, 1980年代初頭の政府レベルの日韓関係は, 新冷戦に対応しようとした日米韓の関係再編の中で, 三者関係の一部として再編されたといえよう。

日韓新時代

再編された日米韓の三者関係の下, 日韓の新たな関係が構築されていった。1983年の日本国首相の初訪韓, 翌年の韓国大統領の初訪日では, 「過去の清算」に関しても言及がなされ, 65年の国交正常化に次ぐ日韓関

1 新冷戦の逆流

係の新時代の幕開けとして位置づけられた。

　1983年1月に，日本の首相として初めて公式訪韓した中曽根首相は，全斗煥夫妻主催の晩餐会において「日韓両国の間には，遺憾ながら過去において不幸な歴史があったことは事実であり，われわれはこれを厳粛に受け止めなければならない」と表明した。1年前から韓国語を学習していた中曽根は，演説の最初と最後の部分，全体の3分の1を韓国語でスピーチし，韓国に対する理解の深さを演出した。

　1984年9月には全斗煥大統領が，韓国の元首として初めて訪日した。その際，日本の天皇主催の宮中晩餐会で，「今世紀の一時期において両国の間に不幸な過去が存したことは誠に遺憾であり，再び繰り返されてはならない」という天皇の「お言葉」があり，全斗煥大統領は，「両国間にあった不幸な過去は，今や，より明るく親しい日韓間の未来を開くための貴重な礎にならねばならない」と答えた。

　こうした一連の過程で，権力掌握当初は政権の正統性に疑念を示した日本の主要メディアも，全斗煥大統領を日本と「過去の清算」を行う韓国の国家元首として扱い，その訪日を「真正な善隣友好関係を築く第一歩」とみなした。また，全斗煥大統領が初来日した1984年を機に，日本放送協会（NHK）や民放各局は韓国・北朝鮮の政府要人の呼称を，漢字表記の日本語読みから，現地読みのカタカナ表記に改め，それまで「ぜん・とかん」と呼んでいた大統領を，「チョン・ドゥファン」と呼ぶことに変更した。当時の新聞には，韓国政府の要請と日本外務省の方針に沿った措置と報道されている（『朝日新聞』1984年8月15日付朝刊）が，それも両国の新時代を象徴するような変化を印象づけた。

　韓国では，天皇や中曽根首相の用いた「遺憾」という言葉に含まれる謝罪の深さなどに疑問を示す声もあったが，政府の統制が働い

た主要メディアでは,新たな日韓関係への出発という外交の成果が強調された。『朝鮮日報』は,9月8日付の紙面に「『不幸な過去』の認識――日本の天皇,首相の謝罪発言を聞いて」と題する社説を掲載した。韓日両国で,「謝罪としては足りない」という批判があることを認めながらも,「我々は,この言葉を全体の文脈でみて,日本の軍事的帝国主義の韓半島に対する植民地統治を心から謝罪したという意味に受け取ろうと思う」と述べた。そして,日本の天皇と首相の謝罪で,両国の過去の歴史については「厳正で客観的な解釈」が定まったとし,それを韓日両国の「新時代」につなげられるかは,「形式的な外交的修辞でなく,実質的な政策の結果にかかっている」と結んだ。

以上のように,1980年代前半に,日韓関係は新たな一歩を踏み出したが,それは韓国の指導者層の交代と日韓の政界ネットワークの再編を経たものであった。80年に,それまで政治にかかわっていなかった軍人が政権の中枢に就き,日本との太いパイプをもっていた有力政治家を権力から追放したことで,70年代の日韓政界のパイプは機能しなくなり,全斗煥大統領と個人的に親交があった民間人・瀬島が「密使」として抜擢された。外交方針においては対照的な鈴木・中曽根両政権が,ともに瀬島を密使として活用していることからも,全斗煥政権中枢に接触する日本側の窓口が非常に限られていたことがうかがわれる。その後,日韓両首脳の相互訪問を経て,中曽根・全斗煥という両首脳の個人的親交関係を頂点に,再編された政界のネットワークが整備されていく。日本の植民地下で高等教育を受けた旧世代のエリートから世代交代が起こり,「新しい知日派」が登場することとなったのである(木村,2014)。

こうして再編された日韓関係は,第1に,政府主導のものであり,新冷戦という国際環境のもと,東アジアの安全保障の文脈で,日韓関係を重視したものであった。首脳の相互訪問に際して行われた2

Column ⑩　日本における韓国イメージの変化

　日本における韓国イメージの変化を見ると，1980年代が大きな分岐となる。1970年代までは独裁と抵抗というイメージが強かったが，80年代になると，異なる韓国像を描いた書籍が刊行され始めたのだ。

　1984年刊行の関川夏央『ソウルの練習問題—異文化への透視ノート』は，著者自身が80年代前半のソウルの街を探検し，人々と交流し悪戦苦闘した体験を，軽妙な文章で綴っている。著者は，「あとがき」で「韓国とソウルについての，誠実な旅行案内と書こうと意図した。〔中略〕それを越えてひとつの誠実な異文化接触のルポルタージュを書きたかったというのが著者の真意だ」と書いたように，当時のステレオタイプな韓国像に反発し，異質な文化をもつ韓国の人々をいかに理解するか，自らの思索が示されている。同書は発売後1年半で12刷を重ね，2005年刊行の新装版裏表紙で「1980年代はじめ，一人の青年が，「近くて遠い」と言われた国を旅した。彼はその国の言葉を学び，街を歩き，そして恋をした——。「先進国化」以前のソウルの街区とそこに暮らす素顔の韓国人を活写し，それまでの紋切り型の報道や，卑屈と尊大を往復するだけだった日本人の韓国観を劇的に変えた紀行文学の歴史的傑作」と紹介されたように，日本の韓国イメージを変える契機のひとつになった。

　若者向け男性週刊誌『平凡パンチ』は，1985年新年特大号を「一冊まるごと」韓国特集号とし，増刷するほど売り上げた。若い男性の目線で韓国の魅力を特集し，「ゼンゼン知らなかったよ／韓国がこんなに／

度の日韓共同声明では，若干の表現の差はあるものの，「朝鮮半島における平和と安定の維持が日本を含む東アジアの平和と安定にとって緊要である点について認識を共にしつつ，この地域の平和と安定及び繁栄のため今後とも互いに協力していく」(「中曽根内閣総理大臣の韓国公式訪問に際しての日韓共同声明〈1983年1月12日，ソウル〉」) という認識が示されている。

　しかしながら，第2に，両政府の対外戦略は，ナショナリズムを

ステキな国だったなんて」「韓国／本気で好きになっちゃったぜ」と紹介している。韓国を消費の対象とした目線に対して韓国内では批判も提起されたが、韓国のイメージを変えるのにインパクトのある特集となった（吉田、1999）。さらに、当時、バックパッカーのマニュアルになりつつあった『地球の歩き方』が、アジア・アフリカなどの新タイトルを創刊する中、韓国編も86年に創刊されている（山口、2016）。韓国が若者を惹き付ける旅先として描かれるようになったのだ。

このような「男性目線」とは異なる韓国体験記も出版された。1988年刊行の戸田郁子『ふだん着のソウル案内』は、1983年末に韓国に留学した著者が、4年間の韓国生活の間に日本の友人に向けて発行していた手書き情報誌「ウッチャ通信」を、書籍にまとめたものである。著者が「キムチの漬けかたや洗濯板を使っての洗濯のコツを教えてくれた友達のお母さん、風邪のたびに心配してくれた薬屋のおばさん、〔中略〕天下国家を論じては酒をくみかわした議論好きの学生たち……そんなふだん着の韓国人ひとりひとりを通して、私はこの国を感じてきました」（戸田、1983: 221）というように、ファッションから政治の民主化、そして大統領選挙まで、韓国生活で体験したさまざまな出来事を通じて、韓国人の生活が紹介されている。

こうした書籍を通じて、1980年代になって日本の韓国イメージは変化し、社会や生活への関心が高まる契機になったのである。

鼓舞して体制を強化し、国際社会での上昇をめざそうとするものでもあったため、日韓間に軋轢を生む可能性を内包していた。全斗煥政権は、発足当初、政権の正統性を確保するためにナショナリズムに訴え、81年には、大衆文化を含めた大規模な文化イベントである国風運動を展開して人々を動員した。後に述べる82年の第1次教科書問題を契機に日本への批判が高まると、独立記念館建設の国民運動を展開した。他方、日本の中曽根首相は、従来から日本の自

主独立を主張しており，85年の靖国神社公式参拝は，韓国側の警戒や反発を招いた。安全保障における危機が低下すると，両国の軋轢が顕在化する可能性があったのである。

第3に，政府主導の「日韓新時代」は，同時に，両国の社会レベルの交流を推進し，国家の論理とは別の日韓間の交流を促進していく契機ともなった。全斗煥大統領訪日に際しての「共同声明」では，「学術，教育，スポーツ等の文化交流」「青少年交流」の促進が示され，両国民が直接ふれあう機会が増えていった。それは韓国の民主化を経て，政府の統制を超えた日韓間の協調と対立が展開されていく端緒となった。

1980年代後半の変化

全斗煥大統領の任期は7年，中曽根首相は自民党の1986年衆参同日選挙圧勝で総裁任期が延長され，両者とも長期政権となったが，80年代後半になると内外情勢の変化が現れた。

国際政治レベルでは，1985年にゴルバチョフが登場して以降，米ソの緊張緩和が本格化し，89年12月のマルタ会談で，米ソ冷戦の終結が宣言されるに至った。共産主義という共通の敵が影響力を失う中，日米韓関係においては，貿易赤字が拡大する米国と成長の著しい日本や韓国との間で，経済摩擦が増大した。ドル高是正のプラザ合意（1985年）を契機に円高が急激に進んだが，米国の対日貿易赤字に顕著な変化は生じず，日米間の経済摩擦は解消しなかった。他方，韓国は，プラザ合意以後の国際金利低下・原油安・ウォン安の「三低」を背景に輸出が順調に拡大し，86～88年には二桁成長を記録した。しかし，同時に韓国の対日赤字は大幅に増加し，日韓の間でも貿易不均衡問題が深刻化した（図4-1参照）。

もともと韓国経済は資本財や中間財を日本に依存しており，製品の輸出増加に伴い，日本からの資本財・中間財の輸入が増大する構造となっていた。韓国は，1978年以降に導入した「輸入先多角化

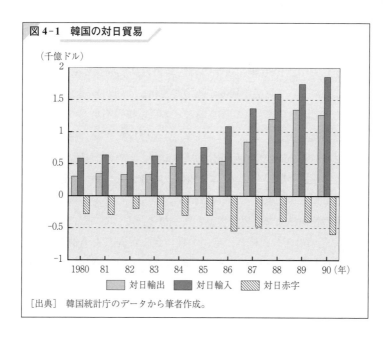

図4-1　韓国の対日貿易

[出典]　韓国統計庁のデータから筆者作成。

品目制度」(特定国に対する貿易赤字を解消するため,別の国からの輸入が可能な品目については,当該国からの輸入を規制する制度)を,事実上日本にのみ適用していたが,日本からの輸入に頼るものが多く,貿易赤字は解消しなかった。韓国の論壇やメディアでは,その原因を日本の保護主義的な政策や閉鎖的な市場,日本からの技術移転の低さに求める議論が主流を占めていた。80年代前半,韓国の日本大使館は,こうした韓国内の誤解を解くため,韓国政府官僚や民間エコノミストを相手に参事官がメディアで論争を展開し,韓国世論に訴える取り組みを行った。韓国内での議論は日本でも紹介されたが(松本,1986),民主化以前の韓国で,日本大使館がパブリック・ディプロマシーを展開したことは注目に値する。他方,日本国内でも,70年代は韓国経済の対外従属性を強調する議論が主流であったが,80年代になると,韓国を開発の成功例としてとらえる議論

（渡辺，1982）が登場し，韓国経済に対する認識の転換が進んでいった。

そうした中，1980年代後半の韓国経済の高度成長と対日貿易赤字の拡大によって貿易不均衡が政治問題化し，問題の核心とみなされた韓国における部品・工業素材などの生産技術不足への対応が政治的課題となった。これらはのちに92年の日韓首脳会談で「日韓貿易不均衡是正等のための具体的実践計画」となり，日韓それぞれに産業技術協力財団を設立して技術協力を推進していく方針が示された。こうして国家レベルでは貿易不均衡であったが，個々の企業は自らの輸出拡大に必要な物資を日本から調達していたにすぎないとも言え，80年代以降は，韓国の経済運営が国家主導から民間主導に重点が移行していくこととも相まって，民間レベルの協力・競合関係が進展し，垂直の関係から水平の関係へと変化し始める過渡期に入っていった。

こうして1980年代後半になると，国際環境や日韓の経済関係が変化していったが，何より大きな変化は，韓国の民主化が与えた影響によるものであった。

1981年に発足した第五共和国の憲法では，大統領は間接選挙で選出され，任期7年の単任と規定されていた。全斗煥政権は，自らの任期後は平和的政権交代を実現すると強調したが，実際は，陸軍士官学校同期の盟友・盧泰愚を次期大統領とし，権威主義体制を持続させる計画であった。他方で，政権樹立直後の1981年9月，全斗煥政権は88年のオリンピック誘致に全力を傾け，決選投票で名古屋を抑えてソウルへの誘致に成功した。オリンピックに向けた国民の一致団結を訴え，体制の安定に寄与させようとしたのである。ところが，全斗煥政権の意図に反して，87年に民主化運動が大きく広がって権威主義体制の維持は困難となり，体制の後継者とされた盧泰愚は，1987年6月に，政治体制の転換を推進する「民主化

宣言」を表明した。国民の民主化要求の広がりと強さを前に、力による権威主義体制の存続を体制側が断念したのである。こうした過程は、メディアを通じて日本にも伝えられ、民主化を勝ち取った社会勢力の力と翌年のオリンピックの成功は、新たな韓国のイメージを印象づけた。一連の変化の中で、日韓両国では、国家間関係を相対化するような社会レベルの交流が進展していった。次節では、こうした社会レベルでの日韓関係を検討する。

2 韓国の民主化とソウル・オリンピック

民主化運動の高揚　1987年6月29日、全斗煥大統領の後継者として与党・民正党の代表を務めていた盧泰愚が「民主化宣言」を発表し、運動側の要求した大統領直接選挙制への改憲などを受け入れた。民主化の進展の中で、韓国社会が外に開かれていくと同時に、日韓両社会の直接交流が開始され、相手に対する認識が変化し、かつそれぞれの社会自身も変化するという相互作用が起こり始めた。

1987年6月の争点は「大統領直接選挙制への改憲」であったが、80年代の民主化運動が問題にしてきたのは、統治者の選出方法のみではなかった。特に、全斗煥政権成立当初から抵抗姿勢を示した学生運動は、問題をより広い国際政治・経済の文脈でとらえ、共産主義に対抗する世界戦略のため、米国は全斗煥らによる民主化弾圧を黙認し、反共独裁政権を支えていると非難した。さらに、日本は、東アジアにおける米国のジュニア・パートナーとして韓国政府を支えていると批判した。つまり、80年代の民主化運動は、国家に対する挑戦であるとともに、それを支えている冷戦構造に対する挑戦、特に日米韓の3国関係に対する挑戦でもあった（梁官洙, 1994）。

「民主主義」という普遍的な価値の実現を妨げるものとして日米両国を批判する論理は，日本の市民社会にも衝撃を与えた。

さらに，1987年6月には，韓国の多くの市民が自らの政治的な権利を要求して街頭に繰り出し，その光景が日本でも中継で放映された。ソウルの繁華街で連日のように行われるデモや集会には，「ネクタイ部隊」と呼ばれたホワイトカラーのサラリーマンも集まり，幅広い層の国民の運動への参加が注目された。運動の高揚に体制側が「民主化宣言」で対応するダイナミックな過程は，80年の軍事力による民主化の弾圧から，韓国政治が大きく変化したと印象づけた。

社会・文化・日常生活への関心

1980年代半ばの日本では，韓国政治動向への関心のみならず，文化や日常生活への関心も高まり，それまでの「独裁」「暗い」などという韓国のイメージが，大きく転換していった（→ *Column* ⑩）。他方，民主化以前の韓国は政府による情報統制が強く，日本の情報に自由に接する機会は制限されていた。しかし，その統制下でも80年代の「日韓新時代」を機に，新たな日本イメージが提供されるようになった。

全斗煥政権下では，「反日」とは異なる「克日」というスローガンによって，新たな対日姿勢が提唱された。1982年の第1次教科書問題を契機に，この言葉は広まったが，代表的な日刊紙である『朝鮮日報』は，中曽根首相の訪韓で「日韓新時代」が提唱されるのと時を同じくして，83年1月から年間を通じて「克日の道　日本を知ろう」と題した47回の連載を行った。

この連載は，単純な日本批判ではなく，日本に追いつき追い越すためには日本を知る必要があるという立場が鮮明にされている。連載で取り上げた対象は「天皇」から始まり，議員・官僚などのエリート層から，中小企業も含めた経済界，女性に焦点を当てた家族

関係,生活と精神文化など多岐にわたり,何よりも日本人の日常生活を正面から扱った初めての新聞連載として特筆される。その記述は,日本への親しみを喚起するトーンではなく,信頼よりも警戒を背景とした評価であり,ナショナリズムを基盤に新たな日韓関係を構築しようとする全斗煥政権の意向も反映されている。さらに同紙は84年の全斗煥大統領の訪日に際には,「歴史の痛みを超えて――真正な克日の道 新たな韓日関係の未来」という6回の連載を行っている (磯崎, 2015b)。

また,全斗煥政権は,非政治的な部分では,権力掌握時の強権的な統治を,徐々に自由化した。1982年には,夜間の通行禁止を36年ぶりに解除し,83年には海外旅行の部分的自由化も実施された。韓国社会内での人の交流,海外との接触と情報の流通が増え,モノや情報が政府の統制を逃れて流通するようになった。日本から流入する書籍は,韓国で発禁となっている社会科学書籍から『an・an』『non-no』のようなファッション誌に至るまで多岐にわたった。そうした外からの情報や文化が大都市を中心に流通し,自由で先進的な情報を伝え,自由を抑圧する非民主的な政府に対する不満を誘発した。80年代後半の好景気も相まって,ソウルなど大都市における中産層の消費パターン,ファッション,ライフスタイルなどは急激に変化し,日本のそれと同質化する部分も増えていった。こうして,80年代後半の韓国では,政治的民主化と並行して,情報の流通や社会生活の変化が進んだ。

ソウル・オリンピックと日本の「韓国ブーム」

民主化に続くソウル・オリンピックの開催は,日韓の社会レベルの交流をさらに促進する契機となった。

1987年6月の盧泰愚による「民主化宣言」を受け,国会の与野党協議と国民投票を経て制定された新憲法は,大統領の直接選挙のみならず,さまざまな民主主義的要素を保障しており,2016年の

Column ⑰ 韓国民主化と国境を越えた支援

　米国政治外交史が専門の五十嵐武士は，1980年代後半にフィリピン，韓国，台湾と相次いだ政治体制の民主化を，米国と東アジアをつなぐ太平洋世界のトランスナショナルな政治空間における政治過程の結果としてとらえた。そして，各国の民主化勢力の拡大や体制側の譲歩を引き出した要因として，米国の政府・非政府アクターが果たした役割を論じた（五十嵐，2010）。東アジアにおける経済発展や民主化を加速させた主要な条件として，この地域におけるヒト・モノ・カネ・情報およびアイディアなど社会的コミュニケーションの増大を重視し，それに対する米国の寄与に着目したのである。

　同様に韓国の民主化を促進したトランスナショナルな要因として，日本の諸アクターの役割も決して小さくない。日本の諸アクターの活動に対する韓国政府の対応については資料公開を待たねばならないが，韓国民主化運動の資料収集・整理は進んでおり，日本の関与を実証的に検討できるだろう。

　その糸口として，ここでは日韓間の情報とアイディアの流通の重要性を検討したい。現在のようにインターネットも利用できず，権威主義体制による情報統制の下では，韓国内の政治状況や各地の抵抗勢力の動きを全体的に把握することは，韓国の外で民主化運動を支援する人々のみならず，国内で運動している人々にとっても重要であった。外から支援する側は，国内の情報を得て何が起こっているのかをつかもうとし，国

現在まで存続している。大統領は単任の5年任期となったが，新憲法下で初めて行われた大統領選挙（87年12月）では，民主化勢力が金泳三と金大中で候補者の一本化ができず，与党の盧泰愚候補が勝利した。彼は，全斗煥の盟友だったが，「民主化宣言」によって体制内穏健派を印象づけ，旧体制とは異なる「民主的な韓国」の新たな大統領として，88年のソウル・オリンピックを主宰した。

　当時，韓国は国連にも未加盟で，共産圏国家とは国交がない状態

✦✦✦

　内で抵抗する人々は，状況を把握して運動を進めるために，外からの情報が必要であったのだ。

　日本では，1973年5月から88年3月まで，TK生という匿名の筆者が軍事政権下の抑圧と抵抗の現状を伝える「韓国からの通信」が，雑誌『世界』に連載されていた（→第3章）。実際は，当時日本に滞在していた池明観が執筆したもので，のちに彼自身が，韓国内の資料を収集して日本に持ち出し，それを元に連載を執筆した過程を証言している（池明観，2003）。連載当時，その記事は，軍事政権下の弾圧と抵抗を日本に伝え，民主化運動への支援を惹起した。それと同時に，記事は再度韓国内に持ち込まれ，韓国の運動勢力が国内の状況を把握するのにも寄与した。また，韓国では発禁になっている書籍もその日本語版が韓国内に持ち込まれ，情報やアイディアを提供した。当時，大学生の多くは「日本語は話せなくても読める」状態で，大学街では複写屋が繁盛し，日本から持ち込まれた書籍の複写版が，当局の取り締まりをかいくぐって拡散した。当時のこうしたエピソードは，筆者自身が直接聞いたものを含めて当事者たちの回想に表明されている。今後はこうした断片的なエピソードを資料と関連づけて実証し，トランスナショナルな政治空間における政治過程としてとらえなおすことが必要となる。当時の交流の限界も含めて，韓国の民主化と日韓関係を検討することは，「国民感情の衝突」が懸念される今日において，重要な意味をもつだろう。

✦✦✦

であったが，ソウル・オリンピックは，共産圏の国々を含む160カ国が出場して大規模に開催された。新冷戦の対立が激しかった1980年のモスクワ・オリンピック，84年のロサンゼルス・オリンピックは，東西両陣営がそれぞれ参加をボイコットしており，冷戦で分断された韓国に東西両陣営が再び顔をそろえたソウル・オリンピックは，国際情勢の変化を象徴するものと意義づけられた。韓国の国民は共産圏の選手や文化使節団を目の当たりにし，また共産圏

の取材陣が韓国社会の情報を現地から報道したことで,韓国と共産圏国家の相互理解が促され,その後の国交樹立にも好影響を与えた。参加を拒否した北朝鮮は,国際社会での孤立をいっそう深めた。

ソウル・オリンピックを前にして,日本では「韓国ブーム」が起こり,旅行・料理・芸能などの面で韓国が注目されるようになった。1984 年,NHK の語学番組で「アンニョンハシムニカ・ハングル講座」の放送が開始され,『ソウルの練習問題』や別冊宝島の『韓国・朝鮮を知る本』が刊行された (→ *Column* ⑩)。韓国の国民的歌手・趙 容弼(チョーヨンピル)の「釜山港へ帰れ」がロングヒットして,87 年の NHK 紅白歌合戦に出場した。日本の食生活にキムチが浸透していったのも,このころである。こうした日本の「韓国ブーム」は,オリンピックに便乗した側面が強かったが,以前は関心の対象にすらならなかった韓国に注目し,実際に訪れる人が増え始めた。「新しい韓国の姿」の多様な側面が,多様なチャンネルを通じて日本に伝えられ,国交正常化から 20 年以上を経て,韓国の文化や人々の暮らしに関心が向けられるようになった。

「等身大」の交流の始まり

日韓両政府も「日韓新時代」を機として「民間の交流の支援」「次世代を担う青少年の交流の促進」などを提唱し,民主化以前から交流支援を拡大していた。当初は政府主導の交流に対して,体制を安定化して独裁を支える方便だという批判もあったが,結果的にそれらは両国の市民が接触する機会となった。さらに,韓国の民主化に伴い,政府主導から政府が民間交流を支援する方向へと重点が移動し,交流の裾野も広がっていった。具体的に見てみよう。

1983 年の中曽根首相の訪韓時に出された日韓共同声明において,「国民的基盤に立脚した交流の拡大が長期的な観点から両国関係の発展にとって極めて重要」という項目が盛り込まれた。同年 12 月,日本では日韓議員連盟および経済団体連合会の主導によって日韓文

化交流基金が設立され,助成事業や学術会議を中心に事業を開始し,韓国でも韓日文化交流基金が設立された。87年に発足した竹下登(たけしたのぼる)政権は「国際文化交流の強化」を重点政策として推進し,「民間主体の活動への助成」を積極的に打ち出した。89年には,「日韓学術文化青少年交流事業」を日韓文化交流基金へ委託し,大学生・教員などを対象にした派遣・招聘事業を日韓双方で開始した(99年からは,中高生の交流事業を開始)。80年代末になると,韓国の民主化の進展によって,相互の交流を妨げてきた規制や心理的な障壁が取り除かれることになった。

1980年代末には,自治体レベルでの交流も広まった。竹下政権は,「地域の国際化」を重視し,「ふるさと創生事業」と連動させて「地方交付税交付金による国際交流支援」を打ち出し(87年),自治体の国際交流を推進した。こうした動きは,韓国の「民主化宣言」で示された「地方自治の推進」の方針が加速された。盧泰愚政権における「地方自治法の改正」(1988年)から地方自治の復活へと至る流れの中で,日韓の自治体レベルでの交流は進展した。オリンピック後,朝日新聞のソウル特派員は,「日本の自治体関係者が相次いで来韓。姉妹都市提携など地方レベルの交流ラッシュの様相」「ソウルの日本大使館によると,韓国の都市などと姉妹縁組を結ぶ日本の自治体はこれまでに30近くに」「去年1年間に修学旅行で日本から韓国を訪れた高校生だけでも3万人以上」と交流ブームを伝えている(『朝日新聞』1989年6月18日付朝刊)。

こうして,韓国の民主化が進展し,社会が開放的になったことを背景に,当初は政府主導だった交流が草の根レベルに広がっていった。韓国は,1988年7月から海外渡航制限の最後の規制を漸進的に撤廃し,89年に渡航を完全自由化した。これを契機に,日本を訪れる外国人旅行者数は韓国が1位となった。日本から韓国への渡航もオリンピックを契機に急増した。80年代末には,気軽に行け

る海外旅行先として日韓の相互交流が進み、90年代にかけて、国民が直接ふれあう機会が増えていったのである。

相互認識の変化

こうして、日本の韓国イメージは、1980年代に大きく変化した。当初は、暴力的な「軍事独裁」のイメージが強かったが、文化や社会への関心も徐々に高まり、「民主化宣言」後には、盧泰愚が掲げた「普通の人が主役になる時代」になったという印象が強まった。「普通の人の国」という韓国イメージは、韓国政治の民主化のみならず、日本国内で韓国社会に関する情報が増えたことを反映している。

とはいえ、こうした変化が韓国に対する親近感の増加に直結したわけでもなかった。総理府(現・内閣府)の「外交に関する世論調査」(→巻末参考資料)で「韓国に親しみを感じる」という回答は、確かに全斗煥登場の年に急落し、ソウル・オリンピックの年に急増している。しかし、「親しみを感じる」が「感じない」を上回ったのは88年のみで、後者の数が上回る傾向は99年まで続いている。この背景には、80年代以降に顕在化した植民地支配をめぐる韓国社会からの問題提起が、韓国との関係の難しさを再認識させたことがあった。日本においては、韓国の文化・社会などへの興味と、韓国の「反日感情の強さ」への嫌悪が共存していたと考えられる。

1980年代の両国の相互認識の差は、日本の朝日新聞と韓国の東亜日報が共同で行った世論調査でも確認できる。この調査は両国の直接交流が拡大する以前の、84年から始まっている。84年の調査では、韓国人が日本と聞いて連想するのは、植民地時代の「36年間の苦痛」「36年間の記憶」が4割を占める。他方、日本人が韓国から連想するのは、「キムチ、韓国料理など食べ物」「民族衣装、踊り、文化」が各8％で最も多かった。韓国の民主化後の88年の調査では、韓国人の対日イメージは「36年間の思い」(29％)、経済大国(11％)、ずる賢い(5％)が上位であり、日本人の対韓イメージ

は,「ソウル・オリンピック」(18%),「キムチ,韓国料理など食べ物」(9%),「民族衣装,踊り,文化」(5%),「経済発展」(5%)となっている。この調査では,韓国側が日本を植民地支配のイメージでとらえているのに対し,日本側は文化的側面で韓国をとらえている傾向が確認できる。しかし,日本が過去の歴史を不問にしていたわけではない。日本国内でも,歴史の評価をめぐる問題が80年代前半から浮上していた。

3 市民社会と歴史問題

第1次教科書問題　「日本の過去の戦争や植民地支配をどう認識し,その責任の所在をどう認識するのか」という問題は,それ以前からも日本国内で争点になっていたが,80年代にはそれが国際問題として争点化することになった。最初の契機は,二度にわたる教科書問題だった。

「第1次教科書問題」は,1982年6月26日付の日本の各新聞が,文部省による高校教科書の検定において,日中戦争の記述で「侵略」を「進出」に,朝鮮の「三・一独立運動」を「暴動」に書き直させていたと報じたことが契機となった。実際は,82年の検定ではそうした事実はなく,新聞社の「誤報」であった。しかし,日本国内では長らく,「家永教科書裁判」などを通して,政府が戦前の日本の侵略の責任を曖昧にするような検定を行ってきたと批判がなされており,この件も同じ文脈の問題として受け止められた(木村,2014)。さらに,中国の7月20日付『人民日報』は,日本の教科書検定批判を掲載して対日批判を展開し,それが韓国にも飛び火した。韓国の新聞は,多くの紙面を割いて,日本の歴史教科書や日本の政治家の歴史観を批判し,国民の「反日感情の高まり」も報道された。

韓国政府も，日本政府に抗議と是正要求を行った。先に述べたように，この時期は成立したばかりの全斗煥政権と鈴木政権の間で「安保がらみの経済協力」をめぐって交渉がなされていたが，その不協和音を歴史問題が増幅させた。

鈴木内閣は，82年8月に宮沢喜一官房長官談話という形で「我が国の行為が韓国・中国を含むアジアの国々に多大の苦痛と損害を与えたことを深く自覚する」との政府の統一見解を明らかにし，問題を収拾した。さらに，同年11月，歴史教科書検定基準の一つに，「近隣アジア諸国との間の近現代の歴史的事象の扱いに国際理解と国際協調の見地から必要な配慮がなされていること」と規定した「近隣諸国条項」を設け，問題の再発を防止しようとした。ちょうどこの時期，首相が中曽根に交代し，全斗煥大統領との間で日韓関係を再構築した。その結果，激しい反日報道は収束したが，それ以降，日本の検定済教科書が過去の歴史をどう記述しているかに，韓国や中国の注目が集まるようになった。つまり，発端となった日本の新聞報道は事実を誤認していたが，この問題は「政府による書き換え強要」の有無という次元を超えて国際問題化した。検定済教科書に示される「日本政府が公認した歴史認識」が，韓国や中国から問われる契機となったのである。

第2次教科書問題　1986年には，自主憲法制定などを目標にする「日本を守る国民会議」が編集した『新編日本史』をめぐって「第2次教科書問題」が発生した。この書籍は，過去の戦争を「東亜解放」のためとするなど，侵略性を否定する記述が目立っていたが，一部の手直しを条件に教科書検定調査審議会で合格とされた。それが『朝日新聞』によって報道され，中韓両国，特に韓国の強い反発を招き，前述の「近隣諸国条項」に違反すると批判された。中曽根首相はこうした批判を考慮して，中韓からの要求に「十分配慮を」するよう，「超法規的」な修正を文

部省に指示した。文部省は，すでに合格させていた内容に修正要求を加え，数回のやりとりを経て，最終的に合格させた。

さらに閣僚の発言も問題になった。教科書問題が争点化する中，文相の藤尾正行が，9月に発売された『文藝春秋』10月号で自らの歴史認識を開陳し，日韓併合（1910年）について「形式的にも事実の上でも，両国の合意の上に成立している」「韓国側にもやはり幾らかの責任なり，考えるべき点はある」と述べたことに，韓国が激しく反発した。中曽根首相は，藤尾に発言の撤回を求めたが応じなかったため，文相を更迭した。86年9月16日の衆議院本会議でも，中曽根首相は，「やはり侵略的事実は否定することはできない」と述べた。

このように，「教科書問題」に対処する過程で，日本政府は自らの戦争責任や植民地支配の責任を，近隣のアジア諸国に対してはっきりと認める姿勢をとることになった。吉田裕はこの変化を，日本政府が「戦争責任に対するダブルスタンダード」の修正を余儀なくされたと指摘した。それまで日本政府は，対外的には東京裁判の判決を受諾して最低限の戦争責任を認めながら，国内向けには，戦争の侵略性や加害性を曖昧にして，戦争責任の問題を回避する姿勢を示していた。しかし，80年代の教科書問題で，こうしたダブル・スタンダード（二重基準）の国内向け論理が，国際社会，特にアジアとの関係において通用しないことが明らかになった（吉田，1995）。こうして，日本政府は，戦争および植民地支配の責任を，アジアとの関係でとらえざるをえなくなったのである。

このような変化は，首相の靖国神社参拝問題をめぐる対応にも現れている。1985年8月の終戦記念日，中曽根首相は戦後の首相として初めて「内閣総理大臣」の資格で公式参拝を行った。それに対して，国内のみならず，中国を中心に近隣諸国から批判が高まった。公式参拝に即刻反発した中国政府とは対照的に，韓国政府は比較的

沈黙を守ったが，10月末になって，韓国の国民感情を背景に，李
源 京(ウォンギョン)外相が「近隣諸国の望ましくない対日感情を，不必要に引き
起こすことのないよう，慎重に対処」することを求めた。中曽根政
権はこれらの批判に対して，「近隣諸国の国民感情への配慮」を強
調した。翌年の8月には，中曽根内閣の後藤田正晴(ごとうだまさはる)官房長官が談話
を発表し，「昨年に実施した公式参拝は，過去における我が国の行
為により多大の苦痛と損害を蒙った近隣諸国の国民の間に，そのよ
うな我が国の行為に責任を有するA級戦犯に対して礼拝したので
はないかとの批判を生」んだとし，「国際関係を重視し，近隣諸国
の国民感情にも適切に配慮しなければならない」と，首相の公式参
拝を見送ることを明らかにした。

> 市民社会からの
> 問いかけ

歴史問題の国際化の背景に，両国社会の変
化が作用している。

第1に，第1次教科書問題の契機は日本
の新聞記事であり，日本国内向けの記事が韓国や中国で報道され，
それが日本批判の根拠になったという点が注目される。日本国内で
はそれまでにも戦争や植民地支配の責任に関する論争はあったが，
国内での議論がそのまま外国で報道されて，国際問題化するという
ことはなかった。しかし，このときは，国内向けの新聞や雑誌の記
事が外国に伝わって大きな反発を招き，その反応がブーメランのよ
うに戻ってきて，日本国内で再び政治問題として争点化した。こう
した状況は，その後の韓国民主化によるメディア規制の自由化やイ
ンターネットの登場によってさらに加速するが，教科書問題の情報
の伝播は，その端緒といえる。

第2に，教科書問題は，日本社会において戦争・植民地支配の責
任問題を，アジアからの視点で考える契機となった点が重要である。
吉田裕が指摘したように，ベトナム戦争などを契機に，日本でも過
去の戦争の侵略性や加害性を直視しようとする問題意識が拡大して

いたが，それはあくまで日本国内のみでの議論で，日本の過去の歴史や現在の歴史認識が国外からどう見られているのかという「国際的な問題意識」が希薄であった。それに衝撃を与えたのが，1980年代の「教科書問題」だったといえるだろう。

第3に，日韓両国政府の外交交渉で，歴史問題を統制できなくなる状況が現れてきた点が注目に値する。両国の国民が，政府間での問題解決に不信や批判を表明するようになったのである。これは，90年代以降に顕在化していく動きの嚆矢である。

第1次教科書問題の際，全斗煥政権は，ナショナリズムを動員して体制を固めようとしたが，日本政府との妥協が成立すると，「日韓新時代」を唱えて反共・保守政権間での協調をめざした。しかし，反共の立場で韓国を支持している日本の保守政治家は，「藤尾発言」のように韓国を必ずしも尊重していない歴史認識を示して，韓国民の不信を招いた。民主化を要求する学生運動は，歴史問題に関しても，独裁政権が自らの体制維持のため，過去の侵略を正当化する日本の保守政権と妥協していると批判した。他方で，日本の国内にも自国の歴史を批判的にとらえる人々が存在することが，韓国でも認識されるようになった。

日本では，過去の加害への反省とともに，被害に対する戦後補償という問題が提起された。韓国の民主化や市民社会の活性化が注目されるに伴い，戦後日本は，植民地支配の被害者への補償を十分に行ったのかという視点が強くなった。他方で，自国の過去の歴史を否定的にとらえることへの反発も顕在化し，「日本を守る国民会議」のような動きも活発になった。日本政府に対して，左からのみならず，右からの批判も顕在化したのである。

こうして，歴史問題と同時に，戦後の冷戦構造の中で日韓政府間によって解決されてきた「戦後処理」問題が，1980年代になって大きな政治問題となった。その背景には，韓国の民主化があり，も

う一方には、日本が経済大国化を経て「国際社会との関係」を模索し始めたことがあった。それまで「国内の論理」だけで済ませてきたことが、国際的な評価にさらされるようになった。こうして、国家間の問題解決に対する市民社会からの異議申し立ての萌芽が見られ、日韓関係も、相互の社会からの問題提起に影響を受けるようになった。

在日韓国・朝鮮人の指紋押捺問題　日本の国際化を背景にして、1980年代には、日韓関係の狭間でおきざりにされてきたもう一つの問題が、争点として浮上した。それは在日韓国・朝鮮人の法的地位問題である。

　在日韓国・朝鮮人の問題は、日本の植民地支配および戦後処理の問題と密接にかかわっていた。1952年のサンフランシスコ平和条約の発効に伴い、日本政府は、旧植民地出身者とその子孫を、本人に国籍選択の機会を与えることなく、「一律に日本国籍を喪失するもの」とした。その結果、彼らは日本国憲法が保障する権利を享受できる「国民」ではなく、「外国人登録法」によって登録を義務づけられる外国人となった。65年の日韓基本条約締結に伴う法的地位協定によって、韓国籍をもつ申請者とその二世までが25年の在留を認められることになった。しかし、それによって在留資格の違いによる待遇差などが問題になった。さらに、在日韓国・朝鮮人は永住できても、年金、生活保護、公営住宅入居、児童手当の対象などからは「国籍」がないために排除されていた。

　1980年代になると、国際条約の批准を契機に、日本政府はこうした状況への対応を余儀なくされた。日本は、79年に国際人権規約を批准し、81年には難民条約を批准したが、それに伴い、社会保障における外国人差別などの問題を解消するための国内法改正が必要になった。児童手当法と国民年金法から「国籍条項」を撤廃する（82年）など、定住外国人の社会保障について改善を進めた。ま

た,国際的な女子差別撤廃条約の論議に影響を受け,84年に国籍法を改正し,父親が日本人の場合にのみ日本国籍を認めていたのを改め,父母のいずれかが日本人であれば日本国籍を認めるように変更した。さらにこの時期,定住外国人の基本的人権問題として注目をあびたのは,80年代に展開された「指紋押捺拒否運動」であった。

当時の「外国人登録法」は,1年以上在留する14歳以上(82年に,16歳以上に改正)の外国人は,登録の際に指紋押捺を義務づけ,3年ごと(82年に,5年ごとに改正)の登録切り替えの際にも繰り返すことを規定していた。押捺に応じなければ,「1年以下の懲役若しくは禁錮又は3万円以下(82年に,20万円以下に改正)の罰金に処する」と定められていた。1980年9月,東京都新宿区役所で在日韓国人の韓宗碩(ハンジョンソク)氏が指紋押捺を拒否したのを皮切りに,拒否の流れは全国に広がり,85年の大量切り替えの年には,1万人以上が拒否もしくは留保した。起訴された指紋押捺拒否者の裁判では,むしろ被告人が指紋制度そのものを問題にして政府を告発し,その主張が広く社会に伝えられた。87年,政府は「指紋は一回限り」と変更したが,拒否者の異議申し立ては続いた。

拒否者には欧米人も含まれていたが,ほとんどが在日韓国・朝鮮人であった。彼らの問題提起は,日本と朝鮮半島の歴史に規定された在日韓国・朝鮮人の存在を,日本社会があらためて考える契機となった。在日韓国・朝鮮人が最も多く居住する大阪府の府警・外事課長が,テレビのニュースで「(指紋が)嫌なら本国に帰るか,(日本に)帰化すればいい」と述べる(85年5月)など,その主張を否定する見解を示す人々が出た。他方で,地域社会で拒否者を支援する組織が作られ,日本人が定住外国人と「共生」するコミュニティを作ろうとする動きが各地で展開されるようになった。

日本における在日韓国・朝鮮人の運動は,韓国にも大きな衝撃を

与えた。この問題は，日本社会の閉鎖性と在日「同胞」の苦難の象徴としてとらえられ，日本政府に抗議する署名運動も行われ，日韓定期閣僚会議でも懸案として取り上げられた。それと同時に，在日外国人の運動を支える日本社会の取り組みも韓国で紹介され，日本社会の多様性が知られるようになった。日本における人権概念や人権問題への取り組みの蓄積が紹介されたことは，人権概念が相対的に未熟であった韓国社会の現状を，反省的にとらえる視点が生まれる契機ともなった。

指紋押捺問題は，結局，盧泰愚大統領の訪日直前の1990年4月，日韓外相定期協議において廃止の方針が発表され，91年1月の海部俊樹首相の訪韓の際に交わされた「日韓覚書」で，2年以内の廃止が決定した。その後，92年6月の外国人登録法改正によって，永住者および特別永住者の指紋押捺制度が廃止された。

4 冷戦の終結と新たな関係の模索

国際情勢の変化と国内冷戦の溶解

1989年1月，昭和天皇の崩御によって昭和という時代は幕を閉じた。しかし，日本では，その時代の総括を国内で深く議論する間もなく，大きな国際社会の変動を体験することになった。国際レベルでの冷戦の終結である。すでに80年代後半から米ソの緊張緩和は始まっていたが，89年に，東欧の共産党政権の相次ぐ崩壊，ベルリンの壁の崩壊（11月）と続き，12月にはマルタ島での米ソ首脳会談で「冷戦の終結」宣言がなされた。こうして，戦後の国際政治を大きく規定してきた米ソ冷戦が終結を迎える中，日韓両国でも状況への対応が大きな課題となった。朝鮮半島の分断という冷戦の遺産を抱えながら，それをどう克服して東アジアにおける国際関

係を築いていくのか，その中で日韓がどのような関係を結ぶのかが重要な問題となったのである。

韓国では，国民の直接選挙を経て88年に成立した盧泰愚政権が，東アジアにおけるポスト冷戦の秩序形成を見据えて，同年7月に「民族自尊と統一繁栄のための特別宣言」（7・7特別宣言）を出した。そこでは，①北朝鮮との敵対関係の清算と相互交流の推進，②日米など韓国の友好国と北朝鮮が関係改善することに協力，③中ソなど社会主義国と韓国の関係改善の追求などの方針を提示し，朝鮮半島をめぐる国際関係の再編を主導しようとした。

国際情勢の変化に加え，1980年代を通じた韓国の国家‐社会関係の変化が，政策形成に影響を及ぼすようになった。盧泰愚政権は，全斗煥政権の権力構造を引き継いだ部分が多かったが，それまで「国家の論理」で抑えていた市民社会からの声を無視することは不可能となった。「民主化宣言」で公約した措置を具体化し，活性化した市民社会からの要求を政治に媒介する制度を整え，新たな政治体制を安定させる取り組みが必須となった。

以上のような，韓国の民主化と国際レベルの冷戦終結への流れは，日本国内の政治勢力の韓国に対する政策を変化させた。従来，日本の左派政党は，韓国を朝鮮半島における「唯一の合法政府」と認める日本政府とは対照的に，「反共独裁国家」である韓国の存在を否定し，北朝鮮との関係を重視してきた。特に社会党は，70年代以降，北朝鮮との交流を中心的に担ってきたが，80年代になると韓国の民主化勢力や野党と積極的に交流を推進し始めた。民主化前の86年には，韓国野党の招請に応じて石橋政嗣（いしばしまさし）社会党委員長の韓国訪問が企画されたものの，社会党の朝鮮半島政策に基本的な変化がないことを理由に，韓国政府は入国査証を発給しなかった。しかし，その後，韓国の民主化が進展した結果，日本の左派政党は従来の対韓政策を見直して，韓国政府の「正統性」を認める方向性を出した。

> **Column ⑫　韓国語？　朝鮮語？**
>
> 　朝鮮半島で話されている言語を,「韓国語」と呼ぶか「朝鮮語」と呼ぶかという問題は, 朝鮮半島に成立した2つの国のどちらに正統性を認めるのかという問題と関連して, 政治的な意味合いをもっていた。
>
> 　言語学などでは, 朝鮮半島で話されてきた言語に対して「朝鮮語」という名称を使うのが一般的であったが, 朝鮮半島に2つの国家が成立して, ともに朝鮮半島で唯一の正統な政府だと自らを位置づけたことで, 話は複雑になった。朝鮮民主主義人民共和国では「朝鮮語」, 大韓民国では「韓国語」という名称を使うようになったため,「朝鮮語」という呼称は, 政治的な意味を付与されることとなった。つまり,「朝鮮語」という名称を使用すると, 韓国ではなく北朝鮮での呼称を採用することになり, 後者を正統とする立場と受け取られる可能性が生じたのである。他方で, 言葉は, 2つの国家が成立する以前から朝鮮半島で話されてきた言葉なのだから,「韓国語」と呼んでも問題が生じる。さらに, 日本国内にも, 2つの国家のどちらに正統性を認めるのかをめぐって対立する政治勢力が存在していたため, どちらを選択しても問題が生じかねない。1984年に開始されたNHKの語学番組「アンニョンハシムニカ——ハングル講座」というタイトルは, どちらかを選択することを回避した

まず共産党が, 88年9月に「韓国政府を認める」方針を表明し, 韓国政府も, その直後のオリンピックに際して, 超党派訪韓団の社会党や共産党議員に入国査証を発給した。89年, 社会党は, 同党所属議員が日韓議員連盟（日韓議連）に個人加入することを容認し, 同年12月には山口鶴男書記長を団長とする初の公式訪問代表団が韓国を訪問した。それに際して同党は,「大韓民国が国家として存在していることを認識」「日韓基本条約の維持」を表明した。

　他方, 盧泰愚政権は, 東欧諸国やソ連との国交樹立や北朝鮮との関係改善を模索し, 日本の左派政党に対しても寛容な姿勢を示すようになった。民主化以前は「反韓派」「国家転覆運動への支援者」

✦✦✦✦✦✦✦✦✦✦✦✦✦✦✦✦✦✦✦✦✦✦✦✦✦✦✦✦

苦肉の策であったといえるだろう。

　大学では，1960～70年代に大阪外国語大学（当時）や東京外国語大学で，朝鮮語学科（専攻）が設置されたように，言語の使用と同様に「朝鮮語」という名称が使われ，1980年代になると一般教養（語学）の自由選択科目で「朝鮮語」を開講する大学も増えた。87年に開学した神田外語大学で「韓国語学科」が設置されたのは，当時ではまだめずらしかった。しかし，その後，韓国との交流が急速に拡大し，実際に習って使用するのは韓国で使われている言葉だということもあり，「韓国語」という名称が使われる場面が増えてきた。韓国政府が認定する「韓国語能力試験」が，日本でも資格試験として普及したことも一因であろう。こうした変化を反映して，2002年に大学入試センター試験に「韓国語」が導入されるなど，近年追加された入試科目は「韓国語」であるが，入学後の授業科目名は昔の「朝鮮語」のままという大学もある。北か南かの選択を迫るような問題を回避して，「コリア語」という名称が使われることもある。

　たかが名称と侮(あなど)るなかれ。韓国語か朝鮮語かという問題にも，国際関係や政治が反映してきたのである。

✦✦✦✦✦✦✦✦✦✦✦✦✦✦✦✦✦✦✦✦✦✦✦✦✦✦✦✦

とみなされて入国を制限されていた人々が，民主化した韓国を訪問し，人々と幅広く交流することも可能になった。

過渡期としての1980年代

　1980年代は，韓国における軍の政治介入と民主化の挫折，新冷戦下での日韓新時代の幕開けという形で始まったが，10年の間に，韓国では民主化が実現し，国際レベルの冷戦は終結した。こうした中で日韓関係は，両国政府が関係を統制できた状態から，市民社会の交流の進展が両国の関係に影響を与える状態へと変化し始めた。韓国が大きな政治変動を経験した一方，日本の内政も1980年代末から流動期を迎えた。中曽根政権を継いで87年11月に発足

した竹下登政権は、リクルート事件への関与疑惑で内閣総辞職に追い込まれ（89年），後任の宇野宗佑首相はスキャンダル発覚で，65日で辞職した。長年安定してきた自民党政権が，動揺を始めたのである。両国の国内政治が変化する中，冷戦後のアジアにおいて日韓関係をどう構築するのかという問題は，90年代に持ち越された。このように80年代は，国際レベルの冷戦が終結へと向かい，政府主導の日韓関係が変化し始める過渡期だったといえるだろう。

　この過渡期に，日韓両国の対話のチャンネルが多様化したことは，注目に値する。先に述べたように，70年代の政治リーダー間の太いパイプは，朴正煕大統領暗殺以降の政変で断ち切られ，80年代初頭に新たに結び直された。そしてその後，政治リーダー個人間の関係に依存しない組織的な対話の場が，少しずつ制度化されていった。67年から開催されていた日韓定期閣僚会議は70年代末の韓国の政変で中断されたが，81年に再開されて以降，毎年開催されるようになった。84年に日韓高級事務レベル協議（年1回），86年に日韓外相定期協議（年1回）が創設され，政府レベルの定期的な会談が制度化されるとともに，定期的なチャンネル以外の高位会談も，とりわけ民主化以降に増加した（チャ，2003）。政府関係の補完という役割の強かった議員の交流は，民主化による韓国野党の成長と日本の左派政党の方針転換によって，多様化していった。88年には，竹下－盧泰愚首脳会談を契機に，日韓の学識経験者が両国の歴史，安全保障，経済，文化交流のあり方について話し合う「日韓21世紀委員会」が創設され，定期的に民間フォーラムによる対話が行われるようになった。さらに，3節で述べたように市民レベルの交流が進展し，過去には政治・経済エリート間に限られていたネットワークが，社会全体に裾野を拡げていった。

　1980年代末の冷戦の終結と国家－社会関係の変化を経て，90年代になると，朝鮮半島の冷戦構造にどう対処するのか，日韓の市民

社会からの「異議申し立て」にどう対処するのか,という問題が,大きな争点となってくる。このような問題を日韓両国が協力してどう解決していくのか。80年代に増加し多様化し始めた対話チャンネルの内実は,90年代になって問われることになる。

●引用・参考文献●

五十嵐武士,2010年『グローバル化とアメリカの覇権』岩波書店。

磯崎典世,2015年a「市民社会が組み立てる安全保障――東アジアの『現実』と日韓市民社会の取り組みを中心に」。

磯崎典世,2015年b「日韓市民社会における相互認識」磯崎典世・李鍾久編『日韓関係史 1965-2015 Ⅲ 社会・文化』東京大学出版会。

奥田聡,2015年「日韓貿易関係の発展」安倍誠・金都亨編『日韓関係史 1965-2015 Ⅱ 経済』東京大学出版会。

木村幹,2014年『日韓歴史認識問題とは何か――歴史教科書・「慰安婦」・ポピュリズム』ミネルヴァ書房。

関川夏央,1984年『ソウルの練習問題 異文化への透視ノート』情報センター出版局。

瀬島龍三,1995年『瀬島龍三回想録 幾山河』扶桑社。

田中宏,1995年『在日外国人――法の壁,心の溝〔新版〕』岩波新書。

谷野作太郎/服部龍二ほか編,2015年『外交証言録 アジア外交――回顧と考察』岩波書店。

池明観(チミョンヴァン),1999年「韓国のマスコミを通して見た日韓関係史――『東亜日報』に現れた対日イメージを中心に」『日韓関係史研究――1965年体制から2002年体制へ』新教出版社。

池明観,2003年「国際共同プロジェクトとしての『韓国からの通信』」『世界』718号。

チャ,ヴィクター,D/船橋洋一監訳,倉田秀也訳,2003年『米日韓 反目を超えた提携』有斐閣。

趙世暎(チョセヨン)/姜喜代(カンヒデ)訳,2015年『日韓外交史――対立と協力の50年』平凡社新書。

中曽根康弘,2006年「外交と安全保障,国際関係」自由民主党編『決

断！あの時私はこうした——自民党総理・総裁・官房長官が語る』中央公論事業出版。

中曽根康弘，2012年『中曽根康弘が語る戦後日本外交』新潮社。

長谷川和年／瀬川高央ほか編，2014年『首相秘書官が語る中曽根外交の舞台裏——米・中・韓との相互信頼はいかに構築されたか』朝日新聞出版。

服部龍二，2015年a『外交ドキュメント 歴史認識』岩波新書。

服部龍二，2015年b『中曽根康弘——「大統領的首相」の軌跡』中公新書。

「ひとさし指の自由」編集委員会，1984年『ひとさし指の自由——外国人登録法・指紋押捺拒否を闘う』社会評論社。

松本厚治，1986年『日韓経済摩擦——韓国エコノミストとの論争』東洋経済新報社。

山口誠，2016年「『地球の歩き方』創刊メンバー——日本型海外旅行の精神」杉田敦編『(ひとびとの精神史7) 終焉する昭和——1980年代』岩波書店。

梁 官洙（ヤングァンス），1994年『韓国民族民主運動の軌跡 1980〜1992』柘植書房。

吉田光男，1999年「変わる朝鮮認識——朝鮮史研究者のジレンマ」『大航海』30号。

吉田裕，1995年『日本人の戦争観——戦後史のなかの変容』岩波書店。

和田春樹・梶村秀樹，1986年『韓国の民衆運動——新しい生き方を求めて』勁草書房。

渡辺利夫，1982年『現代韓国経済分析——開発経済学と現代アジア』勁草書房。

第5章 脱冷戦期の協力の模索と課題の噴出

●1990年代

○ 日韓首脳会談。小渕恵三首相(左)と金大中大統領(1998年10月8日,東京。写真提供:時事)。「日韓パートナーシップ宣言」を発表して,懸案の解決と日韓関係の前進を図った。

　1990年代になり,北朝鮮核問題など周辺情勢が緊迫したが,日韓両国とも,国内政治が流動化して外交課題への対処は遅れた。韓国の民主化に伴い,日韓政府間で決着済みとされた過去の問題に対する異議申し立てがなされ,両国の市民社会も巻き込んで政治争点化した。98年の日韓パートナーシップ宣言で,歴史問題に終止符を打ち,協力して諸課題に取り組む方針を打ち出したが,その実現は21世紀に持ち越された。

1 冷戦秩序の崩壊と国内政治の流動化

流動化する日韓の国内政治

1991年12月のソ連邦の解体は,「冷戦の終結」を決定づける象徴的な出来事であった。朝鮮戦争後の東アジア国際関係は, ある意味で, 構造化した対立が「冷戦期の秩序」として作用していた。しかし, この時期, 冷戦期の秩序が揺らいで新たな問題が発生し, さらに, 冷戦期には封印されていた古い問題が顕在化した。朝鮮半島をめぐる対立構造の変化と北朝鮮の核開発問題は前者であり, 日韓の歴史問題は後者である。国際情勢が不安定化する一方, 日韓両国の国内では, それまで比較的「強固」だった政治システムが動揺を始め, 問題への対応がいっそう困難になった。

まず1990年代の日本政治を見てみよう。89年に辞任した宇野宗佑首相の後, 海部俊樹・宮沢喜一を首相とする自民党政権が続いたが, 政治腐敗やバブル経済崩壊の衝撃などが続き, 自民党への支持は低下した。93年6月, 宮沢政権への内閣不信任案可決, 衆議院の解散総選挙に至り, その過程で自民党からの離党, 新党結成が続いた。選挙の結果, 7政党が連合して細川護煕・日本新党党首を首相とする「非自民」内閣が成立し(8月), 自民党は初めて野党となった。しかし, 細川首相は8カ月で辞任を表明し, 後継の新生党・羽田孜の内閣はわずか64日で辞任するなど, 非自民政権は安定しなかった。

1994年6月, 戦後の保革対立の中心であった自民党と社会党が, 新党さきがけを加えて連立し, 社会党の村山富市を首相とする内閣が成立するに至った。これに伴って社会党は, 従来の政策を大きく転換し, 日米安保体制の堅持, 自衛隊の合憲などを表明し, 国内の

保革対立軸は揺らぎ始めた。村山内閣の下で「戦後50年」の節目を迎えた後、90年代後半には自民党主導の政権が復活し、橋本龍太郎、小渕恵三が首相に就任したが、首相の在任期間は短く、政党再編は続いた。97年のアジア通貨危機は日本に直接波及しなかったが、図5-1に見られるように、90年代前半のバブル経済崩壊後の不況から経済は長期的に低迷し、90年代全般が「失われた10年」と称された。95年には阪神・淡路大震災やオウム真理教による地下鉄サリン事件が起こるなど、社会に大きな衝撃を与える出来事が続き、社会不安と危機に対応できない政治への不信につながった。

他方、韓国では、1987年に改正された憲法によって大統領の任期は5年1期のみとなり、定期的な選挙が国内政治に大きな影響を与えるようになった。民主制の下で権力の獲得・維持をめざす勢力が政治抗争を繰り返す中、民主化前のようなトップダウンの統治が困難になり、政府の対外政策が国内政治に左右される局面が増えた。

盧泰愚政権下の1990年、与野党の三党が合同して民主自由党を創党した。かつて民主化運動のリーダーだった金泳三は、党首を務める野党を率いて民主自由党に合流し、92年12月には与党候補として大統領に当選した。こうして30余年ぶりに「非軍人」の政権が誕生したが、金泳三大統領は党への統制力が弱く、権力基盤を国民の支持に求めて世論を重視した統治に傾斜し、外交政策が国内政治や世論に左右される現象も表れた。任期末期の97年にはアジア通貨危機が韓国に波及し、国際通貨基金（IMF）の緊急融資を要請するまで経済状況が悪化した。同年12月の大統領選挙では、野党候補の金大中が旧来の政治からの転換を訴えて大統領に当選し、選挙による初の与野党交代が実現したが、新政権はかつてない経済危機の中で出発した（図5-1参照）。

このように、1990年代になると、日韓両国ともに国内政治が大

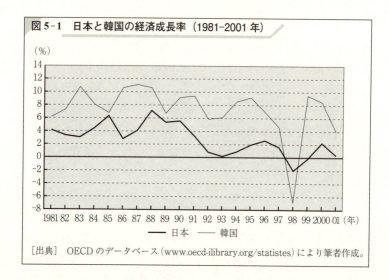

図5-1 日本と韓国の経済成長率（1981-2001年）

[出典] OECDのデータベース（www.oecd-ilibrary.org/statistes）により筆者作成。

きく変動し，外交政策も国内政治の流動化に左右されることとなった。長期政権下で日韓両国政府間の政治決着を可能にしたような政界をつなぐ人的ネットワークは，この時期，徐々に機能を失っていたが，2000年代以降に比べると，まだネットワークは機能していた。民主化後，金鍾泌（キムジョンピル）・金泳三・金大中など70年代の有力政治家たちが，政治リーダーとして復活して政権を担うようになり，彼らへの旧来の人的ネットワークが日韓政界の権力中枢をつなぐパイプとして機能したのである。しかし，90年代を通じて，復活した政治リーダー個人との関係に依存し，日韓間の新たなネットワーク構築を疎か（おろそ）にしたことが，「ポスト三金」となる2000年代以降の政治領域における調整機能の低下につながっていく。

| 朝鮮半島のポスト冷戦に向けた日韓の取り組み |

次に，冷戦後の東アジア情勢を検討してみよう。朝鮮半島をめぐる国際関係はどのように変化し，その中で日韓両国はどのように対応したのだろうか。

冷戦の遺産である朝鮮半島の分断状況に，まず積極的に対応したのは韓国であった。国民の直接選挙を経て成立した盧泰愚政権は，新たな方針を掲げて外交活動を展開した。

　1988年7月7日，盧泰愚大統領は「民族自尊と統一繁栄のための特別宣言（7・7宣言）」を発表し，平和的統一をめざした北朝鮮との和解・協力の方針を示した（→第4章）。その中で，韓国政府として初めて「南北のクロス承認」政策を公式に打ち出し，日米の北朝鮮承認と中ソの韓国承認によって，周辺4国が保障する下で南北の平和共存をめざすという方針を提示した。こうした政策は，冷戦期に西ドイツが行った「東方政策」に倣って，「北方政策」と呼ばれ，韓国は中ソとの国交正常化を果たした（90年に韓ソ，92年に韓中の国交樹立）。韓国政府は，それまで批判してきた日朝関係の改善に対しても，容認する方針を初めて提示した。しかし，実際は，自らは中ソと関係を改善する一方で，日米と関係を改善できない北朝鮮を孤立させ，韓国が優位な状況で新たな南北関係の構築を試みる戦略をとった。そのため，後で述べるように，韓国は日朝関係の改善を必ずしも歓迎しなかった。

　他方，韓国の7・7宣言を受けて，日本は北朝鮮との関係改善に動き出した。当時は第十八富士山丸船長・機関長の抑留問題が日朝交渉開始の障害となっていたが，懸案を解決し交渉を開始するため，自民党内の実力者である金丸信らが訪朝したのである。1990年9月，自民党の金丸と社会党の田辺誠が両党の代表団を率いて訪朝し，金日成主席と会談した後，自民党・社会党・朝鮮労働党による「日朝関係に関する三党共同宣言」を発表した。共同宣言では，日本の植民地支配と戦後の損失について謝罪と補償を行う，日朝国交樹立のための政府間交渉の開始を働きかける，などの合意を示した。日本国内では，この共同宣言が，「戦後の償い」に言及するなど，従来の日本政府の見解よりも踏み込んだ内容を含んでいたことに対

して批判も出たが，これを契機に第十八富士山丸の2人は釈放され，同年11月からの予備交渉を経て，91年から初の日朝交渉が開始された（高崎，2004）。

こうした日朝国交正常化への流れに対して，韓国政府は「南北対話の進展に比べて急速に進みすぎる」という警戒感を示した。韓国は当時，ソ連と国交正常化に合意して中国とも交渉を進める一方，金丸・田辺訪朝直前に初の南北高位級会談をソウルで行い，自ら北朝鮮との直接交渉を試みていた。中ソを取り込んで北朝鮮を孤立させ，直接交渉する戦略だったのである。そのため韓国は，日朝の関係改善を緊張緩和の側面から歓迎しながらも，それが自らの制御を超えて進み，北朝鮮に対する優位が揺らぐことを懸念した。三党共同宣言の発表後，韓国外務省は，同宣言が日韓政府間の了承事項に反するとして釈明を求め，金丸は訪韓して盧泰愚大統領に直接釈明した。盧泰愚大統領から，日朝交渉には日韓間での事前協議と合意が必要などとする原則が示され，双方で確認された（谷野，2015）。韓国の新聞には，北朝鮮に変化がない状況での日朝関係改善が，朝鮮半島情勢や韓国の立場に与える悪影響を懸念する記事や社説が掲載された。日本は，日韓の緊密な連携をもって北朝鮮と交渉することをあらためて強調し，初の日朝交渉が開始されたが，結局，核問題と拉致問題で行き詰まり，92年に決裂した。

北朝鮮の第1次核危機とジュネーヴ合意

南北間で優位に立った韓国は，北朝鮮を国際ルールに従わせる方向で政策を推進し，1991年の国連同時加盟，92年の「南北間の和解と不可侵及び交流・協力に関する合意書（南北基本合意書）」「朝鮮半島の非核化に関する共同宣言（南北非核化共同宣言）」の締結に至った。しかし，韓国主導の政策で孤立と圧迫感を深めた北朝鮮は，93年ごろから核開発問題を交渉のカードにして状況の打開を図り，「第1次核危機」といわれる緊張状態となった。

北朝鮮は，1985年に核拡散防止条約（NPT）に加盟したが，国際原子力機関（IAEA）の査察受け入れは当時も先延ばしにしていた。89年，米国の偵察衛星写真に核再処理工場と思われる施設が発見され，北朝鮮の核開発疑惑が浮上した。日韓両国からの核査察受け入れ要求に対して，北朝鮮は在韓米軍の核の脅威などを理由に難色を示した。その後，91年に米国が在韓米軍の核全面撤去を決定し，韓国の盧泰愚大統領が「核不在宣言」を出したことで，北朝鮮も核査察受け入れ拒否の理由を失い，韓国と「非核化共同宣言」を出し，IAEAの核査察を受け入れる協定を締結したのである。しかし，北朝鮮は査察方法をめぐってIAEAと対立し，93年3月にはNPT脱退を発表した。その間，日韓両国は北朝鮮と直接交渉を続けていたが，状況の悪化を防ぐことはできず，問題解決にも関与できなかった。

　最終的に第1次核危機を回避したのは，米国の外交であった。1994年6月に訪朝したカーター元大統領と金日成の会談は，10月の米朝枠組み合意（ジュネーヴ合意）として結実し，北朝鮮のNPT復帰，核開発疑惑のある黒鉛減速炉凍結を見返りに，代替となる軽水炉を米国が提供することなどが約束された。それに対して，韓国の金泳三大統領は，自らの頭越しになされた米朝の交渉に不快感を表明するなど（オーバードーファー＝カーリン，2015），対北朝鮮政策をめぐる韓米間の軋轢も見られた。さらに，米朝枠組み合意の下で北朝鮮に軽水炉を提供するための国際機関として，日米韓が加盟する朝鮮半島エネルギー開発機構（KEDO）が設立されたが，3カ国の政策は必ずしも一致しなかった。

北朝鮮をめぐる日韓関係

　このころ日韓の国内政治は転機を迎えていた。1993年2月，韓国では32年ぶりの文民政権である金泳三政権が成立し，同年8月，日本では38年ぶりの非自民党政権である細川政権が成立した。

Column ⑬ 韓国における日本産テレビアニメ

　韓国では日本大衆文化が1998年から段階的に解禁されたが，実際はそれ以前から，韓国社会に浸透していた。マンガや音楽の海賊版の流通のみならず，70年代ごろから地上波テレビで日本産テレビアニメが放映されていたのである。筆者自身，韓国に留学中，同世代の韓国人と幼少期に見ていたテレビアニメが日本のもので，さらに彼らがそれを認識していなかったことに驚いた記憶がある。日本大衆文化が禁止され，政府がメディアを統制していた朴正煕（パクチョンヒ）政権期に，なぜテレビで日本のアニメが放映されたのだろうか。以下，玄武岩（ヒョンムアン）（2014）や金成玟（キムソンムン）（2014）の研究をもとに，問題を検討する。

　韓国政府が日本の大衆文化の流入を禁止したのは，1965年の日韓国交正常化が契機であった。日本の文化侵略を警戒する批判に応え，日本と国交を開いた朴政権は，同時に日本の大衆文化との接触を禁じたのだ。しかし，日本文化流入を禁じる法令を制定したのではなく，「放送法」「映画法」などの一般法が「国民情緒を害する恐れ」「公序良俗に違背」を理由に禁止する条項を適用した。民主化前の政権は，表現・言論・思想の自由を制限して新聞・放送・映画などを検閲し，国家や社会を脅かすおそれのあるものを取り締まったが，日本の大衆文化は韓国の民族文化を毀損するとして禁止したのである。しかし，日本文化であることが曖昧（あいまい）な場合，この法的根拠の適応は難しい。無国籍性が強く現地化の加工がなされるテレビアニメは，その典型だった。

　1960年代半ば，日本のアニメ制作はすでに世界的水準にあり，国交樹立を機に両国企業が共同制作を試みた。共同で制作された『黄金バット』と『妖怪人間ベム』は，60年代末に日韓両国でほぼ同時に放映さ

金泳三大統領は，就任演説で北朝鮮との関係改善に意欲を示したが，北朝鮮が核問題をカードにして米国と直接交渉するようになると，対応は困難になった。日韓両国は，日米韓が協調して核問題に対処することを強調したが，北朝鮮への対応に日韓での温度差が見られた。危機が高潮した94年，国連で北朝鮮に対する経済制裁決議の

✦✦✦✦✦✦✦✦✦✦✦✦✦✦✦✦✦✦✦✦✦✦✦✦✦✦✦✦✦✦✦✦✦✦

れた。この 2 本が日韓共同制作だったと知って、驚く人も多いであろう。共同制作は 2 本で挫折したが、国内のテレビアニメ需要の高まりに、韓国の放送局は日本産アニメの輸入で応じた。音声を吹き替えて画面修正や登場人物の名前を変更すれば、「日本色」は消えて韓国のアニメになった。米国映画配給会社を経由した『マジンガー Z』は米国アニメとして紹介され、原産地は隠蔽（いんぺい）された。こうして日本産であることを隠してアニメは放映されたが、韓国政府も、政治的に無害な子ども向けアニメが日本産だと暴いて禁ずることはなかった。当時の韓国は著作権の国際条約に加入しておらず、著作権侵害が国際的に規制されることもなかった。こうして日本産テレビアニメは、韓国化されて放映され、韓国社会に浸透したのである。

こうした検閲による禁止と偽装による流通は、韓国社会の開放が進み情報の流通が活発になると困難になる。韓国が 1987 年に万国著作権条約に加入したことで、日本のテレビアニメの著作権が保護されるようになり、著作権法に基づく正式輸入が始まった。民主化によって検閲は廃止されて統制も緩和され、日本大衆文化流入を禁止していた制度は 80 年代末には揺らぎ始めた。その後、金泳三政権の解禁方針は日韓間の歴史問題の悪化で頓挫（とんざ）し、正式の政策転換は金大中政権期からとなった。

このように、1998 年に解禁される前から、韓国の国民が日本のものとわからない形で日本の大衆文化が浸透していた事実もある。それが解禁後も含めた韓国社会や日韓関係にどのような影響を与えてきたかという実態は、まだ十分に解明されていない。今後の日韓関係を考えるうえでも、重要な課題となるだろう。

✦✦✦✦✦✦✦✦✦✦✦✦✦✦✦✦✦✦✦✦✦✦✦✦✦✦✦✦✦✦✦✦✦✦

可能性があったが、韓国政府が最終的に「制裁やむなし」として、日本の制裁参加を期待したのに対し、日本政府は「国連での制裁が決まれば憲法の枠内で対応する」が「まず警告」だとして、強硬方針への協力を留保した。94 年 6 月のカーター訪朝で危機は回避され、国連による制裁もなくなったが、その後も日韓両国の間では、

北朝鮮への対応において微妙な軋轢が生じた。

　訪朝したカーターは，金日成から託された南北両首脳の直接会談の提案を金泳三に伝え，韓国も受諾して初の首脳会談の準備が進められたが，会談が実現する直前の1994年7月，金日成が急逝した。韓国では，北朝鮮の体制の早期崩壊，吸収統一の可能性が現実視されるようになり，金泳三政権は北朝鮮に妥協しない政策をとるようになった。他方，日本では，米朝枠組み合意で核危機が回避されたことで，凍結していた日朝国交正常化交渉を再開しようとした。95年3月，村山政権の連立与党である自民党・社会党・新党さきがけの代表団が訪朝し，「日朝会談再開のための合意書」に調印したが，日韓間で対北朝鮮政策に乖離があり，日朝交渉の実現に至らなかった。韓国側は，日朝会談再開に合意した直後に，交渉は「米朝合意，南北対話再開などと調和をとりながら推進することが必要」（孔魯明外相），「米朝，日朝関係が先走りして進めば，韓日米の三角関係にヒビを入れる」（与党・民自党総裁）として牽制した（『朝日新聞』1995年4月4日付朝刊）。また，1995年6月と10月の二度にわたり，日本が事前協議なしに北朝鮮へのコメ支援を行ったことに韓国側が反発し，日韓間に再び軋轢が生じた。95年11月に大阪で開かれたアジア太平洋経済協力（APEC）に合わせた日韓首脳会談で，日本が日韓関係を重視することを強調し，日朝関係改善は韓国との緊密な協議の下で行うことを確認して，日韓間の軋轢は解消した。結局，南北関係が緊張を高める中で，日本側は韓国を無視して日朝交渉を再開することはできなかった。

　こうした対北朝鮮政策をめぐる日韓の不協和音の背景には，同時期に顕在化した「歴史問題」への対応に関して，日韓両国の相互不信が高まったことがあった。ポスト冷戦期に北朝鮮にどう対応するかという問題と同時に，冷戦期に封印していた「歴史問題」が表面化し，日韓における争点となってきたのである。

2 「封印された問題」の争点化

● 「歴史問題」をめぐる関係

慰安婦問題の衝撃　1980年代に教科書問題が国際化したことは、日本人が過去の戦争の侵略性や植民地支配の責任について考察する契機となった。しかし、韓国から日本社会に向けられた批判は韓国政府によるものが中心で、民主化前の韓国社会から、被害者の声が日本社会に届くことはほとんどなかった。その状況は1990年代になって大きく変わる。それは第1に、韓国の民主化によって、それまで抑圧されてきた「植民地支配による被害者」の声が表面化し、日本政府の責任を問うかたちで提起されたことである。日韓両政府間では、1965年の「日韓請求権並びに経済協力協定」において個人請求権も含めて解決済みとされたが、韓国では非民主的な政治体制の下で、妥結内容は国民に説明もされず、被害者が声を上げるのも困難であった。それが民主化によって、状況が変わったのである。第2に、民主化後の韓国政府はこうした社会からの問題提起を無視できなくなり、世論の動向が日韓関係に影響を与えるようになった。その中でも両国に大きな衝撃を与えたのが慰安婦問題であった。

1991年夏、金学順(キムハクスン)氏が日本軍の慰安婦であったことを公表して日本の責任を告発し、12月に他の匿名の被害者とともに、日本政府を相手に補償請求の裁判を起こした。

元慰安婦の提訴を受けた日本政府は、国としての関与を否定する国会答弁をしていたが、1992年1月、吉見義明(よしみよしあき)の調査により、旧日本軍が慰安所設置や慰安婦の募集を監督・統制していた資料が防衛庁図書館で発見された(吉見, 1995)。当時の自民党・宮沢首相は、1月16日からの韓国訪問に際して、日本軍の関与を認めて公式に

謝罪し，真相究明の措置を約束した。日本政府は調査結果を2回にわたって発表し，93年8月の第2次調査結果発表に際して，河野洋平官房長官は「慰安婦関係調査結果発表に関する河野内閣官房長官談話（河野談話）」を出した。そこでは，「旧日本軍が直接あるいは間接にこれに関与」したこととともに，募集などでは「甘言，強圧による等，総じて本人たちの意思に反して行われた」として，「心からお詫びと反省の気持ちを申し上げる」とした。しかし，日本政府は，日韓における補償問題は「1965年の日韓請求権・経済協力協定で最終かつ完全に解決」「それぞれの国民の請求権を含めて解決」したという立場は堅持し，「補償に代わる措置」を約束した。この自民党・宮沢内閣による救済の約束は，後日，自社さ連立政権時の1995年7月に設立される「女性のためのアジア平和国民基金（アジア女性基金）」の活動に委ねられることとなった。

慰安婦問題が提起された過程を検討すると，当初は日本の植民地支配の責任という問題のみならず，以下のように女性の人権問題の側面が強調されていたことが確認される。

まず，この問題提起の背景には，韓国の民主化とそれに伴う人権意識の高まりがあった。韓国の女性運動は，韓国の民主化とともに大きく成長し，妓生観光や米軍基地村での売春問題，性暴力問題などに取り組んできた。1990年に，慰安婦関係の現地資料や関係者の証言を集めた取材記録が『ハンギョレ新聞』に連載されたのを機に，慰安婦問題に本格的に取り組むようになった。韓国の女性運動団体は，問題は日本の植民地支配にあると同時に，こうした性暴力の告発を抑圧してきた韓国社会の性倫理にあるととらえ，元慰安婦が訴訟を起こす前から，慰安婦問題に対する真相究明と実質的補償を日韓両国政府に要求していた。

さらに国際的には，この問題は「戦時下の女性に対する性暴力・人権蹂躙問題」としてとらえられた。日本と韓国のみならず，ア

ジア各地で慰安婦問題に取り組むネットワークが組織化され、この問題が92年ごろから国連人権委員会で取り上げられたのに伴い、普遍的な人権蹂躙問題として国際社会で扱われるようになったのである。

しかしながら、日韓両国においては、戦後50年に当たる1995年を前後して歴史認識問題が政治争点化し、慰安婦問題も歴史問題の文脈でとらえられる傾向が強まっていく。この時期、日韓両国で、なぜ、どのように歴史問題が政治争点化したのかを検討する。

日本の歴史政策

1990年代になると、日本政府は過去に対する反省と謝罪を明確に示すようになった。慰安婦問題に関しては、先に述べたように、92年の宮沢首相訪韓時の発言や93年の河野談話を通じて謝罪したが、続く非自民政権は過去の歴史全般に対する謝罪を述べた。

1993年8月、細川首相は、就任後最初の所信表明演説で、「過去の我が国の侵略行為や植民地支配などが多くの人々に耐え難い苦しみと悲しみをもたらしたことに改めて深い反省とおわびの気持ちを申し述べる」と発言した。細川は、同年11月6日の金泳三大統領との日韓首脳会談の席上でも、「加害者として心から反省し、深く陳謝したい」と述べて植民地支配の責任を認めた。これは、韓国のメディアでも大きく取り上げられ、好意的に報道された。

日本社会でも、過去の戦争の「侵略性」を認めて謝罪した首相の発言は、一定の評価を得た。1993年11月の世論調査では、細川首相の所信表明演説を「評価する」76％、「評価しない」15％、「その他・無回答」9％となり、戦後補償問題に関しては、「事柄によって応じるべき」51％、「応じる必要はない」37％、「その他・無回答」12％という結果が出た(『朝日新聞』1993年11月13日付朝刊)。この問題に関して、吉田裕は、過去に対する日本人の反省意識の高まりに注目しながらも、94年のNHK(日本放送協会)の調査結果では、

「侵略戦争だった」とする認識と「やむを得ない戦争だった」とする認識が共存しているとし，やむをえなかった戦争の「結果」に対して「謝罪」するが，戦争を起こした「責任」を認めることには消極的だと分析している（吉田，1995）。

他方で，過去の日本の行為を否定的にとらえることに対する反発も激しく，日本国内の歴史認識の違いは，国会の「不戦決議」をめぐる攻防で表面化した。

1994年6月の村山内閣発足に先立ち，自社さの与党3党は，「戦後50年を契機に，過去の戦争を反省し，未来の平和への決意を表明する決議の採択」で合意していた。しかしながら，決議内容をめぐって社会党は，侵略行為と植民地支配を反省してアジア諸国に謝罪して不戦を誓うという内容を主張し，自民党は，戦没者の努力と名誉を汚すことに反対を示し，戦没者への追悼・感謝と平和への決意に重点を置くべきだと主張して対立した。95年6月初めに与党3党でまとめられた「歴史を教訓に平和への決意を新たにする決議」案は，「戦没者の追悼」を冒頭に掲げ，「世界の近代史上における数々の植民地支配や侵略的行為に思いをいたし，我が国が過去に行ったこうした行為や他国民とくにアジアの諸国民に与えた苦痛を認識し，深い反省の念を表明する」と述べた妥協の産物であった。しかし，侵略を認めた反省の表明への批判と謝罪がないことへの批判の双方が残り，6月9日の衆議院本会議には，最大野党の新進党のみならず，与党からも欠席者が出た。衆議院では議員の過半数に満たない230人の賛成で成立したが，抵抗の強かった参議院への提出は見送られた。決議直前の6月3日，自民党の渡辺美智雄元副総理・外相が，「日本は韓国を統治していたが，植民地支配ではない」「日韓併合条約は円満に結ばれた」と発言し，保守政治家の歴史認識が物議を醸すことにもなった。韓国のメディアは，国会決議をめぐる対立で表明された「過去を肯定する歴史認識」を大きく取り上

げ、日本の保守層の歴史認識を批判すると同時に、日本国内の歴史認識をめぐる対立を伝えた。

社会党がめざした内容の国会決議が挫折したことで、当時の村山首相の周辺では、過去の戦争や植民地支配に対する責任に言及した談話の発表に取り組み、連立内閣の閣議決定を経て、総理大臣談話として発表された。1995年8月15日に出された村山内閣総理大臣談話「戦後50周年の終戦記念日にあたって」(いわゆる村山談話)では、「わが国は、遠くない過去の一時期、国策を誤り、戦争への道を歩んで国民を存亡の危機に陥れ、植民地支配と侵略によって、多くの国々、とりわけアジア諸国の人々に対して多大の損害と苦痛を与えました。私は、〔中略〕痛切な反省の意を表し、心からのお詫びの気持ちを表明いたします」という文面が入れられた。この談話は、過去の反省の上に立って過ちを繰り返さず、近隣諸国との間に深い理解と信頼にもとづいた関係を培うことの重要性を強調し、政府として推進する事業について述べており、米国、イギリス、中国、韓国の政府には、それぞれの言語に翻訳して送付された。

しかし韓国においては、この談話が必ずしも日本政府の歴史認識の評価、日韓の歴史問題の沈静化にはつながらなかった。その事情を韓国側の文脈から検討してみよう。

金泳三政府の「歴史の建て直し」政策

1993年に成立した金泳三政権は、自ら「文民政権」と名乗り、軍事政権を含む過去の歴史を正しく認識するための「歴史建て直し」作業を進めた。これは、脱植民地作業を自ら十分に行わないまま、朝鮮戦争、冷戦の最前線で北朝鮮との対峙、軍事政権という経験を経てきた歴史の評価を見直し、「正しく建て直す」政策であった。民主化の進展に伴って過去の責任を追及する社会からの要求が高まり、歴史の再評価も、非民主的な政権下で「合法」とされたものを問い直すまでに至った。95年には、79年に全斗煥(チョンドゥファン)・盧泰

愚が軍の実権を握った「粛軍クーデタ」や80年の光州事件の責任を問う遡及的な特別法が制定され，翌年，2人の元・前大統領は死刑と懲役22年6カ月の判決を受けた。控訴審を経た97年4月の大法院判決で，それぞれ無期懲役と懲役17年が確定した（97年12月に赦免）が，「日韓新時代」を築いた元大統領らへの厳しい対応は，日本でも衝撃をもって受けとめられた。当初，韓国政府はそれほどまでの処置を考えていなかったが，被害者家族を含む市民運動の高まりに，元・前大統領の「成功したクーデタ」が裁かれるに至った（Kim, 2000）。先に述べたように，金泳三大統領は，全斗煥・盧泰愚が率いた旧体制からの与党に合流して大統領となったため，当初は与党を統制する力も弱く，権力を国民の支持に依存していたために「国民の声」を重視した。こうして，世論の噴出を背景にした「歴史の建て直し」方針の下で，大規模な歴史の再評価が行われたのである。

この作業の中で重要課題と位置づけられたのが，独立運動精神の継承・発展であった。金泳三政権は，大韓民国樹立後も朝鮮戦争などで混乱が続き，1961年の軍事クーデタの後は，独立運動精神の継承・発展が不十分だったとみなし，「文民政府は大韓民国臨時政府（1919年に上海で建国された亡命政府）の正統性を継承する」ことを強調し，独立有功者の発掘・褒賞を推進した。大統領は93年8月に，「民族自尊心と民族精気回復のために，旧朝鮮総督府の建物を速やかに解体し，5千年の文化（を持つ）民族としての矜持にふさわしい国立中央博物館を，国策事業として建立する」と提起し，多くの調整作業を経て，95年8月15日の光復（植民地からの解放のこと）50周年行事の際に中央塔の先端を除去したことを手始めに，旧総督府の建物の本格的な撤去作業に入った。こうした作業を，政府は，自分たちの意識の中に残っている「歴史の残滓」から解放されることだと位置づけ，「歴史の清算」に着手しようとした（『変化

と改革——金泳三政府国政5年資料集 1 政治／外交／統一／国防』)。

　金泳三政権は，当初，国内的に過去の負の遺産を清算し，不当な扱いを受けた人々の権利を回復して，支持基盤を固めようとしたが，非民主的な政権に弾圧された人々の権利回復や独立有功者の再評価に伴って，過去の政権が十分に補償してこなかった植民地被害者からの異議申し立てが増大した。時を同じくして，日本国内の歴史認識をめぐる政治対立の中，植民地支配の責任を否定する日本の政治家の発言が伝えられ，そうした「妄言」に対する批判が韓国社会で高まった。その過程で，「過去の歴史を正しく定立する」という政府の方針は，誤った日本の歴史観を是正することにも向けられるようになった。発足当初の金泳三政権は，当時の細川首相による「加害者としての謝罪」に応じ，過去の問題から脱却して新たな対日外交を展開する方針を示していたが，95年ごろには，対日関係においても「過去の清算」を課題として掲げるようになっていた。

　こうした過程を経て光復50周年に当たる1995年8月15日には，旧総督府中央塔撤去などが大々的に打ち出され，メディアでも大きく取り上げられた。他方，同日に発表された日本の村山首相の談話に対して，メディアの扱いは微妙であった。例えば，最大発行部数の『朝鮮日報』は，8月16日紙面の第1面で光復節のイベントを写真入りで紹介し，村山首相の談話は第2面で扱った。さらに，第5面の解説記事では，村山談話が過去よりも踏み込んで責任や謝罪を明確にした点を評価する一方で，連立政権における弱小与党・社会党の党首という村山首相の限界に言及し，この談話は「絵に描いた餅」にすぎないという批判も紹介するなど，全体として談話の意義をさほど高く評価していない。韓国政府は，「今後を見守る」という反応で，近隣諸国との信頼関係構築に尽力するという談話のメッセージは，韓国の国民に届いていない。

　さらに同年10月，参議院本会議で村山首相が「日韓併合条約は

Column ⑭　歴史認識をめぐる韓国内での対立

　日韓の歴史認識問題というと，日本と韓国の対立として扱われることが多いが，韓国人の歴史認識が一つに定まっているわけではない。韓国国内でも歴史認識をめぐる対立は存在し，21世紀になってむしろ激化している。本文で述べたように，民主化後，金泳三政権において「歴史の建て直し」が唱えられ，権威主義体制期の「公定の歴史」を見直す動きが強まった。それを契機に，人権侵害など国内の過去の歴史が再検討されていくが，その過程で，韓国が他国に対して行った加害の歴史を問い直す動きも出てきた。一例が，最近日本でも取り上げられることのある，ベトナム戦争における韓国軍の虐殺行為という問題である。

　ベトナム戦争での韓国軍の虐殺行為については，1992年に東京国際映画祭でグランプリと最優秀監督賞を受賞した『ホワイト・バッジ』（原題は하얀 전쟁〈白い戦争〉，鄭智泳監督）にも描かれ，韓国内でも関心を集め始めたが，本格的に問題が表面化したのは90年代末であった。99年5月，ベトナムの大学院に留学中の韓国人女性が，韓国軍による虐殺を生き延びた人たちにインタビュー調査を行い，ハンギョレ新聞社が発行する雑誌『ハンギョレ21』に調査結果を掲載した。内容に注目した『ハンギョレ21』はシリーズ企画に発展させ，ベトナム戦争における韓国軍の虐殺行為を検証し，ベトナムに謝罪しようと呼びかけるキャンペーンを展開した。これに対して翌年6月，キャンペーンに反発した退役軍人たちが，ハンギョレ新聞社を襲撃して破壊行為を行い，社

法的に有効に締結された」と発言し，「日韓併合条約は締結当初から無効」とする韓国政府の反発を招いた。韓国国会も，日本政府が併合条約は当初から無効であることを認めて必要な措置をとるように求める国会決議案を，満場一致で採択した。韓国側の批判と不信は高まり，歴史問題での軋轢は収まらなかったのである。

屋爆破予告をするなどの事件を起こしたため,注目はいっそう高まった。この問題のみならず,初の政権交代という変化を契機に,過去の正統かつ公定の歴史を見直して,韓国の負の歴史に向き合おうとする人々と,そのような動きを正統な栄光の歴史を汚す行為だとして批判する人々との間で,歴史認識をめぐる対立が高まった。

ベトナム研究者である伊藤正子は,韓国での問題の顕在化に触発され,自らもベトナム調査を行い,韓越両国の「戦争をめぐる記憶」に関する研究をまとめた(伊藤,2013)。同書には,虐殺被害の解明と和解をめざした韓国の新聞社・非政府組織(NGO)の活動は,韓国内の激しい対立のみならず,過去を封印して経済開発に進もうとするベトナム政府の反発も引き起こし,韓国のNGOらがめざした和解は困難だった現実も描かれている。また,そうした活動の中心となった韓国のNGOは,当初は虐殺問題の事実を知らず,交流した日本のNGOから問題に対する韓国の責任を問われ,そのときは強く反発したものの,実際に調査をして問題の所在と重要性を認識したというエピソードも紹介されている。

韓国の歴史認識というと対日批判一色でとらえられがちだが,韓国にも自国の過去の歴史を反省的にとらえる人々が存在している(日本語で読める文献として韓洪九,2005)。複眼的に韓国社会を理解し,アプローチすることが求められる。

歴史問題・領土問題の政治争点化

慰安婦問題に関して,日本政府が1993年の河野談話で示した「お詫びと反省の気持ち」を具体化したのは,村山政権に与党3党(自社さ)プロジェクトによって設計され,95年6月,戦後50年の国会決議採択直後に発足した「アジア女性基金」であった。日本政府は,国民が参加する基金を創設して,事務経費などは国庫から支出し,民間の募金によって元慰安婦に対する「償い金」を支給

するという方式で対応しようとした。「1965年の協定で，請求権に関する問題は完全かつ最終的に解決されたことが確認されており，日本政府による賠償や国家補償はできない」という原則の下で，「道義的立場から責任を果たす」ことを追求したものだった。アジア女性基金には，長年戦後補償問題に携わってきた「進歩的知識人」も，被害者を救済する現実的な方法として積極的に関与したが，日本政府の責任を曖昧にするものだという批判も強く，日本の左派勢力の評価も分かれた（大沼，2007；和田，2015）。

韓国では，「韓国挺身隊問題対策協議会」などの支援運動団体は，日本政府が法的責任を認めて謝罪と補償および責任者の処罰を行うことを求め，被害者の多くもアジア女性基金の活動に反発した。当時の金泳三政権は，93年3月に，慰安婦問題に関して日本政府に金銭的補償は求めず自らが支援措置をとるとし，8月の「河野談話」を評価して，その後は外交問題として提起しないと表明していた。アジア女性基金に対しても，金泳三政権は当初は積極的に評価したが，被害者や関係団体が強く反対したことで，否定的な評価に転じた。先に述べたように，95年は日韓両国で歴史問題が政治争点化し，慰安婦問題もその文脈に取り込まれていた。本来は，女性の人権という普遍的な側面があった問題が，韓国国内では日本政府の責任を問う側面が前面に出て，歴史問題の対立の焦点になっていった。97年1月，アジア女性基金は，受領意志を表明した韓国の元慰安婦7名に，橋本龍太郎首相の手紙を添えた「償い金」を伝達したが，運動団体は責任を認めない日本政府による「買収工作」であると反発し，基金を受領した元慰安婦も非難された。他方，日本社会では，慰安婦の存在自体を否定する主張や過去の歴史を反省して謝罪することへの批判が強まった。

また，この時期，1965年の日韓国交正常化の際には先送りにされていた竹島（独島）の領有権問題が，日韓両国で政治争点として

浮上した。契機は，94年に発効した海洋法に関する国際連合条約（国連海洋法条約）であった。この条約を締結・批准した日韓両国が，領海や排他的経済水域（EEZ）を設定する国内手続きに入った96年，双方ともこの島を自国の領土だと主張して外交問題に発展した。竹島／独島の領有権問題は，韓国にとっては「歴史問題」であった。両国の対立点の一つである「1905年の竹島日本領編入」に関して，韓国側は従来から「日清戦役以後の日本帝国主義の一連の侵略行為の一環」（韓国政府「1959年1月7日付見解」）という認識（池内, 2016）を示しており，日韓併合へと至る植民地化の過程で，島の領有権も奪われたと解釈していた。それゆえ韓国政府は，96年の日本の領有権主張に対して，過去の植民地支配と侵略行為を正当化する「妄言」だと批判する論評を発表したのである（玄大松，2006）。

この問題は，日韓両国の国内政治の影響で拡大した。韓国では，国会議員が政府の「弱腰外交」を批判し，1996年4月の総選挙においては，与野党の「非難合戦の材料」として，この問題が取り上げられた。日本でも96年の総選挙に際して，自民党が竹島や尖閣諸島の領有権を主張する選挙公約を掲げた（玄大松，2006）。

「日韓パートナーシップ宣言」における「未来志向」

歴史認識問題，慰安婦問題，竹島／独島問題という過去に起因する問題が，日韓両国のナショナリズムを刺激し，1990年代半ばには日韓両国の国民感情は悪化した。日本の総理府（現，内閣府）が78年から実施している世論調査では，韓国に対して親近感を抱いている割合が，96年に，それまでの最低を記録した。しかし，4年後の2000年の調査では，ソウル・オリンピック開催の1988年以来初めて，「親しみを感じる」が「感じない」を上回り，その後約10年間，親近感を抱く割合のほうが常に高くなった（→巻末参考資料）。このような変化は，日韓両国政府が歴史問題に区切りをつけて，新たな課題に共に取り組む姿勢を提示したことが重要な契機と

なった。98年10月に発表された「日韓共同宣言――21世紀に向けた新たな日韓パートナーシップ（日韓パートナーシップ宣言）」である。

韓国は，1997年のアジア通貨危機で大きな打撃を受け，その年末の大統領選挙では野党候補の金大中が当選した。民主化以前から継続してきた政権党が，初めて交代したのである。98年2月に発足した金大中政権は，IMFに要求された経済構造改革をはじめ，政治・経済・社会にわたる諸改革を掲げていた。日本では，橋本龍太郎内閣が98年の参議院選挙敗北の責任をとって総辞職し，7月末に小渕恵三内閣が成立していた。10月に金大中大統領が訪日した際，両首脳によって「日韓パートナーシップ宣言」が出されたのである。この宣言は，以下の点で前例のないものであった。

第1に，この共同宣言は，日本の韓国に対する公式の反省と謝罪を，初めて文書に明記した。「謝罪」や「未来志向」は，それまでも首脳の訪問時などに口頭で表明されてきたが，文書化はされていなかった。また，1995年の村山談話は，侵略戦争や植民地支配全般に対する反省と謝罪の表明で，韓国に対するものではなかった。それをこの共同宣言では，小渕首相が「痛切な反省と心からのお詫び」を述べ，金大中大統領が「小渕総理大臣の歴史認識の表明を真摯に受けとめ，これを評価」したと明記した。

第2に，この共同宣言では，韓国による戦後日本への高い評価が具体的に示された。戦後日本が民主主義と平和の原則を堅持して国際社会に貢献してきたことを，金大中大統領が高く評価していると明記し，戦後の日本を戦前とは異なることを確認したうえで，日韓関係の重要性を位置づけている。

以上のような歴史認識を公式の外交文書に初めて盛り込み，日韓両国の首脳は，「過去」の問題に大きな区切りをつける意志を示した。宣言後の記者会見で，金大中大統領は，形式においても内容の重さにおいても，この宣言は過去の謝罪とは異なると評価し，歴史

問題が一段落したという見解を示した。

歴史問題決着の背景　1998年に両国政府の公式文書というかたちで，歴史問題の決着が図られた背景には，以下のような点が考えられる。

第1に，金大中が従来から提示していた対日政策構想を，新政権による変化として打ち出した点がある。長らく野党生活をしていた金大中が，政府の政策への代替案として提示した構想が，政権獲得後に実現に移されたのである。

例えば，歴史問題で日韓関係に軋轢が生じていた1995年に，金大中が日本記者クラブで行った「国民的協力の新時代を開こう」と題した講演がある。金大中はこのとき，92年末の大統領選挙に敗れて一時政界を引退し，日本訪問中であった。この講演で金大中は，日韓関係の悪化に関連して，歴史問題に対する日本の取り組みを要望するとともに，韓国国民が過去の問題にこだわって，戦後の日本を正当に評価していないという問題点を指摘した。金大中は日本の業績を並べて，韓国国民は「戦後の日本がなしとげたさまざまな肯定的な業績に対しても正当に評価し，尊敬する度量と誠実さをもたねばならない」と述べたが，その内容は『朝鮮日報』などでも報道されていた（磯崎，2015）。ここで提示していた戦後日本に対する評価は，日韓共同宣言にも盛り込まれている。

さらに，この講演で金大中は，日本大衆文化解禁の必要性を力説していた。韓国では長らく，日本のマンガ・アニメ・映画・歌謡曲など大衆文化の流入を政策的に禁止しており，金泳三政権初期に解禁方針が出されたものの，時期尚早と判断されて1995年に至っていた。それに対して，金大中は，国民レベルの交流を促進するため，大衆文化解禁の重要性と政策転換の必要性を，日韓双方に向けて訴えた。この点も98年の共同宣言に盛り込まれ，その後，日本の大衆文化が段階的に解禁されていった（→ *Column* ⑬）。

第2に，そうした政策転換を可能にした韓国の政治状況である。韓国は97年の通貨危機を契機に，IMFの管理下に入った「朝鮮戦争に次ぐ第2の国難」に見舞われている時期であり，大統領が危機に対処するため非常時の権力を行使することができた。

　第3に，日本政府が，1990年代に積み重ねてきた政策を土台に，歴史問題の政治争点化を終わらせようとした点があるだろう。その間の歴史問題の対立が，日韓間の外交の停滞を招き，重要課題が放置されている状況を，韓国の政権交代を契機に突破しようとしたのである。

　第4に，韓国が慰安婦問題を取り上げなかった点がある。金大中大統領は訪日の際，慰安婦問題に言及せず，日韓パートナーシップ宣言にも入っていない。すでに1998年3月に，金大中政権は，慰安婦問題に関して日本政府にいかなる要求もしない，アジア女性基金を受けとらない元慰安婦に韓国政府が支援措置を行うと発表していた。国内で問題に対処し，日韓間の外交問題にはしない方針であった。10月の首脳会談でも，慰安婦問題は取り上げず，植民地支配に対する日本の反省と謝罪によって，歴史問題の決議を図ったのである（趙世暎，2015；和田，2015）。

　しかし，歴史問題の決着は必ずしもそれ自体が目的ではなく，それによって次の重要な課題に取り組むことが目的であった。日韓両国が共同で取り組んでいかなければならないと意識した課題は何だったのかを次節で検討しよう。

3 グローバル化とアジア地域協力

**地域秩序の弱体化と
アジア通貨危機の衝撃**

「日韓パートナーシップ宣言」では,歴史問題に対する展開をまとめた後,日韓両国の「均衡のとれたより高次元の協力関係」の必要性を唱えている。最初に提示されたのは,「両国のパートナーシップを,単に二国間の次元にとどまらず,アジア太平洋地域更には国際社会全体の平和と繁栄のために」進めることの重要性であった。ここで「地域」における日韓関係という点が強調された背景を検討しよう。

冷戦期の秩序が崩れた1990年代,東アジア国際関係の状況認識や対応において,2つの方向性が存在していた。一つは,伝統的なパワー・ポリティクスで状況をとらえ,軍事力に支えられる秩序の再構築をめざす方向であり,もう一つは,冷戦期とは異なる新たな地域秩序を形成しようとする方向である。後者が単なる「理想」ではなく,現実的なものとして模索されるようになったのが,この時期の特徴だったといえるだろう。90年代当時は,中国はまだ軍事・経済大国化しておらず,鄧小平(とうしょうへい)が強調した「韜光養晦(とうこうようかい)(能力を隠して内に力を蓄える)」方針の下,外交的には抑制的な対応に徹し,経済発展に注力していた。脅威は北朝鮮の核問題で,中国ではなかった。この時期,ヨーロッパでは92年のマーストリヒト条約締結で欧州連合(EU)が誕生しており,東アジアにおいても,冷戦後の新たな危機に対処する地域協力が,追求すべき目標として意識されるようになっていたのである。

1997年のアジア通貨危機は,グローバル化した経済の破壊力を見せつけ,危機に対処する協力の必要性を痛感させた。7月のタ

イ・バーツの暴落を契機とした通貨危機は,インドネシア,韓国にも波及した。任期末期の金泳三政権は,急進展する通貨危機に対応できず,外貨準備の枯渇から11月末にIMFに緊急融資を要請した。この時期,日本が提案したアジア通貨基金(AMF)創設の構想は米国の反対で実現しなかったが,一国の経済破綻が他国に連鎖する事態が現実化したことで,地域レベルの制度で問題に対処しようという気運は高まった。アジア通貨危機を契機に,安全保障問題ほど切実さをもって認識されていなかった経済レベルでの地域協力も重要性が高まった。こうして日韓両国も地域を意識した関係構築の志向性を強めたのである。

地域協力枠組みと日韓関係

政権交代によって誕生した金大中政権は,従来とは異なる外交政策によって,新たな地域秩序の形成を推進しようとした。

金大中政権は政権発足時に対北3原則(北による武力統一を許さない,北を吸収統一しない,南北の和解と協力の推進)を示し,前政権の強硬政策から包容政策への転換を明確にした。当時懸念された核やミサイルに対しても,その開発を放棄させるためには,日米韓による北朝鮮の体制保障や経済支援を通じて,改革・開放に導くことが重要だという方針を掲げた。前任の金泳三政権が,北朝鮮を吸収統一する可能性も念頭に置き,日朝関係の進展が北朝鮮の体制維持につながると憂慮したのとは異なり,金大中政権は日朝関係の改善が進展することを歓迎したのである。

先に述べた「日韓パートナーシップ宣言」では,金大中大統領の対北政策に小渕首相が支持を表明したこと,両国が北朝鮮に関する政策を進めていくうえで相互に緊密に連携し,種々のレベルにおける政策協議を強化することが明記されている。さらに注目すべきは,この宣言において,日韓が両国間の安保対話や防衛交流の強化についても言及し,それぞれが米国との安全保障体制を堅持するのみな

らず，多国間の対話努力の強化についても一致したと明記していることである。つまり，それぞれの米国との2国間安全保障のみならず，地域における多国間協議を通じた安全保障も念頭に，日韓が防衛面で協力していくことが謳われたのである。

また，金大中大統領は，対日経済政策の転換にも踏み込んだ。訪日に際して，大統領は，日本が自国の経済状況が厳しい中で韓国経済に対する支援を実施したことに感謝の意を表明し，日本からの経済協力が，韓国のみならず日本の利益にもなるよう，協力関係を推進していきたいと表明した。1979年以降，韓国では「輸入先多角化政策」によって，日本からの輸入を実質的に規制してきたが（→第4章），金大中政権はこの制度を撤廃し，日本製品に対して市場を開放した。首脳会談では，自由貿易協定（FTA）を含めた両国の経済協力の方向性が話し合われ，会談直後から，両国の政府に近い民間研究所で日韓FTAに関する共同研究が始まった。当時，日韓両国は，どこの国ともFTA締結はおろか，政府間交渉さえ進めていない「FTA後進国」であった。その日韓両国で，市場統合が具体的に検討され始めたのである（磯崎, 2009）。

さらに，日韓両国は2国間関係の改善にとどまらず，アジアにおける多国間外交を推進していく。そこで活用されたのは，東南アジア諸国連合（ASEAN）+3（日中韓）の枠組みであった。ASEAN+3の首脳会議は，1997年12月のASEAN30周年の首脳会議に，日中韓が招待されたかたちで始まった。その年に発生したアジア通貨危機によって，地域レベルの問題に共同で対処する必要性を各国政府が痛感したことで，ASEAN+3の首脳会議はその後，毎年開催されることになった。さらに，日本の提案で，2000年以降はASEAN+3外相会議開催も定例化された。

日本は，通貨危機への対策として1998年10月に「新宮沢構想」を発表し，危機に見舞われた諸国の実体経済回復および経済改革資

金として300億ドル規模の資金支援計画を提示し,韓国に対しては合計83.5億ドルを融資した（財務省「新宮沢構想に基づく援助表明額」）。その後,経済レベルでの地域協力機構構想は,2000年5月,ASEAN＋3による通貨スワップ協定（チュンマイ・イニシアティブ）として結実し,域内の金融協力の制度化が進められていった。

ASEAN＋3においては,グローバル化する経済への対応のみならず,さまざまなレベルの問題が検討された。1994年に開始されたASEAN地域フォーラム（ARF）は,安全保障問題について議論する,アジア太平洋地域における唯一の政府間フォーラムであったが,2000年からは北朝鮮も参加することになり,当事者を含めて朝鮮半島問題を対話できる場ともなった。これらASEANを中心とする組織は,問題解決に効力を発揮する実質的な権限はない協議の場にすぎなかったが,多国間の外交の場で地域レベルの協力体制を作り上げる試みとして注目された。日韓両国は,こうしたASEANを基盤とする組織にかかわり,より広いアジア地域の枠組みで,安全保障問題やグローバル経済への対応を模索した。戦後日本が東南アジア外交を積極的に展開してきたのに比べ,韓国はそれほどでもなかったが,金大中大統領は,東南アジアを含む東アジア地域の協力推進を重視した。日韓関係が,より広いアジアの協議体の中で展開されるようになったのである。

国境を越えた市民社会の交流

1990年代には,日韓両国の市民社会レベルの関係も進展した。この時期,市民運動の取り組みは,国境を越えたネットワークの形成にも向かった。冷戦の終結と人権意識の向上の中で,国家の枠組みを超えて共通の課題に取り組む市民運動が活発になった。戦後の経験を蓄積してきた日本の市民運動と,権威主義体制下での抑圧を経て90年代になって急速に成長した韓国の市民運動が,国際的活動の場で出会うようになったのである。

また，環境問題など地球規模の問題を，隣接する日韓間で協力して取り組む事例も現れた。具体例としては，1991年から，日本環境会議などが中心になって，アジア・太平洋地域における環境NGOや環境専門家の連帯と相互協力のネットワークづくりをめざした「アジア・太平洋NGO環境会議（APNEC）」の活動がある。恒常的な組織としては，1995年に，地域の大気汚染や酸性雨などの越境型大気汚染，地球規模の気候変動問題などに取り組む「東アジア大気行動ネットワーク（AANEA）」が結成され（韓国・中国・香港・台湾・ロシア・モンゴル・日本の7カ国・地域にある17環境NGOが参加），総会を開催して情報交換や経験交流を行うようになった。

　共通の課題に取り組む活動のみならず，地方分権化と地域社会での「市民参加」の増加に伴って，地域社会の交流も増大した。韓国では，民主化後の1991年に地方議会の議員選挙が30年ぶりに実施され，95年には自治体首長の選挙も実施されるようになり，地方自治が進展した。その過程で，日本の先進的な自治体に学ぼうとする活動が，自治体交流として結実していった（李時載，2015）。また，地方自治の定着とともに地域社会における「草の根」NGOの存在が重要視され始めた韓国では，日本の「まちづくり」などに注目し，地域コミュニティづくり，地域社会における環境問題への取り組みなど，共通の課題を意識した交流が進んだ。

　このように，地球規模の課題から身近な地域社会の問題まで，さまざまなレベルで共通の課題に取り組む市民社会の協力が見られるようになった。

　1998年の「日韓パートナーシップ宣言」は，共通の課題解決に向けた両国の協力を進めていく基礎は，「政府間交流にとどまらない両国国民の深い相互理解と多様な交流にあるとの認識の下で，両国間の文化・人的交流を拡充していくこと」と明記し，社会レベルでの交流事業を推進する方針を示した。同宣言は，1996年5月末

の国際サッカー連盟（FIFA）理事会で決定していたサッカー・ワールドカップの日韓共同開催を重視して取り上げ，その開催を契機に文化およびスポーツ交流をいっそう進めるとしている。

他方では，市民社会の交流が，国家間で形成していた既存の秩序を揺るがす事例も現れた。国連創設50年に当たる1995年に，国連主催で北京において開催された第4回世界女性会議は，190カ国の政府組織が参加し，国連の認証を得た約2000のNGOが参加するNGOフォーラムも開催された。このアジアで初めて開催された大規模な世界女性会議に，日韓両国の女性運動・NGO関係者が多数参加し，国際的な活動を行う大きな契機となった。この会議において日本の慰安婦問題も取り上げられ，この問題が「戦時下における女性に対する性暴力・人権蹂躙問題」として国際化する契機になった。内外の市民社会からの異議申し立てが，両国政府に対する大きな圧力となったのである。

以上のように，日韓両国社会の交流は，90年代以降，急速に進展し，それぞれの政府および政府間関係に与える影響を増大させていった（→ *Column* ⑭）。

課題に向けた日韓パートナーシップ

1990年代は，国際的には，アジア地域の緊迫した危機とそれに対応する地域的な秩序形成の試みという課題が焦点となり，国内的には，日韓両国とも長期的に持続してきた政治システムが流動化し，古い体制からの転換が大きな課題として登場するようになった。こうした中で，それまで米国を媒介にして向き合うことが多かった日韓両国が，双方の間で人・モノ・情報の交流が活発化し，従来の関係を社会の内部から変える動きが大きくなった。それに伴って新たな問題が発生したが，両国ともに国内政治が不安定で，社会からの要求に応じて問題に対応するのが難しい状況が続いた。

とりわけ，日韓両政府間で「解決済み」とされ，韓国の権威主義

体制下で「封印」されていた,日本の植民地支配の責任をめぐる問題が韓国の民主化とともに提起され,両国で政治争点化した。交流の活発化と並行して歴史問題が顕在化したことで,両国の社会には相互理解と協力をめざす動きが大きくなった一方で,ナショナル・アイデンティティに固執し,それを強めようとする動きも刺激された。1990年代は,韓国の民主化と日本の政党システムの流動化の中,「外交と世論」の問題も表面化し始め,社会の活性化・交流によって顕在化した問題に,政治がどう対応するのかが問われた。

　1990年代の末になって両国政府は「日韓パートナーシップ宣言」を出し,混乱していた日韓関係を再構築しようとした。この宣言は,歴史問題決着の糸口を提示したと同時に,日韓関係をより広い文脈の中に位置づけたものとして,画期的なものであった。東アジアという地域レベルでの枠組みの重要性を明示し,経済的な利益や安全保障のために「地域」の枠組みを活用する方向性を提示して,その中で日韓2国間の提携を強化していく方向を示したのである。そして,宣言の付属書として「21世紀に向けた新たな日韓パートナーシップのための行動計画」を出し,「両国の対話チャンネルの拡充」「国際社会の平和と安全のための協力」「経済面での協力関係強化」「地球規模問題に関する協力強化」「国民交流及び文化交流の増進」の5分野で,43項目にわたる計画を具体的に提示した。その中で,韓国で日本文化を開放していく方針を明示し,「日韓安全保障対話」や「日韓防衛交流」にまで踏み込むなど,従来にない関係構築の指針が示されている。金大中大統領の訪日時に示された新たな方向性や,大統領の日本の国会での演説などは,日本国内で好意的に受け入れられ,日本の対韓感情が好転する契機ともなった。

　しかし,日韓両国の蜜月は長くは続かず,この宣言で提示された課題に両国が協力して対処する前に,さまざまな困難に直面することとなる。2000年代になると,北朝鮮の核問題や中国の台頭で東

アジア地域の緊張が高まったのみならず，日韓の歴史問題をめぐる対立が再燃・激化した。いくら韓国の大統領が慰安婦問題を国内問題として対処しようとしても，日本政府の責任を問うという元慰安婦の気持ちが変わらなければ，日本に対する抗議は続くこととなる。金大中政権の対応も，結果的に，問題を先送りしただけになった。さらにつきつめると，1998年の日韓パートナーシップ宣言は，金大中という長く日本と関係のあった政治家が，アジア通貨危機後の非常事態に政権交代を経て大統領に就任し，新政権の外交方針を打ち出すという状況で実現したものであった。両国政府がこの宣言で提示したような課題に対処するためには，大統領個人に依存するのではない，両国間の人的ネットワークが必要となるが，本章の第1節で示したように，90年代を通じてそうしたネットワークの構築はなされなかった。98年になって日韓関係の課題は明示されたものの，それに両国で取り組む条件は整っていなかったのである。

課題は「未完」のまま21世紀に持ち越されたが，「日韓パートナーシップ宣言」は，「20世紀の日韓関係を締めくくり，真の相互理解と協力に基づく21世紀に向けた新たな日韓パートナーシップを共通の目標として構築し，発展させていく」ことを確認し，具体的な行動計画を提示した公式文書として，画期的なものであった。歴史問題に区切りをつけ，新たな日韓関係構築に向かった原点と課題を確認できる文書として，今日でも大きな重要性をもつといえよう。

●引用・参考文献●

池内敏，2016年『竹島――もうひとつの日韓関係史』中公新書。
李時載(イシジェ)，2015年「自治体交流と市民交流―富川市と川崎市の交流事例を中心に」磯崎典世・李鍾久(イジョング)編『日韓関係史 1965-2015 Ⅲ 社会・文化』東京大学出版会。

磯崎典世，2009年「韓国におけるFTA戦略の変遷——多国間主義の推進と挫折」大矢根聡編『東アジアの国際関係——多国間主義の地平』有信堂高文社。

磯崎典世，2015年「市民社会から組み立てる安全保障——東アジアの『現実』と日韓文民社会の取り組みを中心に」木宮正史編著『朝鮮半島と東アジア』（シリーズ日本の安全保障6）岩波書店。

伊藤正子，2013年『戦争記憶の政治学——韓国軍によるベトナム人戦時虐殺問題と和解への道』平凡社。

上野千鶴子，2012年『ナショナリズムとジェンダー〔新版〕』岩波現代文庫。

大沼保昭，2007年『「慰安婦」問題とは何だったのか——メディア・NGO・政府の功罪』中公新書。

オーバードーファー，ドン＝ロバート・カーリン／菱木一美訳，2015年『二つのコリア——国際政治の中の朝鮮半島〔第3版〕』共同通信社。

金成玟（キムソンミン），2014年『戦後韓国と日本文化——「倭色」禁止から「韓流」まで』岩波書店。

木村幹，2014年『日韓歴史認識問題とは何か——歴史教科書・「慰安婦」・ポピュリズム』ミネルヴァ書房。

河野洋平，2015年『日本外交への直言——回想と提言』岩波書店。

高崎宗司，2004年『検証　日朝交渉』平凡社新書。

谷野作太郎／服部龍二・若月秀和・昇亜美子編，2015年『外交証言録　アジア外交——回顧と考察』岩波書店。

趙世暎（チョセヨン）／姜喜代（カンヒデ）訳，2015年『日韓外交史——対立と協力の50年』平凡社新書。

波多野澄雄，2004年「『歴史和解』への道標——戦後日本外交における『歴史問題』」添谷芳秀・田所昌幸編『日本の東アジア構想』慶應義塾大学出版会。

服部龍二，2015年『外交ドキュメント　歴史認識』岩波新書。

韓洪九（ハンホング）／李尚珍ほか訳，2005年『韓洪九の韓国現代史Ⅱ——負の歴史から何を学ぶのか』平凡社。

玄ヒョンデ 大松ソン, 2006年『領土ナショナリズムの誕生――「独島／竹島」問題の政治学』ミネルヴァ書房。

玄ヒョンム 武岩アン, 2014年「越境するアニメソングの共同体――日本大衆文化をめぐる韓国の文化アイデンティティとオリジナルへの欲望」『国際公報メディア・観光学ジャーナル』18号。

吉田裕, 1995年『日本人の戦争観――戦後史のなかの変容』岩波書店。

吉見義明, 1995年『従軍慰安婦』岩波新書。

和田春樹, 2015年『慰安婦問題の解決のために――アジア女性基金の経験から』平凡社新書。

＊英語文献

Kim, Sunhyuk, 2000, *The Politics of Democratization in Korea: The Role of Civil Society*, University of Pittsburgh Press.

＊韓国語文献

『変化と改革――金泳三政府 国政5年 資料集 1 政治／外交／統一／国防』広報處, 1997年。

金大中の日本記者クラブでの会見（1995年4月13日）（http://www.jnpc.or.jp/activities/news/report/1995/04/r00020614/）

日韓共同宣言――21世紀に向けた日韓パートナーシップ（http://www.mofa.go.jp/mofaj/kaidan/yojin/arc_98/k_sengen.html）

21世紀に向けた新たな日韓パートナーシップのための行動計画（http://www.mofa.go.jp/mofaj/kaidan/yojin/arc_98/k_kodo.html）

デジタル記念館 慰安婦問題とアジア女性基金（http://www.awf.or.jp）

第6章 複合化する日韓関係

● 2000 年代

↑ 2002 年に日韓で共同制作されたドラマ「friends フレンズ」（左上，DVD，発売元：TBS テレビ）と，同じく 2002 年に日韓共催で行われたサッカー・ワールドカップに際して，日の丸や韓国国旗などを手にパレードをする日韓共同応援団（2002 年 4 月 2 日，ソウル。写真提供：共同）。

　時に対立し，時に協調する。政府間では，歴史認識問題で食い違っても，安全保障や経済では協力する。個人次元でも交流を深めつつ，好悪や愛憎，一筋縄ではいかない様相を示す。外交安保から社会文化へと領域が重層化すると同時に，アクターも多様化し，マルチレベルなゲーム構造，複合的な関係になった。ダイナミズムに振幅はあったが，復元力を有し，まだ「日韓」という全体像が保たれていた。

1 歴史認識をめぐる対立

> **教 科 書**

教科書・靖国・竹島・慰安婦それぞれをめぐる日韓の対立は以前にもあったが,この時期,4つがまとめて噴出した。いずれも,どのように過去を記憶し未来への教訓にするのかが現在問われているため,「歴史認識問題」と総称されることが多い。

まず争点化したのが教科書である。「新しい歴史教科書をつくる会（つくる会）」が作成した中学校の「歴史」と「公民」の教科書が,2001年4月に文部科学省による教科書検定に合格したことが契機になった。つくる会は,過去を否定的に描く「自虐史観」の克服を訴え,将来世代に「日本人の誇り」を取り戻そうとした。特に「歴史」教科書がターゲットになったのは,歴史叙述の公定化と世代間継承の両方を内包しているからである。

その中で,「日本による統治期に朝鮮半島は経済成長をし,識字率も向上した」といった記述などに対して,韓国政府は「歴史歪曲」だとして修正を要求した。その際,教科書検定の基準に,「近隣のアジア諸国との間の近現代の歴史的事象の扱いに国際理解と国際協調の見地から必要な配慮がされていること」という条項（いわゆる「近隣諸国条項」）があることに依拠した。これは1980年代に1回目の教科書問題が起きたときに挿入されたものである（→第4章3）。2回目の今回はそもそも,この条項などに基づいて付された検定意見に沿って,つくる会が修正に応じてようやく合格になっており,日本政府は韓国政府からの修正要求を拒否した。

教科書のあり方はもとより日本国内でも常に争点である。「子どもと教科書全国ネット21」などの市民団体は,つくる会の教科書

を採択しないように全国の教育委員会や保護者に訴えた。韓国政府もこれに呼応し,「日本の良心勢力」との提携を強化した。結果的に,この年,つくる会による「歴史」と「公民」の教科書の採択率は,それぞれ 0.039％と 0.055％ときわめて低かった。その後,4 年ごとの検定で次第にシェアを拡大し,首長が任命する教育長へ地方教育行政が一本化された 2015 年には両方とも 6％前後に達している。

そもそも検定や採択などの教科書制度は日韓で大きく異なる。日本では,政府が定める学習指導要領に基づいて検定され,修正意見が付いた場合はそれに応じないと合格しないが,民間の出版社が一定の裁量の下で教科書を作成する。そのうえで,競合他社との間で各自治体の教育委員会で採択が決定される。他方,韓国では,この当時,小中高の「国史」は国定で,全国どの学校でも全く同じ教科書を用いていた。のちに,中高の「韓国近現代史」「韓国史」は検定制度に移行するが,2017 年から再び「正しい歴史教科書」という国定の教科書が用いられることになっている。

さらに,歴史観の相違が顕著である。特に「正しい歴史(認識)」をめぐって齟齬があり,「本来あらねばならなかった姿」からすると,「実際に起きたこと」であっても,ときに「正しくない」とされる。例えば,たとえ「植民地期に近代化した」のが事実であったとしても,「植民地」への転落そのものが望ましくない以上,「植民地近代化論」は,歴史実証主義の成果ではなく歴史修正主義の一種としてみなされることになる。この時期,韓国内でも,こうした歴史認識問題が過熱した(李榮薰,2009)。

靖　国

次に争点化したのは靖国神社である。小泉 純一郎首相が 2001 年 8 月 13 日に靖国神社に参拝したのが契機である。現職首相の参拝は,中曽根康弘(1985 年 8 月 15 日)や橋本 龍太郎(96 年 7 月 29 日)以来のことであ

る。これ以降、小泉首相は5年5カ月の在任中に計6回、毎年、春秋の例大祭や元旦などに参拝を続け、最後の2006年は終戦記念日の8月15日に合わせて参拝した。自民党総裁選でライバルだった橋本が日本遺族会の元会長だったため、参拝を公約に掲げたともいわれている。

参拝のたびに、韓国や中国は強く反発した。その理由は、A級戦犯が合祀されている靖国神社に日本の政治家が参拝するのは、戦没者の追悼ではなく、戦争犯罪の否認に当たるからとされる。極東国際軍事裁判(いわゆる「東京裁判」)で「平和に対する罪(A級)」に問われた28名のうち25名が有罪とされ、7名が絞首刑、16名が終身刑、2名が禁錮刑という判決を受けたが、日本は戦後、主権を回復し国際社会に復帰するにあたって、「極東国際軍事裁判所並びに日本国内及び国外の他の連合国戦争犯罪法廷の裁判を受諾」(サンフランシスコ平和条約11条)している。A級戦犯が1978年に秘密裏に合祀され、翌年明るみに出てからは、天皇は一切参拝していない。

小泉首相は最初の参拝時に談話を出し、「アジア近隣諸国に対しては、過去の一時期、誤った国策にもとづく植民地支配と侵略を行い、計り知れぬ惨害と苦痛を強いた」ことを想起したうえで、「わが国の悔恨の歴史を虚心に受け止め、戦争犠牲者の方々すべてに対し、深い反省とともに、謹んで哀悼の意」を表明するなど、波紋を最小化しようとした。これは村山談話(1995年)を踏襲するもので、2013年12月に安倍晋三首相が参拝したときの談話と対比される。また、参拝から2カ月後の初訪韓時(01年10月)には西大門刑務所跡を見学し、「このような苦痛と犠牲を強いられた方々の無念の気持ちを忘れてはいけない」とも述べている。

政治と宗教の関係はそもそも日本国内の憲法問題であり、戦没者追悼のあり方はどの国でも問題になっている。特に日本やドイツといった敗戦国の場合、戦後レジームの受諾や国際社会からの受け入

れと直結する。小泉首相は靖国神社への参拝を続けつつ，A級戦犯の分祀や国立の千鳥ヶ淵戦没者墓苑による代替施設化などを検討する懇談会を設け，「何人もわだかまりない」追悼のかたちを模索した。韓国は期待を寄せたが，日本遺族会や日本会議など保守層からの反発が強く，結局頓挫(とんざ)した。

　戦後60年談話（2005年8月15日）では，「植民地支配と侵略」「痛切な反省と心からのお詫びの気持ち」といった戦後50年談話（いわゆる「村山談話」）に準拠し，新たに「サンフランシスコ平和条約を受け入れて国際社会への復帰」を果たしたことも明記した。そのうえで，「過去を直視して，歴史を正しく認識し，アジア諸国との相互理解と信頼に基づいた未来志向の協力関係を構築」することを表明した。戦後70年談話と異なり，発出前から国内外で注目されるようなことはなく，小泉首相も靖国参拝以外は従前のラインを踏襲した。

竹　島

　教科書・靖国・竹島・慰安婦の中で，竹島だけが日韓国交正常化交渉時から争点だったが，この時期に再び争点になったのは，島根県議会が2005年に「竹島の日」条例を制定したからである。この年，閣議決定を経て竹島を島根県に編入した島根県告示40号が1905年2月22日に制定されてから100年になることを記念し，領有権の早期確立，世論の啓発を図ろうとした。同じ領土問題であるにもかかわらず，日ロ双方，紛争があることを認識し，交渉が断続的に行われている北方領土との間で，日本政府の取り組みに温度差があることが背景にある。「北方領土の日（2月7日）」は閣議決定されており，その式典には毎年首相が参加している。

　竹島（韓国名・独島(ドクト)）をめぐっては，日韓両政府とも「歴史的事実に照らしても，かつ国際法上も我が国固有の領土」と主張している。日本政府は島根県への編入当初，「無主地先占」を国際法上の

権原(けんげん)(title)としていたが、2008年に初めてこの問題について刊行したポジション・ペーパーでは、「日本は17世紀半ばには竹島の領有権を確立」したが、「1905年、閣議決定により竹島を領有する意思を再確認」したとされている。他方、韓国政府は、それよりも5年早い大韓帝国勅令41号(1900年)で「鬱島〔鬱陵島〕郡」の管轄下にあるとされた「石島」は「独島」であり、「無主地」ではなかったと主張している。

2004年7月の済州での日韓首脳会談では、歴史問題について「私の任期内には公式には提起しない」と表明していた盧武鉉(ノムヒョン)大統領だったが、「竹島の日」条例が可決されると、ただちに「対日新ドクトリン」を発表し、「外交戦争も辞さず」と強い姿勢を示した。

1905年当時、日露戦争中で、その後、第2次日韓協約によって韓国は外交権を失い、日本の保護国になった。島根県への編入は、植民地化に至る一連の過程において「日本による韓国侵略の最初の犠牲」であり、「独島は解放とともに再びわれわれの懐に抱かれた韓国独立の象徴、韓民族の栄誉の錨」という認識である。そのうえで、日本による「非合理的で執拗な主張は、韓国国民に日本が再び韓国侵略を試みようとしているのではないかという疑念を抱かせる」という。つまり、日本では竹島は北方領土と並ぶ領有権紛争の一つであるが、韓国ではこれ以降むしろ歴史認識問題として位置づけられるようになったのである。

これにより、新日韓漁業協定(1998年締結)で切り離された領有権と排他的経済水域(EEZ)や漁業権が連動するようになった。韓国政府がEEZの基点を鬱陵島から竹島に変更しようとすると、日本政府も日本海(韓国名・東海(トンヘ))の地形調査に乗り出そうとし、一触即発の危機を迎えたが、外交的に回避された。日中韓が96年に批准した国連海洋法条約レジームでは、外洋の孤島は広範囲の「面」をもたらす「点」として重要になったが、日本海・東シナ

海・黄海で日韓・日中・中韓の中間線をどのように画定するのか，が問題になっている。

慰安婦

慰安婦問題は河野談話（1993年）で，慰安所の設置や管理，慰安婦の移送だけでなく募集においても，「軍の要請を受けた業者が主としてこれに当たったが，その場合も，甘言，強圧による等，本人たちの意思に反して集められた事例が数多くあり，更に，官憲等が直接これに加担したこともあった」とされた（→第5章2）。ところが，第1次安倍内閣は，その「調査結果の発表までに政府が発見した資料の中には，軍や官憲によるいわゆる強制連行を直接示すような記述も見当たらなかった」と閣議決定（2007年3月16日）した。

この「強制連行」の有無，募集時における「狭義の強制性」だけを焦点化しようとする動きに対して，慰安婦問題とはそもそもどういう問題なのか，について国内外で見直しが進んだ。河野談話では，慰安婦の募集や移送，慰安所の設置や管理において「軍の関与の下に，多数の女性の名誉と尊厳を深く傷つけた問題」とされていた。そこには，朝鮮だけでなく，中国，台湾，フィリピン，インドネシア，オランダ，それに日本の女性も含まれていたが，日本人慰安婦は不可視化されたままである。オランダ人女性が対象となったスマラン事件では日本軍による強制連行の証拠もあり，戦犯として裁かれた。さらに，（グローバル・）フェミニズムとナショナリティ，植民地主義との関係も問われた。

日韓関係にとどまらず，波紋は国際的に広がった。米国下院で2007年7月に121号決議が可決され，「日本政府による強制的な軍隊売春制度」「残虐性と規模において前例のない20世紀最大の人身売買のひとつ」として非難された。同時に，「政府として誠実な謝罪と反省を示した」河野談話と，「政府主導で始まり，大部分が公金で支えられた民間基金」のアジア女性基金を評価した。そのうえ

Column ⑮ 韓国(語)という方法

　ハングル表記ではなかなか気づかないが，韓国語のおよそ6割は漢字を語源としている。その比率はジャンルによって異なり，新聞や論文などではさらに高くなる。しかも，そのほとんどは日本語と意味も同じであり，中には「民主主義」や「憲法」など，明治期に日本で翻訳され，そのまま用いられているものもある。その分，インターネット上にあるフリーの翻訳サイトにかけただけでも，大意はつかめる文章になる。韓国語の漢字語には基本的に読み方が一通りしかないため，日本語から漢字の読みだけをそのまま置き換えても，それなりに話せて書けるようになる。日本語話者が韓国語を学習する場合，この段階までは比較的容易に到達するが，そこで「韓国語は簡単だ」「自分はできる」という錯覚に陥ってしまうと伸び代がなくなるし，ミスコミュニケーションの原因になってしまう。

　慰安婦問題に関して，朴槿恵大統領は就任以来，「진정성のある措置」を日本政府に要求し続けてきた。「賠償」ではなく「措置」となっているのは，「法的には解決済み」とする日本政府の立場を一応ふまえたものであるが，「진정성」とは一体何なのか。

　収録語が多く，日本で最も普及している小学館の『朝鮮語辞典』(1993年刊行)には，この語は収録されていない。「진정」だと，「陳情」「進呈」「鎮定」「鎮静」はともかく，「真正」と「真情」の2つの可能性がある。前者だと「真正／本当に」という意味だし，後者だと「真情・真心／実情・実相」を表す。どちらでも意味が通りそうである。韓国の

で，日本政府は明確に謝罪し，「歴史的な責任」を負わなければならないと指摘した。

　同様の決議は，オランダ下院，カナダ下院，欧州議会，フィリピン下院外交委員会などでも相次いで可決された。教科書・靖国・竹島・慰安婦の中で，慰安婦問題はもはや「日韓」だけに限定される歴史認識問題ではなく，グローバル化，普遍化した。日本が現在で

✛✛✛✛✛✛✛✛✛✛✛✛✛✛✛✛✛✛✛✛✛✛✛✛✛✛✛✛✛✛✛✛✛✛

国立国語院が提供する「標準国語大辞典」のサイト（http://stdweb2.korean.go.kr）で検索してもヒットしないが，「真情」が正しく，それに「性質」を意味する接尾辞の「性」が付いた派生語とされる。

　日本メディアは「誠意ある措置」と訳出する場合が多い。それだと，アジア女性基金を経てなお「金銭要求」をするのか，という理解につながりやすい。韓国大統領府や外交部による英語表記では一貫して"sincere"が充てられているが，対北朝鮮など他の使用例や前後の文脈，政治的な狙いなどを総合的に検討すると，「言動の一貫性」を意味しているといえる。

　2015 年末に「最終的かつ不可逆的な解決」という政府間合意に達した後は，朴大統領はこの合意を「온전히履行する」ことを求めている。「穏全に」という漢字語だが，直訳しても通じない。小学館の辞典には「欠けたところがなく完全だ／まともだ」と出ているが，ここは「そのまま」と意訳したいところである。日本で公金を拠出するにあたって少女像の移転と条件づける議論が出ていたことへの牽制という狙いもあっただろうが，韓国内で合意そのものに対する反対が強い中で，自ら決めた以上，不退転の覚悟で臨むという決意の表れにほかならない。

　日本（語）と韓国（語）は近い分「わかった」気になりやすいが，互いに照らし合わせることで相違や自他を不断に見直すこともできる。日本（語）にとって「韓国（語）という方法」「対照させるという姿勢」を大切にしたい（野間，2014）。

✛✛✛✛✛✛✛✛✛✛✛✛✛✛✛✛✛✛✛✛✛✛✛✛✛✛✛✛✛✛✛✛✛✛

も署名すらしていない奴隷条約（1926 年採択・27 年発効，57 年に奴隷制度廃止補足条約が発効）はともかく，当時批准していた強制労働条約（30 年採択・32 年発効）において，「処罰ノ脅威ノ下ニ強要セラレ且右ノ者ガ自ラ任意ニ申出デタルニ非ザル一切ノ労務」（2 条 1 項）は「強制労働（forced or compulsory labour）」に当たるとされた。「性奴隷（sex slave）」「強制労役」はここに注目した表現である。

「民間基金」とされたものの,アジア女性基金は当初から,首相のお詫びの手紙や,「償い金」とは別に医療・福祉支援事業への公金支出など事実上「セミ・オフィシャル」だったが,2007年3月末で解散した。その後も,「デジタル記念館慰安婦問題とアジア女性基金」(http://www.awf.or.jp/)がインターネット上に開設され,日英韓の3言語で史料の公開を続けている。この間,韓国では,挺身隊問題対策協議会が強く反発する中で61名が「償い金」(韓国語では当初「謝過金(사과금)」,英語では"atonement money"という用語が充てられた)を受け取ったが,その事実は明らかにされなかった(大沼,2007)。

> 歴史対話

こうした歴史認識問題について,2001年10月の日韓首脳会談で,「正確な歴史事実と歴史認識に関する相互理解を促進する」ために,両国の専門家による歴史共同研究を始めることに合意した。三谷太一郎(東京大学名誉教授)と趙東杰(チョドンゴル)(国民大学名誉教授)を座長とし,それぞれ10名ずつの委員,「古代史」「中近世史」「近現代史」の3つの分科からなる委員会が02年5月に発足し,05年6月に報告書を公開した。発端は教科書問題だったが,二千年来の日韓関係史を全般的にとらえ,最も争点になった「近現代史」では,各論考に相手国委員による批評文と執筆者によるコメントを付すかたちをとった。

さらに,日韓国交正常化40周年を迎えた2005年6月の首脳会談で,第2期日韓歴史共同研究を発足させ,第1期の3つの分科とは別に「教科書小グループ」を設置し,「共同研究の成果については,広く周知させ,共通の認識に達した部分について,教科書編集の過程で参考とするよう,各々の教科書制度の枠内において努力すること」に合意した。07年6月にようやく委員会(委員長は鳥海靖・東京大学名誉教授と趙珖(チョグァン)・高麗大学教授)が発足し,10年3月に報告書が公開されたが,「近現代史」と「教科書小グループ」では,日韓

それぞれの主張・反論・反駁をそのまま残すというかたちが踏襲された。

こうした歴史共同研究は同じ時期に日中間でも行われ，2010年に報告書が公開された。「古代・中近世史」「近現代史」という2つの分科会において，同じテーマについて双方が論考を著すだけで，批評し合わないというかたちがとられ，近現代史の一部，戦後日中関係については「現在の日中関係に直接関係してくる政治問題も含んでいる」ため非公開とされた。これと比べると，日韓の場合，異論も明らかにしたという特徴がある。また，民間でも歴史対話が進み，日韓や日中韓での共通歴史教材の開発も試みられている（鄭在貞，2015）。その中で，「ナショナル・ヒストリー（一国史／民族史）」という歴史叙述や歴史教育の枠組み自体が問われるようになった。

歴史以外でも，日韓両国政府が主導した共同研究として，日韓新時代共同研究プロジェクトがある。2008年4月の首脳会談で謳われた「国際社会に共に貢献していく日韓関係」を念頭に，2国間関係に限定されないビジョンを提示するという実務指向が強い。2期に及んだ委員会（委員長は小此木政夫・慶應義塾大学教授と河英善・ソウル大学教授）は，10年に「『日韓新時代』のための提言──共生のための複合ネットワーク構築」，13年に「新時代の日韓協力──七つの核心的アジェンダ」と題した報告書を提出した（小此木・河，2012a，2012b，2012c）。

共同研究や対話のかたちは徐々に変化し，政府主導から民間イニシアティブへと移っていった。例えば，日本政治学会と韓国政治学会は共同で，「政権交代と政党政治のダイナミズムに関する日韓比較」に関する英文書籍を刊行した（JPSA and KPSA, 2012）。日韓関係が対称的になり，少子高齢化や格差社会など共通の政策課題に直面するようになると，日本にとっても韓国は絶好の参照例となり，日韓比較の実証研究が行われるようになった（春木・薛，2011；康・浅

羽・高，2015)。

2 ともに協力するパートナー

日韓国交正常化40周年　日韓国交正常化40周年の2005年を前に，国交正常化交渉に関する外交文書の公開を求める訴訟が韓国で行われ，ソウル行政法院は04年2月に開示を命じた。日本政府はすでに，日朝平壌宣言（02年9月17日）で，日朝国交正常化は日韓方式に倣い，請求権を相互に放棄するとともに，正常化後に経済協力を行うと明記していたとはいえ，日朝交渉への影響を懸念し，公開に反対していた。韓国政府も当初は，日本政府の意向を汲んで控訴したが，05年1月に方針を転換し，国民の知る権利や行政の透明性を理由に自ら開示した。一般的に，公文書は30年経つと開示されるというルールがあるが，外交のように相手がある場合はケースバイケースである。

これを契機に，韓国内で日韓国交正常化に対する再評価が行われるようになり，特に日韓請求権協定が焦点になった。そもそも賠償ではなく，「財産及び請求権に関する問題の解決並びに経済協力」というかたちで決着したのはなぜなのか。「完全かつ最終的に解決された」（2条1項）請求権に個人のものは含まれているのか。「経済協力」だとしても，それを政府が一括して受け取り，そのほぼすべてを京釜高速道路や浦項製鉄所などインフラ整備に充てたのは妥当なのか。当時の国際環境の中で，朴正煕大統領は外交努力を尽くしたのか。

こうした社会的な波紋をふまえて，韓国政府は対応を検討するために官民共同の委員会を発足させた。そこで，日韓請求権協定に対する法的立場を整理して，慰安婦・被爆者・在サハリン韓国人の個

人請求権は放棄されていないと明らかにした。このとき戦時徴用工についても検討の対象になったが、国交正常化交渉の際にも議論になっており、その後、韓国政府から一部支払いを受けていたこともあり、戦時徴用工は含まれなかった。これを受けて、日本では敗訴が確定した慰安婦・被爆者、それに戦時徴用工に関する訴訟が韓国で提起されるようになり、2010年代に憲法裁判所や大法院(最高裁判所)による最終判断につながる。

被爆者と在サハリン韓国人については、日本政府も徐々に支援を始めた。韓国に限らず米国などに居住している在外被爆者は、国籍を問わず被爆者健康手帳が交付され、被爆者援護法に基づいて健康管理手当等の支給を受けることができる。治療のための渡日支援や現地における健康相談などの事業も行われている。また、在サハリン韓国人については、以前から赤十字社を通じて一時帰国や永住帰国などを支援している。さらに、慰安婦についても、アジア女性基金の解散以降も、細々とではあるが、慰労や意見聴取などのフォローアップ事業を継続している。

この時期、韓国では盧武鉉大統領の下、日韓関係だけでなく「過去事清算」が広く問われた。日韓国交正常化における「対日屈辱外交」は、「日帝強占(日本という帝国主義勢力によって強制的に占領されていた)」期における「親日」問題と連動しやすい社会情勢だった。慰安婦・被爆者・在サハリン韓国人とは異なり、日韓請求権協定に関する法的立場の見直しに含まれなかった戦時徴用工については、韓国政府が特別法を制定し、委員会を設置して、独自に対応しようとした。

政権交代と外交政策　2001年4月に成立した小泉政権は06年9月まで5年5カ月続いた。任期末、靖国神社への参拝に反発する中韓との関係が悪化したが、次いで就任した安倍首相はただちに訪中し関係改善を図り、帰路、韓国にも立ち

寄った。訪韓中の10月9日に北朝鮮が初めての核実験を断行する中，歴史問題よりも「日米韓」の安保連携の重要性が確認された。安倍首相は靖国神社について「参拝するともしないとも明言しない」という戦略的曖昧さを貫いたが，のちに第1次内閣で参拝しなかったことは「痛恨の極み」であると述懐した。

安倍政権以降，福田康夫，麻生太郎，鳩山由紀夫，菅直人，野田佳彦と政権が交代するが，いずれも1年ほどの任期に終わった。「毎年サミットに出席する顔が違って覚えられない」と揶揄されるくらい短命政権だと，首脳会談は主要国とだけ，それも1回ずつがせいぜいで，新興国などとの外交空間の拡大に臨みにくい。その分，「現状維持（status quo）」になりやすい。他方，韓国の大統領は憲法上，任期が1期に限定されているため，5年ごとに政権が必ず交代するが，その間は各大統領のイニシアティブが発揮されやすい。

任期の長さや政権交代が外交政策や2国間関係にどのように影響するかについては，自民党から民主党への政権交代時に焦点になった。2009年8月の衆議院選挙で民主党が圧勝し，鳩山内閣が成立すると，内政だけでなく外交政策でも「刷新」が期待された。特に，在日米軍が駐留する沖縄の普天間基地について「県外移設」をマニフェストに掲げたが，県内の辺野古への移転という日米合意の「現状点」との整合性が問われると，結局，マニフェストを放棄し，政権も瓦解した。いくら政党間で政権交代があっても，当然，国家は国際的なコミットメントに拘束されるが，それを反故にすれば相手国だけでなく第三国からもクレディビリティを疑われることになりかねない。

もちろん，政権交代が外交政策や2国間関係に何の影響ももたらさないというわけではない。日韓関係における協調と対立のダイナミズムは，共通の脅威である北朝鮮に対する日韓両国の政策の組み合わせが重要であるという議論がある（浅羽，2008）。対北朝鮮政策

をタカ派（強硬派）とハト派（穏健派）に区分すると，日韓でタカ／タカ，ハト／ハト，タカ／ハト，ハト／タカの組み合わせがありうる。日本は日朝平壌宣言の時期を除いて一貫してタカだが（Lee, 2016），韓国は金大中・盧武鉉から李明博への政権交代によってハトからタカへと移行した。もちろん，同じ政権であっても，小泉政権のように政策を変化させることで組み合わせが変わることもある。

また，外交政策や2国間関係における持続と変化のダイナミズムについて，一般に，政治リーダーという個人，国内政治，グローバルな構造変動という3つのレベルに着目する見方がある（ウォルツ，2010）。政権交代はこの中で国内政治の変容と政治リーダーの交代を意味するが，国家としての国際的なコミットメントによって政策裁量は制約される。また，同じグローバルな構造変動に対しても，各国の政治リーダーや世論がどのように認識するかによっても，政策の方向は異なる（ウェルチ，2016）。日韓関係においても，そうした分析が重要である。

菅談話

韓国併合条約の締結から100年を迎えた2010年8月，菅首相は談話を発表した。その中で，「三・一独立運動などの激しい抵抗にも示されたとおり，政治的・軍事的背景の下，当時の韓国の人々は，その意に反して行われた植民地支配によって，国と文化を奪われ，民族の誇りを深く傷付けられました」と表明した。併合条約の合法性や有効性をめぐって日韓両国は国交正常化交渉で対立し，「もはや無効」という文言で日韓基本条約を締結したが，菅談話は植民地支配の強制性を事実上認めたかたちである。この菅談話は，河野談話や小泉談話，のちの安倍談話と比べると注目されていないが，日韓関係に関する総理談話として重要である。

日韓関係をより幅広い文脈の中に位置づけるという点では，日韓パートナーシップ宣言（1998年10月）と通底している。時間軸では，

「二千年来の活発な文化の交流や人の往来」の中で,「植民地支配がもたらした多大の損害と苦痛に対し,ここに改めて痛切な反省と心からのお詫びの気持ちを表明」し,「歴史の事実を直視する勇気とそれを受け止める謙虚さを持ち,自らの過ちを省みることに率直でありたい」とまず総括する。そのうえで,「これからの百年を見据え,未来志向の日韓関係を構築」することを呼びかけている。

　空間軸でも,日韓両国は「民主主義や自由,市場経済といった価値を共有する最も重要で緊密な隣国同士」としたうえで,2国間関係にとどまらず,「地域と世界の平和と繁栄のために協力してリーダーシップを発揮するパートナーの関係」であることを謳っている。日本はアジアで唯一,主要国首脳会議（G7）のメンバーで,名目国内総生産（GDP）が2010年に中国に抜かれたとはいえ,依然として世界第3位の経済大国である。韓国も金融世界経済に関する首脳会合（G20）のメンバーで,同年11月にその会合をソウルで開催した。

　こうした全体像の中に,「日本が統治していた期間に朝鮮総督府を経由してもたらされ,日本政府が保管している朝鮮王朝儀軌等の朝鮮半島由来の貴重な図書」の「お渡し」も位置づけられた。日韓図書協定が締結され,日本政府は朝鮮王朝儀軌など図書1205点を「引き渡（인도）」したが,韓国社会では本来簒奪されてはならず,当然戻ってくるべきものが戻ってきた「返還（반환）」として理解された。民間レベルでは,朝鮮総督や内閣総理大臣を歴任した寺内正毅の図書館「桜圃寺内文庫」に所蔵されていた朝鮮関連資料の一部が,1995年に山口県立大学から姉妹校の慶南大学校に「寄贈」された先例があるが,政府レベルでは日韓文化財協定（65年）以来画期的なことだった（伊藤, 2013）。

　こうした文化財とポストコロニアリズムの関連については,大英博物館やルーブル美術館などの例のように,世界的にも問題になっ

ている（荒井，2012）。1972年に発効した文化財不法輸出入等禁止条約では，文化財の不法な輸出入の禁止やそれらの原産国への回復・返還が規定されたが，遡及しては適用されず，正当な取得かどうかを客観的に判断するのは難しい。管理能力や「ユニバーサルな博物館」という議論もある。韓国はフランスとの間でも，朝鮮王朝期に「略奪」された外奎章閣図書について，5年ごとに更新する「貸与」というかたちで決着させた。

安保協力

日韓関係を規定するもう一つの要因は北朝鮮である。北朝鮮は，日本にとって唯一国交を結んでいない国であるが，日朝国交正常化に関しては日朝平壌宣言で日韓方式を踏襲することに合意している。日韓基本条約では，「大韓民国政府は，国際連合総会決議第百九十五号（Ⅲ）に明らかに示されているとおりの朝鮮にある唯一の合法的な政府であることが確認される」（3条）としている。また，朝鮮半島全土を領土とすると憲法で定めている韓国にとっては，北朝鮮は「未修復地」であると同時に，「自由民主的な基本秩序に立脚した平和的な統一政策」（憲法4条）の対象でもある。朝鮮半島の南北は「国と国との関係ではない，統一を志向する過程で暫定的に形成される特殊な関係」（南北基本合意書）とされているが，1991年9月にそれぞれ主権国家として国連に同時加盟した。

その北朝鮮が2002年10月に核開発をついに自認すると，「悪の枢軸」の一つとして名指ししたG. W. ブッシュ政権も，1990年代の第1次核危機以来の日米韓3国調整グループ会合（TCOG）に代わって六者会合というマルチなアプローチをとるようになった（Cha and Kang, 2003）。日韓やロシアもそのメンバーであるが，北朝鮮と「唇歯の関係」と呼ばれるほど密接な関係にある中国が主催し，核開発以外にも幅広い議題を扱った。2003年に第1回会合が開催され，第4回会合（05年9月）では北朝鮮が「すべての核兵器及

び既存の核計画を放棄」することを約束する一方で,米朝国交正常化や「朝鮮半島における恒久的な平和体制」なども包括的に協議された(オーバードーファー＝カーリン,2015)。

2006年10月に北朝鮮が最初の核実験を断行すると,その直後に行われた日韓首脳会談で「国際の平和及び安全に対する脅威」に対する日韓連携が確認された。国連安全保障理事会(安保理)は同年7月に実施されたミサイル発射と合わせて非難決議を採択し,経済制裁を科した。その後も,北朝鮮は09年,13年にもミサイル発射・核実験を繰り返し,確実に性能を向上させている(牧野,2015)。国連安保理による経済制裁の内容もそのたびに強化されていったが,中国の協力が実効性を左右する。中国は,「朝鮮半島の非核化」だけでなく,「朝鮮半島の平和と安定の維持」「対話を通じた解決」も重視しており,「北核問題」の解決が先行されなければならないとする日米韓との間で齟齬がある。

日韓の安保連携は北朝鮮という共通の脅威認識に基づいて,共通の同盟国である米国によって促進されている。戦時作戦統制権の返還が繰り返し延長される中,そもそも韓国軍は在韓米軍と不可分で,米軍配置態勢の見直し(global posture review)において自衛隊の役割拡大が米国によって歓迎されると,「日米韓」の相互運用性(interoperability)が問われるようになった。軍事情報包括保護協定(GSOMIA)や物品役務相互提供協定(ACSA)が重要なのはこの文脈においてであり,日米・米韓の間では締結されているが,この時点では日韓の間で締結されていない。のちに,第2次安倍内閣が集団的自衛権に関する憲法解釈を見直した際にも,韓国政府は有事における朝鮮半島での自衛隊の活動について,「同意と要請」の必要性を強調している。

経済協力 日韓の経済協力として推進されたのが自由貿易協定(FTA)である。国交正常化以来

の恒常的な対日貿易赤字と技術格差の存在により,当初韓国の産業界,特に自動車産業はFTA締結に反対したが,金大中大統領は「東アジア共同体」構想の中に日韓関係の全般的な進化を位置づけた。その後,両国の通商政策が食い違うようになると,日韓FTA構想は頓挫する。韓国は米国(2007年署名・12年発効)や欧州連合(EU)(10年署名・11年発効),さらには中国(15年署名・発効)とのFTAを重視するようになった。一方,日本は13年に環太平洋パートナーシップ(TPP)協定の交渉(15年妥結・16年署名)に参入する前は,メキシコや東南アジア諸国連合(ASEAN)諸国などと経済連携協定(EPA)を締結する程度であった(金,2016;大矢根・大西,2016)。

3つを同時に実現することはできないという国際金融のトリレンマの中で,日韓ともに,自由な資本移動と金融政策の自律性の組み合わせを選択し,為替の安定を放棄している。短期資本の急激な引き上げと外貨の枯渇というアジア通貨危機(1997年)を経験した韓国にとって(→第5章3),外貨準備高の確保と緊急時の通貨スワップは重要である。ASEAN+3(日中韓)によるドル・ベースのチェンマイ・イニシアティブ(2000年)に加えて,日韓でも05年に通貨スワップ協定が締結され,日本銀行と韓国銀行が円とウォンを融通し合えるようになった。リーマン・ショック(08年)や欧州債務危機(11年)を契機に最大700億ドルまで増額されたが,15年にすべて打ち切りになった。

日韓は産業構造が類似し,生産性にも差がなく,多くの輸出品目で競合関係にある。そのうえで輸出市場も同じだと,関税の有無や投資ルール,為替相場が重要になる。FTA・TPPなどの通商政策は前者に関連し,金融政策は後者に直結する。2000年代,米国やEUといった主要な市場の通貨であるドルやユーロに対してウォン安・円高基調が続いたため,韓国製が相対的に廉価になり競争力に差を

もたらした。こうした「通貨戦争」には，世界銀行の統計で輸出依存度が12年に56.3％に達した韓国のほうがより影響を受けやすい。日本（14.7％）は米国（13.6％）と並んで内需が大きい。

2000年代，デフレが続いた日本の経済成長率は年平均で0.8％にすぎなかったのに対して，韓国は4.4％で，日韓の経済格差は縮小し，10年時点でGDPは1対5，1人当たりの国民総所得（GNI）は1対2になった。この間，韓国経済は輸出依存度を高める中で対中貿易が輸出入ともに増加し続け，ついに10年には，対米・対日の合計を上回るようになった。一方，日本にとって対韓貿易比率はほぼ一定している。

こうした活発な貿易・投資・金融以外でも，資源開発やインフラ整備などの分野において第三国での日韓企業の連携が行われるようになっている。例えば，三菱商事と韓国ガス公社はインドネシアで液化天然ガスの開発に取り組んでいる。また，国際協力機構（JICA）と韓国国際協力団（KOICA）も途上国支援事業で協力を進めており，「国際社会に共に貢献する日韓関係」を体現している。

3　マルチレベルのゲーム構造

サッカー・ワールドカップ共催

2002年のサッカー・ワールドカップの日韓共催は，日韓関係においても国際スポーツの歴史においても，画期的なことだった。オリンピックも含めて，国際大会の2カ国での共催は初めてだったが，日韓双方が単独開催に名乗りを上げていた中で，1996年に投票を経ることなく共催に決まった過程が不透明で，国民から批判された。当時，国際サッカー連盟（FIFA）の副会長が大韓サッカー協会会長の鄭夢準だったことが影響したといわれている。他方，98

年の日韓パートナーシップ宣言以来の関係「進化」のモメンタムとして期待された。

大会では日韓ともに初めて決勝トーナメントに進出し、韓国は4位というそれぞれベストの成績を残した。この共催は「日韓国民交流年」「日韓友好」の象徴とされ、互いに応援し合うサポーターの姿が連日マスメディアで強調された。他方、「2ちゃんねる」などインターネット上では、「マスゴミ（マスコミの偏向性を揶揄して「ゴミ」とかけた表現）が伝えない韓国の真実」としてアンダーグラウンド化し、「正しい」建前対脱「エスタブリッシュメント」の本音という構図になった。2005年に刊行された『マンガ嫌韓流』や11年の「韓国偏重」のフジテレビに対する抗議デモは、そうした「挑戦」として理解する向きもあった。

決勝戦を日本（横浜）で行う代わりに、ソウルで行われることになった開会式には高円宮（たかまどのみや）夫妻が出席した。憲仁親王（のりひとしんのう）は長年、日本サッカー協会名誉総裁を務めており、期間中に19試合を観戦した。これが皇族として戦後初めての韓国への公式訪問で、2016年12月現在、2例目はない。この間、大韓帝国皇帝高宗（コジョン）の皇太子で、併合後に「王族」として処遇された李垠（イウン／りぎん）に嫁いだ梨本宮家の方子（まさこ／パンジャ）がおり、終戦／光復後、日本国憲法や国籍法の制定の中で「在日」とされ、1963年には韓国に一国民として「帰国」した（小田部、2007；新城、2015）。その葬儀（89年5月8日）は朝鮮王朝の礼式に則（のっと）って執り行われ、三笠宮（みかさのみや）夫妻が参列した。

ワールドカップを前に、天皇の「おことば」（2001年12月18日）として、「私自身としては、桓武（かんむ）天皇の生母が百済（くだら）の武寧王（ぶねいおう）の子孫であると、続日本紀に記されていることに、韓国とのゆかりを感じています〔ルビ――引用者〕」と語られた。特に「韓国とのゆかり（a certain kinship with Korea）」（英文は宮内庁ウェブサイトに示されている通り）という表現は内外で注目された。

Column ⑯ 「韓国，2000 年代」というトポス

　2000 年 1 月 26 日，金浦空港に降り立った瞬間から私の韓国留学が始まった。とても寒い日だったことをよく覚えている。「アンニョンハセヨ」と「カムサハムニダ」しか話せず，不安でいっぱいだった。新婚の妻も同行し，2 人分の人生がかかっていた。

　金泳三政権(キムヨンサム)（1993-98 年）が掲げた「世界化」戦略の一環として，高度専門職を養成する「国際大学院」が 97 年に 9 つの大学に設置されたが，その一つであり，英語で教授されるソウル大学国際地域院（現在は国際大学院）に進学した。当時，留学生は少なく，外国人教員に至ってはゼロ，交換留学先もほとんどなかった。大学の国際化はまだ「出島」に限定されていた。

　17 年経った今では，英語（プログラム）はすべての大学（生）にとって生き残りを賭けた挑戦になり，留学生移動のパラダイムが転換した（嶋内，2016）。例えばソウル大学国際大学院と神戸大学国際協力研究科との間では，修士のダブル・ディグリーを取得できるし，「日中韓（キャンパス・アジア）」や「日米韓（アジア太平洋カレッジ）」（九州大学）というマルチの枠組みも学部レベルから当たり前になっている。

　私自身は，「修士課程の 2 年で帰国する」という妻との約束を破り，博士課程は政治学科という伝統的なプログラムへと進んだ。国際関係論から比較政治学・韓国政治論へと専攻を変えたが，みっちり 13 科目は履修しないといけないコースワークがあって助かった。論文資格試験（いわゆるコンプ）では，3 時間ぶっ通しで 6 科目すべてに万年筆で解

　韓国併合条約では，韓国皇帝が日本国皇帝に統治権を譲与し（1 条），日本国皇帝はそれを受諾し，併合を承諾する（2 条）ということになっていた（新城，2011）。戦後，韓国は，帝国日本が解体する中で，1897 年の帝政移行以来の「大韓」という国号を継承しつつ，「民主共和国」（憲法 1 条）として「再建」（1948 年憲法前文）された（Hahm and Kim, 2015）。現天皇の「おことば」は，国賓として来日し

++

答しなければならなかったが,今では良き思い出である。このころには,漢字語が多いフォーマルな文章はそれなりに書けるようになっていた。

 2005年3月に帰国した。留学期間は5年間で,その後は短期間の滞在を繰り返すだけである。九州大学韓国研究センターに非常勤研究員として勤務しながら書き上げた「韓国における混合型選挙制度の政治的効果」という論文で,06年8月に博士号を取得した。ちょうど日本でも先進国の一つとして韓国が注目され始めたころで,比較研究における韓国事例の担当として声をかけてもらえるようになった。ジョブ・ハンティングでも,幸か不幸か,宗旨替えしたはずの国際関係論を英語でも何とか教えられることと,学生のフィールドワークの受け入れ先として韓国を開拓することを期待されて,07年4月に常勤職(いわゆるテニュア)に就くことができた。14年に現職に異動したのも,北東アジアに関する高度職業人の養成を目的とした大学院が設置されたからである。

 世界中を行き来して学び,働く人たち一人ひとりにとって,研究やビジネス,報道のあり方自体に,その間の日本社会や現地社会,それにグローバルな国際関係の変容が否応なく刻まれている。私にとって,「韓国,2000年代」はそうしたトポス(topos)なのである。本文では適切な距離を保とうとできるだけ努めたが,もとより困難を極めた。

 「いま,ここ」を生きる「私」は,今後,どういう道を歩こうとするのだろうか。風を聴きながら,旅は続く。

++

た盧泰愚(ノ・テウ)大統領に対する宮中晩餐会(90年5月24日)で示されたが,その際の『痛惜の念』などという単語ひとつを言いに来るのなら,訪韓の必要はない」という李明博大統領の発言(2012年8月)は,のちに大きな反発を呼んだ。歴史的背景もあり,天皇の訪韓はいまだ実現していない。他方,天皇訪中は,天安門事件から3年4カ月後の1992年10月に実現している。

人的交流

この時期,ヒトの往来が量的に拡大しただけでなく,質的にも多様化した。その契機になったのが短期滞在査証(ビザ)の相互免除である。韓国人の日本入国に関しては,当初修学旅行生(2004年3月)や愛知万博の期間(05年3-9月)だけに限定されていたが,06年3月以降,全面的に実施された。これにより,就業や営利活動を目的にしなければ,最大90日まで査証がなくても入国し滞在することができるようになった。また,働きながら最大1年間滞在することを青少年に認めるワーキング・ホリデー制度は1999年から始まったが,訪日は特に人気で,年間発給枠は拡大を重ね,2016年現在,日韓各1万人ずつとされている。

ヒトの往来はランダム・ネットワークではなく,結節点が重要な役割を果たす。日韓それぞれの都心,羽田・金浦間のシャトル便が2003年に就航し,日帰りも容易になった。当初1日4便(片道)だったが,15年冬ダイヤでは1日12便(片道)にまで拡大した。地方都市もこれに加わり,15年夏ダイヤでは日本側25都市と韓国側4都市(ソウル仁川・釜山・済州・大邱)を結ぶ週709便が就航している。韓国のほうが少数なのは,01年3月に開港した仁川が成田以上にアジアの各都市にとってハブ機能を担っているということを意味する。日本航空・全日空,大韓・アシアナといった日韓のフラッグ・キャリアと米国のユナイテッド以外に格安航空会社(LCC)が6社参入する中で,都市間競争も激化している。

訪韓と訪日を合わせた往来者総数は,2000年に354万人だったが,12年には556万人に達し,過去最高を記録した。確かに絶対量では増加したが,この間,日韓両国でインバウンド(入国)・アウトバウンド(出国)ともにそれ以上拡大すると,それぞれに占める相手国の相対的な比率は低下することもありうる。ある調査によると,15年現在,相手国を訪問した経験があるのは日韓ともに4

人に1人程度にすぎず，日本人の7割以上，韓国人の8割以上は相手国に知り合いがいない（言論NPO・東アジア研究院「第3回日韓共同世論調査」）。また，相手国に関する情報源は双方とも9割以上が「自国のメディア」に偏重している。往来は増えたとはいえ，直接経験には未だ乏しいのが現状である。

ある種の直接経験は相手に対する印象を好転させることがある。例えば，日本の国公立大学として初めて1999年に韓国研究センターを設置した九州大学が釜山大学などと実施している日韓海峡圏カレッジでは，双方の学生が一緒になってチームをつくり，企業でのインターンシップなど共通の課題に取り組みながら2週間ほど寝食をともにする。そうした協働後には，互いに好印象をもつようになるという（松原・崔，2015）。

その拠点となっている福岡と釜山は，2016年11月現在，161組結ばれている日韓姉妹都市の中でも先駆的な事例で，一つの「海峡圏」として，単なる交流から協力へと進化していった。典型的なのが，国境を越えても荷を積み替えることなく公道を走ることができるダブルナンバー車の実現で，流通コストが下がると部品調達のネットワークの仕方も変わる（加峯，2015）。

韓流／日流

ソウル・オリンピック（1988年）前後を別にすれば，韓国文化が日本国内で広く注目されることはこれまでなかった。そんな中，韓国KBS制作のドラマ「冬のソナタ」がNHK・BS（2003年）を経て地上波（04年）で放映されると，「冬ソナ」ブームが起きた。特に主人公のペ・ヨンジュンは「ヨン様」として中年女性のファンタジーになった。「韓国ドラマ」枠が各チャンネルで設けられるようになり，時代劇「チャングムの誓い」では韓国料理，韓医学，韓服など多彩な「伝統」だけでなく，朝鮮王朝での権謀術数も描かれ，男性からも関心を集めた。

Column ⑰　朝鮮日報日本語版サイト

　日韓それぞれのシンクタンクである言論NPOと東アジア研究院が共同で実施した第4回日韓共同世論調査（2016年）によると，相手国や日韓関係に関する情報は，日韓両国民ともに9割以上（複数回答可）が「自国のニュースメディア」から得ているという。両国民ともに相手国への訪問経験は2-3割程度にすぎず，日本人の7割以上，韓国人の8割以上が相手国民に知り合いがいないこともあり，2次情報に依存せざるをえない。にもかかわらず，その報道は「客観的で公平だと思う」という回答は日韓ともに2割程度である。

　その中で，韓国メディアがインターネット上に日本語版サイトを開設し，政治から芸能まで幅広いニュースをリアルタイムで更新するようになったのは画期的である。韓国紙で最大部数を誇る朝鮮日報が2001年に始め，当初は東亜日報や中央日報など保守系のメディアしか存在しなかったが，進歩系のハンギョレや唯一の通信社である聯合ニュースも続き，今では誰でも簡単に大量の情報や多様な論調にアクセスすることができる。逆に，日本メディアの韓国語版サイトは，朝日新聞が15年に配信を停止して以降，残っているのはNHKと共同通信だけで，翻訳される記事数も限られている。

　特に朝鮮日報日本語版は情報量が圧倒的であるだけでなく，社説やコラムなどオピニオンもカバーしている。ツイッターのフォロワー数も一番多く，何より日本最大のポータルサイト「Yahoo!」のニュース欄とも

　ドラマだけでなく，歌謡曲も「K-POP」として広がった。先駆けは女性ソロのBoAで，2002年にNHK紅白歌合戦に初出場し，07年まで6年連続で出場した。08年には東方神起が初出場し，メンバー全員がリードボーカルをこなし，華麗なダンスを披露するという新しいスタイルを提示し，追っかけファンを生むだけでなく，後進のモデルにもなった。そして，11年には，東方神起，少女時代，KARAの最多3組が出場し，「韓流」を象徴した。その背景には，

連動しているため，日本のネット利用者とのインターフェイスが広い。読者自身がカット＆ペーストし，「NAVERまとめ」として編集・発行することもできる。単なる「韓国のニュース」ではなく，「韓国側の見方」に直接ふれる中で，「既存のマスゴミ」「紙の新聞」が伝えない「韓国（人）の真実」に目覚め，それと対照的に自ら「日本人」であることを確証する場合もある。

見たいものだけを見て，見たくないものは簡単に拒むことができるネットでは，性向や属性の近いものだけをフォローし続ける傾向が強い。そこでは，影響が連鎖的に伝わり増幅するカスケード効果が出やすい反面，異論は担保されにくい。そのため，多様な見解や他でもありえた可能性に接する中で，これまで自明視してきたことに対して自省的に臨むというよりは，むしろそれぞれがそのまま強化されてしまうことになりかねない。前述の世論調査では，「ネット世論は民意を適切に反映してはいない」という回答が日本では4割，韓国では6割に達する。

コミュニケーションのあり方は，コンテンツだけでなくメディア（媒介）やスタイルにも左右される。隣国同士とはいえ，日韓の相互理解においてマスメディアが果たす役割は依然として重大である。読者もそれを鵜呑みにせず，クロス・チェックしたり，自ら原典に当たったりするなど，リテラシーが厳しく問われている。さらに，時に直接相手国を訪れ，金さんや李さん，鈴木さんや佐藤さんと付き合ってみるのも一案だ。

国内のエンターテインメント市場が狭小である中，政府として民間のコンテンツ振興と海外輸出を支援し，ひいてはソフト・パワーの向上につなげたいという韓国側のプッシュ要因がある（境，2014）。

韓国語が大学入試センター試験の「外国語」科目として，英語・ドイツ語・フランス語，そして中国語（1997年）に次いで導入されたのは2002年である。1984年にNHKの語学番組に取り入れられたときは，「アンニョンハシムニカ・ハングル講座」という名称

だった（→ *Column* ⑫）。第2外国語として中国語とともに韓国語を開講する大学が増えているが，「使える言語」としての英語の存在感が圧倒的である。韓国語能力試験（TOPIK）は2016年現在，韓国外の70カ国203カ所で実施されており，そのうち35カ所は日本で，受験者も一番多い。ただし，受験する級は初級に集中している。

他方，韓国でも，金大中大統領が決断した日本文化開放が4次にわたって進み，地上波でのドラマの放映以外は法的規制がなくなった。当初「文化侵略」が懸念されたが，実体としてすでに日常化していた日本文化の存在を「公定化」したもので，タブー視されなくなった分，「日流」は等身大になったといえる。例えばラーメンは中国発祥だが，日本で袋麺インスタントラーメンが開発され，それが「ラミョン」として韓国に定着した（村山, 2014）。

こうした「韓流」「日流」は，日韓関係の変容であると同時に，グローバル化における文化変容の一断片でもある。重層化・多様化する反面，相対化・個別化する。対立と協調が入り交じるコンプレックス（複合体／愛憎）を一様にとらえようとするのが，そもそも無理なのである。一個人の中で，「日帝（일제）」への反感と「日製（일제）」の受容は矛盾なく併存する。コトやモノそれ自体としての受容は，日本／韓国全体，日韓関係そのものへの関心や好感には必ずしもつながらないというわけである（小倉・小針, 2007）。

親近感

日韓関係の変容を反映し，日本国民の対韓認識に変化が見られた。内閣府が毎年実施している「外交に関する世論調査」によると，1999年に「親しみを感じる」が「親しみを感じない」を上回った（→巻末参考資料）。それまでは長年，ソウル・オリンピックがあった88年を除いて，韓国は疎遠な国に映っていた。竹島をめぐる対立が激化した2005年・06年に親近感が落ちるが逆転はせず，07年以降再び上昇に転じ，11年時点では，「親しみを感じる」が62.2％であるのに対して，

「親しみを感じない」は35.3%である。調査対象の中では米国に次ぐ高水準で、ヨーロッパ諸国に並ぶ。

同じ時期、2国間関係に対する評価は振幅がより大きかった。2005年に親近感は5ポイントほど変動(「親しみを感じる」〈56.7%→51.1%〉「親しみを感じない」〈39.2%→44.3%〉)しただけだが、2国間関係に対する評価は16ポイントほど変動し、「良好だと思う」(55.5%→39.6%)と「良好だと思わない」(34.9%→50.9%)が逆転した。集計データだけでは合成の誤謬の可能性を排除できないが、主観的な親近感と2国間関係に対する客観的な評価は必ずしも連動していないのかもしれない。

対中認識と比較すると対照的である。1989年から2003年まではほぼ拮抗していたが、04年に「親しみを感じない」が「親しみを感じる」を上回り、それ以降その差が一貫して拡大している。最新の16年1月現在、83.2%対14.8%にまで開いている。「良好だと思わない」と「良好だと思う」の関係も同様に推移しており、85.7%対9.5%である。対韓認識とは異なり、親近感と2国間関係に対する評価が連動している可能性がある。

国民次元での対韓認識の変化に連動して、日本政府も2004年に、日韓関係について「基本的価値を共有する」と規定するようになった。その例示として、当初「民主主義、市場経済」が挙げられていたが、07年以降「自由と民主主義、基本的人権」に置き換えられた(外務省『外交青書』各年度版)。その淵源は日韓パートナーシップ宣言(1998年)で、「自由・民主主義、市場経済という普遍的理念に立脚した協力関係」が謳われていた。こうした規定はアジア大洋州では他にはニュージーランドだけで、第1次安倍内閣が推進した「価値観外交」や中国を取り囲むようにその地理的輪郭を示した「自由と繁栄の弧」構想とも一致する。

パワー・ポリティクスがアナーキカルな国際関係の宿命ではなく

諸国家による社会的構成物（social construction）であるように（Wendt, 1992；ブル, 2000），「反日」／「嫌韓」であれ，「基本的価値の共有」であれ，日韓関係の性格は両国の実践（praxis）次第である。同じように，基本的価値を共有する「日米韓」と，共有しない中国が対立するという構図も歴史的必然ではない。自己アイデンティティの認識とバイ（2国間）やマルチ（多国間）の関係に対する規定は連動するが，「戦略的利益の共有」など他の側面との連関においてもかたちづくられている。この間，日中・韓中関係はそれぞれ「戦略的互恵関係」「戦略的パートナー」として進化していった。

日韓関係の構造変化

まとめると，2000年代の日韓関係は以下の4つに特徴づけられる。

第1に，「体制共有」から「意識共有」へと構造変化したことである（小此木，2005）。1990年代，韓国で「民主化以後の民主主義」（崔章集，2012）が定着すると同時に貿易・金融の自由化が進むことで，日韓両国は自由民主主義や市場経済など政治経済体制を共有するようになった。21世紀に入ると，さらに国民の価値観や相互認識も近づき，「意識共有」が謳われるようになった。もっとも，マクロな体制の一致や意識の近似は，政策収斂や2国間関係の向上を必ずしも意味しない。

第2に，イシュー（争点領域）の重層化である。かつて政治経済の「体制摩擦」が続いていたときは，米国との同盟を基軸とする外交安保体制のみが共有されていた。その分，優先順位は明確で，外交安保が他の領域を圧倒していた。ところが，米ソ冷戦が終結し，経済がグローバル化する中で政治経済体制も共有するようになると，各領域の自律性が増した。1990年代に入り歴史問題が「再発見」されたのはその典型例であるが（木村，2014），イシュー・リンケージの有無がますます問われるようになった。

第3に，アクターの多様化である。安保などハイ・ポリティクス

は中央政府が専管してきたが，通商交渉の場合，従来から同じ政府内でも外務省だけでなく経済産業省や農林水産省など複数の省庁がかかわっていた（韓国ではこの時期，外交通商部に権限や組織が一元化されていた）。それだけでなく，地方政府や市民社会なども声を上げ，中央政府の方針に必ずしも同意しなくなった。さらに，2国間関係においても国際的なルールや規範との整合性が問われ，外交がマルチレベルのゲームになる中で，首相官邸や大統領府など執政中枢（コア・エグゼクティブ）による統制が重要視された。

第4に，2つの「そうたい」が焦点になった。この時期，日韓関係という「総体」がまだ自明視されていたため，各領域が「相対」化し，たとえリンケージしても，振幅が一定の範囲内にとどまった。ある領域で対立や緊張があっても，政府間関係が全面的に途絶えることはなかったし，それが国民間の相互認識の悪化にそのままつながることもなかった。この強靭性／復元力（resilience）は，それらが連動した2010年代と対比すると顕著である。

●引用・参考文献●

浅羽祐樹，2008年「国際関係論と地域研究の狭間――日韓関係研究の研究戦略」『国際政治』151号。

荒井信一，2012年『コロニアリズムと文化財――近代日本と朝鮮から考える』岩波新書。

伊藤幸司編，2013年『寺内正毅ゆかりの図書館 桜圃寺内文庫の研究――文庫解題・資料目録・朝鮮古文書解題』勉誠出版。

李榮薫／永島広紀訳，2009年『大韓民国の物語――韓国の「国史」教科書を書き換えよ』文藝春秋。

ウェルチ，デイヴィッド・A／田所昌幸監訳，2016年『苦渋の選択――対外政策変更に関する理論』千倉書房。

ウォルツ，ケネス／河野勝・岡垣知子訳，2010年『国際政治の理論』勁草書房。

大沼保昭, 2007年『「慰安婦」問題とは何だったのか——メディア・NGO・政府の功罪』中公新書。

オーバードーファー, ドン＝ロバート, カーリン／菱木一美訳, 2015年『二つのコリア——国際政治の中の朝鮮半島〔第3版〕』共同通信社。

大矢根聡・大西裕編, 2016年『FTA・TPPの政治学——貿易自由化と安全保障・社会保障』有斐閣。

小此木政夫編, 2005年『韓国における市民意識の動態』慶應義塾大学出版会。

小此木政夫・河英善(ハヨンソン)編, 2012年a『日韓新時代と東アジア国際政治』（シリーズ・日韓新時代1）慶應義塾大学出版会。

小此木政夫・河英善編, 2012年b『日韓新時代と経済協力』（シリーズ・日韓新時代2）慶應義塾大学出版会。

小此木政夫・河英善編, 2012年c『日韓新時代と共生複合ネットワーク』（シリーズ・日韓新時代3）慶應義塾大学出版会。

小倉紀蔵・小針進編, 2007年『韓流ハンドブック』新書館。

小田部雄次, 2007年『李方子——一韓国人として悔いなく』ミネルヴァ書房。

外務省『外交青書』各年度版。

加峯隆義, 2015年「最前線・九州における日韓地方間交流」磯崎典世・李鍾久(イジョング)編『日韓関係史 1965-2015 Ⅲ 社会・文化』東京大学出版会。

康元澤(カンウォンテク)・浅羽祐樹・高選圭(コソンギュ)編, 2015年『日韓政治制度比較』慶應義塾大学出版会。

金(キム)ゼンマ, 2016年『日本の通商政策転換の政治経済学——FTA／TPPと国内政治』有信堂高文社。

木村幹, 2014年『日韓歴史認識問題とは何か——歴史教科書・「慰安婦」・ポピュリズム』ミネルヴァ書房。

境真良, 2014年『アイドル国富論——聖子・明菜の時代からAKB・ももクロ時代までを解く』東洋経済新報社。

嶋内佐絵, 2016年『東アジアにおける留学生移動のパラダイム転換——大学国際化と「英語プログラム」の日韓比較』東信堂。

新城道彦,2011年『天皇の韓国併合——王公族の創設と帝国の葛藤』法政大学出版局。

新城道彦,2015年『朝鮮王公族——帝国日本の準皇族』中公新書。

崔　章　集/磯崎典世・出水薫・金洪楹・浅羽祐樹・文京洙訳,2012年
（チェジャンジプ）　　　　　　　　　　　　　　　　　　　（キムホンヨン）　　　　　　　　　（ムンギョンス）
『民主化以後の韓国民主主義——起源と危機』岩波書店。

鄭　在　貞/坂井俊樹監訳,金廣植・徐凡喜訳,2015年『日韓〈歴史対
（チョンゼジョン）　　　　　　　　　（キムクァンシク）（ソボミ）
立〉と〈歴史対話〉——「歴史認識問題」和解の道を考える』新泉社。

野間秀樹,2014年『韓国語をいかに学ぶか——日本語話者のために』平凡社新書。

春木育美・薛東勲編,2011年『韓国の少子高齢化と格差社会——日韓
　　　　　（ソルドンフン）
比較の視座から』慶應義塾大学出版会。

ブル,ヘドリー/臼杵英一訳,2000年『国際社会論——アナーキカル・ソサイエティ』岩波書店。

牧野愛博,2015年『戦争前夜——米朝交渉から見えた日本有事』文藝春秋。

松原孝俊・崔慶原編,2015年『日韓が共有する近未来へ』本の泉社。
　　　　　（チェギョンウォン）

村山俊夫,2014年『インスタントラーメンが海を渡った日——日韓・麺に賭けた男たちの挑戦』河出書房新社。

＊英語文献

Cha, Victor D. and David C. Kang, 2003, *Nuclear North Korea: A Debate on Engagement Strategies*, Columbia University Press.

Hahm, Chaihark and Sung Ho Kim, 2015, *Making We the People: Democratic Constitutional Founding in Postwar Japan and South Korea*, Cambridge University Press.

Japanese Political Science Association (JPSA) and Korean Political Science Association (KPSA) eds., 2012, *Governmental Changes and Party Political Dynamics in Korea and Japan*, Bokutakusha.

Lee, Seung Hyok, 2016, *Japanese Society and the Politics of the North Korean Threat*, University of Toronto Press.

Wendt, Alexander, 1992, "Anarchy is What States Make of it: The Social Construction of Power Politics," *International Organization*, Vol. 46, No. 2.

第7章　「普通」の2国間関係へ

●2010年代

↑ 北京で開かれた「抗日戦勝70周年」の記念式典で、中国の習近平国家主席（右）と並んで軍事パレードを参観するロシアのプーチン大統領と朴槿恵大統領（左）（2015年9月3日、北京。写真提供：AFP＝時事）。韓国が米国や日本との安保連携よりも、中国に戦略レベルでも接近したことを示す「一枚絵」として、衝撃を与えた。

　中国の台頭や米中関係などグローバルな構造自体が変動する中で、日韓両国はそれぞれ国家戦略を再定義したが、相互不信や離齬が目立つようになった。「特殊」とされてきた2国間関係も、マルチなルールや規範に照らし合わせ、他と比較されるようになった。1965年の国交正常化からすでに50年以上が経った現在、「戦後」「日韓」「関係」「歴史」の一つずつをラディカルに問い直す必要がある。

1 食い違う針路

相互不信という現状維持

安倍晋三首相と朴槿恵大統領は2012年12月と13年2月に相次いで就任した。当初、ともに保守派で、それぞれ日韓国交正常化を成し遂げた佐藤栄作首相の大甥（実兄・岸信介首相の孫）と朴正煕大統領の娘であるため、関係改善が期待された。しかし、かつて「シャトル外交」と称され、互いに行き来しながら開催されていた首脳会談は途絶え、閣僚協議さえ滞った。その後、日韓首脳会談が再開されるまで3年半もかかり、しかも日中韓首脳会談（15年11月）の際に、共同記者会見も昼食会もないかたちでようやく実現した。

この政府間、とりわけ首脳同士の「不通」は日韓関係の「悪化」を象徴したが、安倍・朴への政権交代以前から続くものである。相互に訪問し、単独で行われた最後の首脳会談は2011年12月で、野田佳彦と李明博という組み合わせだった。2国間関係や対外政策の変化と政権交代との関係は本来複雑だが、日韓関係の場合、首脳の個性や国内要因が強調される反面、グローバルな構造との連関が看過されるのが一般的である。だが、そもそも、「悪化」の原因を推論する以前に、2国間関係の性格をどのように見定めるのか、が問題となる。

この間、歴史問題をめぐる対立が安保・経済協力など他の領域に波及した。ともに米国の同盟国であり、北朝鮮に関するインテリジェンス（戦略判断に資する情報）を共有する必要性から軍事情報包括保護協定（GSOMIA）の締結が推進されたが、締結直前に頓挫した。また、ともに開かれた国際経済レジームにコミットしつつ、為

替相場の安定や外貨不足に対応するために取り決めた通貨スワップ協定も，どちらも延長を申し出ず失効した。こうしたイシュー・リンケージ（争点領域の連鎖）によって全般的なつり合いが揺らぎ，双方，相手や相互関係に関する再定義を余儀なくされた。

　日本政府は2007年以来，「自由と民主主義，基本的人権等の基本的価値を共有する重要な隣国」と韓国を規定してきたが，15年の『外交青書』では単に「最も重要な隣国」へと格下げした。特に問題になったのが「自由」で，韓国における法の支配への懐疑が政権中枢だけでなく国民の間でも広がった。のちに無罪になったものの，産経新聞ソウル支局長が執筆したコラムが朴槿恵大統領に対する名誉毀損に該当するとして刑事告訴されたことで決定的になった。こうした政治体制そのものに対する違和感は日韓共同世論調査（言論NPO・東アジア研究院）で繰り返して確認されている。

　韓国側も，日本について「軍国主義化」「右傾化」の傾向があると認識している。こうした相互認識や政治的修辞はともかく，国際比較で一般に用いられる指標の上では，日韓の民主主義や言論の自由の程度は同じくらいとされている。ともかく，日韓関係は国交正常化後50年の中で類例なき相互不信に陥っている。しかも，協力するほうが得だと互いに認識しつつも，自ら率先して変えようとするインセンティブがどちらにもないため，好ましくない現状（status quo）が維持されている。

アイデンティティの衝突

　日本国民の対韓認識は2012年に急変した後，下げ止まっている。内閣府が毎年実施している「外交に関する世論調査」（→巻末参考資料）によると，この年，日韓関係を「良好だと思わない」が「良好だと思う」と逆転しただけでなく，「親しみを感じない」が「親しみを感じる」を上回った。前者は2000年代にも3回逆転したことがあるが，後者は1998年以来初めてのことである。集計

1　食い違う針路

Column ⑱　日韓「比較」という方法

　本書では一貫して戦後日韓「関係史」に焦点を当ててきたが，日韓「比較」という方法もある。二者間の相互作用の時系列変化ではなく，互いに独立している（とみなせる）複数の単位を同一時点において比較衡量するのである。そのためには，度量衡の統一と正確な計量が前提となる。

　日本政府が毎年刊行している『外交青書』において，2007年以来，韓国は「自由と民主主義，基本的人権等の基本的価値を共有する重要な隣国」と規定されていたが，2015年に「基本的価値［の］共有」が削除され，単に「最も重要な隣国」へと格下げされた。2016年には「戦略的利益を共有する最も重要な隣国」と改められたが，共有しているのは「基本的価値」ではなく「戦略的利益」だというのである。

　「自由と民主主義，基本的人権」に，法の支配や報道の自由が含まれることに異論はないだろう。これらの価値は，日韓ともに憲法で保障されている。

　ところが，2010年代になって，日韓請求権協定で「完全かつ最終的に解決された」はずの慰安婦や徴用工の個人請求権について，韓国の憲法裁判所と大法院（最高裁判所）は相次いで「放棄されていない」という判断を示した。また，韓国司法により無罪が確定したものの，産経新聞ソウル支局長がコラムで朴槿恵大統領の名誉を毀損したとして起訴されたこともあった。これらが契機になって，韓国という「国のかたち」自体に対する違和感が日本全体で広がった。

データだけでは確定できないが，2国間関係に対する客観的評価と親近感という主観的認識が連動するようになったのかもしれない（Glosserman and Snyder, 2015）。

　こうした変化は「嫌韓」「反中」を銘打った書籍や雑誌の流通，インターネット空間での展開にも表れている（安田，2015）。その中には路上に出てヘイトスピーチを繰り広げる勢力（いわゆる「在特

✤✤✤✤✤✤✤✤✤✤✤✤✤✤✤✤✤✤✤✤✤✤✤✤✤✤✤✤✤✤

　社会科学では通常，対象を特定し比較するためには，まず概念を定義づけたうえで，個別に数え上げることができるように操作化する。例えば「自由」については，フリーダム・ハウス（FH）の指標では政治参加などの「政治的権利」と表現の自由などの「市民的自由」という2つで構成されているとみなし，それぞれスコア化し総合したうえで「自由」「一部自由」「非自由」の3つに区分している。2016年現在，日韓はともに「自由」とされるが，個別のスコアでは日本の自由度のほうが高い。Polity IV という別の指標では，日本が「完全な民主主義」であるのに対して韓国は「民主主義」であるとされ，両者の間には質的な差があるという。また，「報道の自由」についても，FH では日本が「自由」なのに対して韓国は「一部自由」とされている。しかし，別の組織である「国境なき記者団」によると，日韓はそれぞれ世界第72位と第70位で，ともに「見過ごせない問題」の存在が指摘されている。

　これらの指標は，多国間比較だけでなく時系列比較でもよく用いられるが，誰もが納得するわけではなく，データが完全にそろっているわけでもない。しかし，何らかの指標がなければ，比較するどころか事実をそれとして同定することもできない。重要なことは，概念の定義や操作化の手順を公開し批判にさらすことで，相互に検証を重ねることである。その意味で，「韓国は自由でない」と決めつけて逆に「日本は素晴らしい」と居直る態度と，それぞれを比較衡量し自ら正そうとする姿勢は，全く異なる。

✤✤✤✤✤✤✤✤✤✤✤✤✤✤✤✤✤✤✤✤✤✤✤✤✤✤✤✤✤✤

会」）もいて，被害者意識に基づいた「現代的レイシズム」（高，2015）が特徴的である。その中で，国際規範に沿った対策法が制定されたが，罰則はなく，表現の自由との兼ね合いや実効性が課題になっている（師岡，2013）。また，「中韓歴史共闘」「歴史戦」に見られるように，分別のつかない「中韓」に不当にやりこめられているという「我々」意識が一部で形成されつつある。

1　食い違う針路

戦後70年談話（2015年8月）では,「痛切な反省と心からのお詫びの気持ちを表明してきた歴代内閣の立場は, 今後も, 揺るぎない」としつつ,「私たちの子や孫, そしてその先の世代の子どもたちに, 謝罪を続ける宿命を背負わせてはならない」と断言している。そこで, 韓国は和解に寛大だった中国と対比されている。何より,「日露戦争は, 植民地支配のもとにあった, 多くのアジアやアフリカの人々を勇気づけた」という言及に韓国は反発したが, そもそも「戦後和解 (post-war settlement)」は「脱植民地主義 (post-colonialism)」とは位相が異なり, 旧宗主国でもある戦勝国も後者には沈黙した。

　この談話をめぐる評価にはギャップが目立つ。東京新聞とソウル新聞による合同世論調査（2015年8月実施）によると, 日本では肯定的評価がやや上回るが, その理由として「未来志向」だけでなく「反省とお詫びをした」が挙げられている。他方, 韓国では否定的評価が圧倒的で,「反省とお詫びが不十分」だからとされる。さらに, これも含めて日本は「全く反省とお詫びをしていない」が過半数で,「あまりしていない」と合わせると9割に及ぶ。逆に日本では, そうした韓国の認識は「理解できない」が6割を超える。

　それだけでなく, 米中に対する評価にもギャップが顕著である。第2回（2014年）日韓共同世論調査（言論NPO・東アジア研究院）によると, 軍事的脅威の対象として北朝鮮を挙げる比率は日韓ともに7割超で1位だが, 中国を脅威とする認識では日韓で31.8ポイントの差があり, 韓国の2位は中国ではなくむしろ日本である。また,「これからの世界政治をリードしていく国」として, 日本では米国を挙げる比率が突出しているのに対して, 韓国では米中が同じくらい重視されている。歴史問題だけでなく, 軍事的脅威や国際関係の将来に対する認識ギャップも日韓関係を規定しているというわけである。

> 領有権紛争としての竹島/
> 歴史認識問題としての独島

「10年経てば山河も変わる」ということわざが韓国にあるが、政府間の「不通」と国民同士の相互不信で特徴づけられる2010年代への転機は、李明博大統領が12年8月10日に竹島に上陸したことである。韓国の国家元首として初めての「独島(ドクト)訪問」は、「静かな外交」から「強硬な外交」への転換を意味した（ロー、2013）。韓国政府の基本的な立場は、「確固たる領土主権を行使している独島をめぐる領有権紛争は存在せず、外交交渉および司法的解決の対象にはなりえない」というもので、国際的に係争地として映るのは本来望ましくないはずである。

他方、日本政府は、「韓国による竹島の不法占拠」に対して、国際法に則った紛争の平和的解決を強調している。このときも、国際司法裁判所（ICJ）に共同で付託することを韓国政府に呼びかけた。1954年、62年に続く3回目の呼びかけで、国交正常化以降では初めてのことだった。韓国はICJの強制管轄権を認める選択条項受諾宣言をしておらず、これを拒否したが、日本も単独で付託することはしなかった。主権・領域・国民国家システムにおいて、領有権（紛争）の所在や解決方法は、当事者の一方的主張よりも第三者による承認が鍵である。

そもそも、竹島領有権は国交正常化交渉で最後まで妥結しなかった争点である。1965年6月に基本条約や付属協定と同時に取り決めた日韓紛争解決交換公文において、日韓両政府は「両国間の紛争は、まず、外交上の経路を通じて解決する」ことに合意したが、解釈は全く異なっている。日本は「両国間の紛争」とは竹島領有権紛争以外にありえないという立場であるが、韓国の立場は前述の通りである。この「解決せざるを以て解決したとする」方式が、もはや通用しなくなったということである。

それに代わる新しい方式として、第2次安倍内閣は従来海洋政策

を担当していた特命担当大臣に領土問題も兼任させると同時に、内閣官房に領土・主権対策企画調整室を設置した。史料収集、領土教育、対外発信を強化するとともに、北方領土だけでなく竹島や尖閣諸島に対する体系的な領土政策を立案することをめざしている。このように、日本では竹島は領有権紛争の一つとして認識されているが、韓国では、「日本による韓国侵略の最初の犠牲」「解放と同時に再び我が懐に戻った」と位置づけられており、完全に歴史認識問題である（池内，2016）。

そもそも、国家の領域は領土、領海、領空から構成されているが、日韓だけでなく、日中や中韓の間、さらに東アジア全域でも、海や空をめぐる争いが激しくなっている（岩下，2016）。日本が「現に有効に支配している」尖閣諸島の領海や領空を中国が侵犯するようになり、さらには南シナ海での中国による人工島の建設や軍隊の駐留は「航行の自由」「上空飛行の自由」原則に反するとして問題になっている。また、中国が東シナ海における防空識別圏を一方的に設定すると、韓国も追随するなど、力による現状変更の挑戦が顕著になっている。

慰安婦問題の「妥結」

慰安婦問題に韓国政府が全面的に取り組むようになったのは、憲法裁判所が2011年8月30日の決定で政府の裁量を縛ったのが契機である。日韓請求権協定では、請求権問題は個人も含めて「完全かつ最終的に解決された」と規定されているが、韓国政府は05年に、慰安婦、被爆者、在サハリン韓国人の個人請求権は消滅していないとしていた。これは「法的には解決済み」とする日本政府の立場とは相容れないものであり、「解釈及び実施に関する両締約国間の紛争」があるにもかかわらず、「外交上の経路を通じて解決する」ことを試みていないのは行政の不作為であり、司法によって違憲とされた。

これを受け、挺身隊問題対策協議会は韓国政府にも問題解決を迫

るとともに，1992年から続けてきた水曜集会が1000回を迎えた2011年12月14日に在韓日本大使館の真向いに少女像（平和の碑）を設置した。日本政府は「公館の安寧」に関するウィーン条約違反として撤去を求めたが，韓国政府は市民団体による行為だとして一蹴した。朴槿恵大統領は就任以来一貫して，この問題の解決なくして日韓首脳会談には応じられないとし，国際社会に対して「紛争下における女性の人権問題」として普遍化しようとした。

しかし，日韓首脳会談が開催されるとまもなく，2015年12月28日に，慰安婦問題は政府間で「妥結」した。「当時の軍の関与の下に，多数の女性の名誉と尊厳を深く傷つけた問題」として「日本政府は責任を痛感」し，安倍首相は「総理大臣として改めて，〔中略〕心からおわびと反省の気持ちを表明」した。そのうえで，韓国政府が設立する財団に公金を拠出し，「名誉と尊厳の回復，心の傷の癒やしのための事業」を日韓が協力して行うことにした。その着実な実施を前提に，この問題が「最終的かつ不可逆的に解決される」ことを確認し，「国連等国際社会において，本問題について互いに非難・批判することは控える」ことになった。

この合意を米国政府は称賛し，「癒やしと和解の重要な意思表示」として他国も歓迎すべきであると指摘した。南シナ海をめぐって中国と対峙する米国にとって，これでようやく「米日韓」の安保協力に弾みがつくからである。事実，米国はそれまでも日米韓首脳会談（2014年3月）を仲介したり，日韓間では一度霧散したGSOMIAも，北朝鮮関連に限定し米国経由というかたちでは実現させたりした。16年に入り，北朝鮮が核実験やミサイル発射を相次いで強行すると，韓国にとっての「韓米中」「韓米日」の比重が見直されつつある。

もちろん，政府間の合意は社会的な受容や包括的な和解そのものではない。また，おわびや反省の程度と和解の実現は必ずしも連動

しないし、「謝罪疲れ」がバックラッシュを惹き起こすこともある（朴, 2014 ; Lind, 2010）。日本国民はこの合意を概ね支持しているが、財団への公金の拠出は少女像の移転が伴わない限り反対という意見が過半数だった。他方、韓国では世代・支持政党・政権評価によって賛否が割れているが、少女像の移転には反対が圧倒的である。

政府間合意の時点で金学順(キムハクスン)のカミングアウトから24年以上が経過しており、当初238名いた生存者は46名に減っていた。

中韓接近

慰安婦とは異なり、徴用工については国交正常化交渉でも争点になり、経済協力金の一部を韓国政府が補償に充てただけでなく、2005年の見直しからも除外されていた。しかし、大法院（最高裁判所）は12年5月24日に、個人請求権は日韓請求権協定で当然には消滅していないという判断を示した。差し戻し審では、複数の日本企業が賠償を命じられたが、これを不服として上告中である（16年12月現在）。この件はあくまでも民事訴訟だが、韓国内で政府と司法の間に解釈の差があるということである。

日韓は、国交正常化交渉において、日本による韓国統治期の法的性格をめぐって対立した。日本は「たとえ不当だったとしても少なくとも合法的だった」と主張したのに対して、韓国は「不当で不法ゆえに当然そもそも無効だった」と反駁(はんばく)した。結局、日韓基本条約では「もはや無効（이미 무효／*already* null and void）〔強調は引用者〕」で決着した。日韓両政府はそれぞれ異なる解釈に基づいて自国民に向けて説明する一方で、その後、2国間協議の場で問題にすることはなく、まして第三者に対して非難や批判を行うことはなかった。

大法院の判断は、この「不同意の同意（agree to disagree）」という外交実践に背馳(はいち)する。大法院によると、「日帝強占（日本帝国主義による強制的な占領）」は「3・1運動によって建立された大韓民国臨時政府の法統（略）を継承」（韓国憲法前文）する国家理念に反する以

上，それに直結する行為は「そ も そ も無効（*ab initio* null and void）」になるという法理である。憲法前文にそのまま裁判規範性を認めた画期的な判決で，徴用工の個人請求権にとどまらない含意がある。

確かに，韓国併合条約（1910年）の9年後，3・1運動が契機になって，大韓民国臨時憲章とともに大韓民国臨時政府の成立が上海で宣言されたのは事実である。その後，憲章や政体は何度も変わるが，48年の憲法制定時に重要な参照点になったし，初代大統領の李承晩（イスンマン）の正統性はこの時期の経歴に由来する。とはいえ，当時，それを亡命政府として認めた国は一つも存在しない。国際法的に「朝鮮の独立［が］承認」されたのは51年のサンフランシスコ平和条約においてだが，韓国が「戦勝国」として参加することは許されなかった。

中国が開催した「抗日戦勝70周年」の軍事パレード（2015年9月）に「西側」で唯一，朴槿恵大統領が参加し，習近平（しゅうきんぺい）主席やロシアのプーチン大統領と並び立った。そこは，朝鮮戦争休戦の翌年，金日成（キムイルソン）首相（当時）が毛沢東（もうたくとう）主席にあてがわれた位置である。韓国はついに，かつて「唇歯（しんし）」に喩（たと）えられた「中朝」（平岩, 2010）より「中韓」が接近し，「韓米日」より「韓米中」を重視する外交安保戦略は最高潮に達していると自賛した。この間，習主席は「抗日共闘」を強調し，安重根（アンジュングン）記念館の開設や大韓民国臨時政府庁舎の再建に協力した。

2 戦略的再定義

1965年体制の「確認」

徴用工が外交上の問題になったのは2010年代になってからのことだが，竹島や慰安婦は以前からしばしば争点化してきた。この時期に特徴的なのは，

従来と同じかたちで繰り返されたのではなく，それぞれ日韓基本条約，日韓紛争解決交換公文，日韓請求権協定といった，そもそも1965年に国交正常化を可能にし，それ以降日韓関係の土台になってきた枠組み（「1965年体制」とも呼ばれる）自体が問われるようになったということである。奇しくも，「日韓50周年」の2015年は「戦後70年」でもあり，「戦後」／「脱植民地主義」や「終戦（敗戦）」／「（抗日）戦勝」をめぐる再定義や自省が繰り広げられた（大沼，2015；細谷，2015）。

1965年体制はそもそも，国交正常化時の条約，協定，交換公文などのテキスト群だけで完結しているのではなく，その後の両国政府間の外交実践の積み重ねと，日韓パートナーシップ宣言（98年）や総理談話など新たなテキスト群も含んでいる。例えば，請求権問題は「完全かつ最終的に解決された」のではなく，日韓請求権協定でも「（解決された）こととなることを確認する」と続いている。1990年代における河野談話やアジア女性基金の取り組みは，こうした「確認」過程であったといえる（服部，2015）。

いわゆる歴史認識問題は，1945年以前の出来事に関する認識ギャップを意味するのが一般的であるが，65年の国交正常化以降，特に90年代以降の取り組みをめぐっても際立っている。第2次安倍内閣による河野談話やアジア女性基金に対する検証は「歴史修正主義」という批判を招いたが，当時，韓国政府もこれらの取り組みに対して一定の評価をしていたことも事実である。その「確認」の「確認」も含めて「歴代内閣の立場」を「全体として継承」しようとしたのが，戦後70年談話である。

日韓関係に限らず，近年，2国間関係や対外政策を取り巻く構造的環境が大きく変容している。慰安婦問題の「妥結」に見られるように，相手国政府と合意することと，社会から同意をとりつけ，広く国際社会からも承認されることとは全く別の課題である。こうし

た両面睨みのマルチレベル・ゲームにおいて，各国政府は国内外でウィンセット（合意が可能な幅）を互いに見極めながら交渉に臨んでいる。事案の性質によっては，「頭」よりも「心」を勝ち取ることが重要である（渡辺，2011）。慰安婦問題は「心」を揺さぶる典型的な「手軽な争点（easy issue）」であり，盛り上がりやすい。

1965年体制が今後も持続するかはこのゲーム次第である（木宮・李，2015）。一般に，「合意は拘束する（pacta sunt servanda）」原則が通用するため，一方の当事者における国内事情の変更は他方を拘束しない。政権交代，民主化，新たな司法判断などが，それに該当する。ただ，事情変更の原則（clausula rebus sic stantibus）や強行規範（jus cogens）という法理が適用されると別であるし，法廷外では現在の規範で過去が評価されることも少なくない。ゲームのルールも一様ではなく，常に変わりうるというわけである。

グローバルな構造変化に対する認識ギャップ

首脳の個性や国内要因だけでなく，グローバルな構造が重要だからといって，各国に一様に変化がもたらされるわけではない。それを首脳や国民がどのように認識するか次第で，政策対応には当然差が生じる。

日韓両国はこれまで，ともに戦後の国際秩序を主導してきた米国の同盟国で，開かれた国際経済レジームにコミットしてきた。そうした秩序やレジームの成り立ちが中国という「新型大国」の台頭と「西太平洋（the Western Pacific）」への野心の表明によって転換期を迎えている。米国のオバマ大統領もアジア太平洋への「リバランス（再均衡）政策」を打ち出す中で，それぞれ「要石（cornerstone）」「蝶番（linchpin）」としての日韓との同盟システムを米中関係の中で位置づけ直そうとした。

こうしたグローバルな構造変化や米中関係の変容について，日本では米国との同盟をいっそう強化することで対応しようとしている。

Column ⑲　朝鮮半島をめぐる地政学

「地政学の逆襲」(カプラン，2014) が世界各地で注目されている。外交安保戦略は，その国の地理によって運命づけられていないとしても，大きく規定されているというのだ。

日本は太平洋の西に位置する列島で，南北に長い。海岸線も長く，離島が6847も存在する。その中には，最東端の南鳥島，最南端の沖ノ鳥島，そして沖大東島のように，それぞれコンパスでぐるっと円を描いたような排他的経済水域 (EEZ) (と延長大陸棚) をもたらすものもある。そうした海洋面積の合計 (465万km²) は国土面積 (38万km²) の12倍以上に達し，日本は悠々たる海洋大国なのである。

他方，韓国は，朝鮮半島が南北に分断される中で，北緯38度沿いの軍事境界線で北朝鮮と対峙している。ソウル (日本統治期には「京城」と呼ばれた) と新義州 (北朝鮮の北西部に位置し，鴨緑江を挟んで中国の丹東と向き合う) を結ぶ鉄道の路線「京義線」が金大中政権期に復元されると，ゆくゆくは遥かヨーロッパまでつながると期待された。事実，金正日総書記が2001年のモスクワ訪問時にシベリア鉄道を利用したように，朝鮮半島は確かにユーラシア大陸の一部である。

しかし，北朝鮮の核・ミサイル開発に対する独自の制裁として，南北経済協力の象徴として最後まで残っていた開城工業団地も閉鎖された現在，韓国は「孤立した陸地」，もっといえば「島」である。空路や海路ではネットワークの結節点の一つになっているが，少なくとも陸路では，どこともリンクしていない。

「現に有効に支配している」尖閣諸島をめぐって現状変更の試みが繰り返されている中で，国民も中国を北朝鮮とほぼ同じくらい軍事的脅威とみなしている。政府は，長年維持してきた「保有するが行使できない」という集団的自衛権に関する憲法解釈を変更し，平和安全法制を整備するとともに，日米ガイドラインを改定するなど安全保障面での役割分担に積極的である。環太平洋パートナーシップ

✦✦✦

　古来，半島は，外へと膨張する大陸勢力と内へと侵入する海洋勢力の間で角逐(かくちく)の場になってきた。朝鮮半島も，元寇，文禄・慶長の役，日清・日露戦争，分断など「外勢」に翻弄される歴史だったともいえる。北朝鮮で「主体(チュチェ)」が強調される背景でもある。

　韓国の外交安保戦略は，これまで米国との同盟を基軸にしてきた。その中で「韓米日」の安保連携も模索されるなど，基本的に海洋勢力の一員として，「北朝鮮・中国・ロシア」という大陸勢力に対峙するものとみなされてきた。盧武鉉(ノムヒョン)大統領が一時，両勢力間の「バランサー」論を主唱したこともあったが，すぐに軌道修正した。

　ところが，朴槿恵政権になると，一方で在韓米軍司令官からの戦時作戦統制権移管の再延期を申し出つつ，他方で中国に急接近し，「西側」で唯一，人民解放軍による軍事パレードに参加した。この「韓米日」から「韓米中」へのシフトは，中国をテコに北朝鮮を動かすためだったと説明されるが，西太平洋をめぐる米中対立やグローバルなパワー・シフトとも関連している。南シナ海問題については，「航行の自由」や「紛争の平和的解決」という原則論を表明するだけだった。

　米国は第二次世界大戦後一貫して国際主義を標榜し，アジア太平洋地域にもコミットしてきたが，リバランス（再均衡）は常に行っている。トランプ政権においても海洋勢力であり続けるかは，中国がどのような「新型大国」になるかとあわせて，朝鮮半島をめぐる地政学を左右するだろう。

✦✦✦

（TPP）協定の締結も，日米で主導した。

　他方，韓国にとって，米中対立の激化，中でも日本が導火線となり巻き込まれるシナリオは最悪である。朴槿恵政権になって，伝統的な「韓米日」より，安保は米国，経済は中国という「安米経中」「韓米中」のほうを重視するようになった。その中で，中国の「抗日戦勝70周年」の軍事パレードに参加し，日米が反対したアジア

インフラ投資銀行（AIIB）にも創設メンバーとして加わった。この「対中傾斜」は太平洋両岸の安保サークルで注視されたが，北朝鮮のミサイル開発が進むと，韓国は在韓米軍への終末高高度防衛ミサイル（THAAD）の配備に合意し，日韓 GSOMIA も締結した。日米のミサイル防衛（MD）と連動し，自らを牽制するものとして中国やロシアは反対していた。

イシュー間の優先順位はかつてほど明確ではなくなったとはいえ，安全保障が依然としてハイ・ポリティクスであることを示したのが北朝鮮による相次ぐ核実験（2016年1月・9月）とミサイル発射である。国連安保理による制裁決議にもかかわらず，06年，09年，13年に続く実験で核弾頭の標準化・規格化を進め，それを搭載し，米国本土を標的にできる大陸間弾道ミサイル（ICBM）の実戦配備に近づいている。15年末に慰安婦問題が日韓間で「妥結」されたこともあり，「日米韓」の安保連携が復元しつつある。安倍首相は基本的価値ではなく「戦略的利益の共有」（外務省『外交青書』16年度版）を強調した。

このように，「日韓」関係は単独の2国間関係としてではなく，「日米」「日中」，「韓米」「韓中」，何より「米中」といった他の2国間関係，それに「日米韓」「韓米中」「日中韓」といったマルチの枠組みとの関連の中でますます規定されるようになっている。「戦後日韓関係史」において，「日韓」はもちろん，「戦後」や「関係」や「歴史」も，もはや自明の前提ではなく，常に反省的に問いただしていく必要があるということである。

「特殊」から「普通」へ

日韓関係が「特殊」とされるのは，その「歴史」ゆえ，である。いうまでもなく，かつて宗主国と植民地の関係で，その過去をどのように清算するのかは，米国とフィリピン，英国とインド，フランスとベトナム，オランダとインドネシアなどの間でも問題になっており，グローバル

かつ世界史的な側面を併せ持っている。何より「戦後」は必ずしも「脱植民地主義」を伴わず、特に朝鮮半島の場合、日本の敗戦とともに「盗人のようにやってきた解放」は米ソによる南北占領、分断国家に帰着し、ついには朝鮮戦争に至った。その「戦後」は、60年以上経った今も、法的には「休戦 (technically still at war)」にすぎない。

国際秩序は「均衡」「協調」「共同体」という3つの体系から構成されているが (細谷, 2012)、経済的な相互依存が深化しているわりには制度化の水準が低いのが北東アジア地域の特徴である (大庭, 2014)。その分、バランス・オブ・パワーが重視されるが、北朝鮮による核・ミサイル開発は、米国による拡大核抑止に依存する日韓にとって深刻な挑戦になっている。また、客観的な能力だけでなく主観的な意思やその相互認識も2国間関係を構成するが、「基本的価値を共有していない」「戦略的利益は共有している」「全く反省とお詫びをしない国」というのは、その例である。

日韓関係が「特殊」とされるもう一つの理由は、隣国であるということである。四方を海に囲まれた日本はもちろん、半島の南端に位置し、軍事境界線で北朝鮮と対峙する韓国にとっても、互いが唯一の隣国であるように映った時期があったのは確かである。しかし、グローバル化の中で地理的近接性の重要性が低下し、むしろ政治地理学的な親疎関係が優先されるようになっている。日韓ともに「地球儀を俯瞰する外交」を展開するようになると、韓国（日本）という存在の意義は日本（韓国）が国家承認している 195 (190) カ国のうちの一つへと相対化されていくのは半ば必然である。

かつて韓国にとって、日本や米国は対外関係において圧倒的な存在だった。しかし、グローバルな冷戦が終結すると、ソ連 (1990年) や中国 (92年) など旧東側陣営諸国と国交を結び、外交空間が多角化した。中国との貿易額が日米を合わせたものを上回ったのは

2010年だが,朴槿恵政権になると「4強(米日中ロ)」という表現自体もほとんど聞かれなくなった。日本にとっても,貿易面で韓国が占める比率は一貫して一桁で,自由貿易協定(FTA)協議は頓挫したままである。安保面でも,「米日韓」における日韓は「擬似同盟(quasi-alliance)」に喩えられたことがあるが(チャ,2003),GSOMIAや物品役務相互提供協定(ACSA)をすでに締結しているオーストラリアのほうが「準同盟(virtual alliance)」に近くなっている。

　日韓関係は今後,「普通」の2国間関係になっていくだろう。それは「歴史」がなおざりにされるということでも,「ごくありふれた」ものになるということでもない。むしろ,過去から現在,そして未来へと続いていくグローバル・ヒストリーの中で,あらゆるナショナル・ヒストリー(一国史/民族史)やその叙述は,「普く通じる」ルールや規範によって形作られるということである(羽田,2016)。「戦後日韓関係史」もそうした転換期を迎えている。

●引用・参考文献●

池内敏,2016年『竹島――もうひとつの日韓関係史』中公新書。

岩下明裕,2016年『入門国境学――領土,主権,イデオロギー』中公新書。

大沼保昭/聞き手・江川紹子,2015年『「歴史認識」とは何か――対立の構図を超えて』中公新書。

大庭三枝,2014年『重層的地域としてのアジア――対立と共存の構図』有斐閣。

外務省『外交青書』各年度版。

カプラン,ロバート・D/奥山真司解説・櫻井祐子訳,2014年『地政学の逆襲――「影のCIA」が予測する覇権の世界地図』朝日新聞出版。

木宮正史・李元徳編,2015年『日韓関係史 1965-2015 Ⅰ 政治』東京大学出版会。

高史明,2015年『レイシズムを解剖する――在日コリアンへの偏見と

インターネット』勁草書房。

チャ,ヴィクター・D／船橋洋一監訳・倉田秀也訳,2003 年『米日韓 反目を超えた提携』有斐閣。

朴裕河(パクユハ),2014 年『帝国の慰安婦——植民地支配と記憶の闘い』朝日新聞出版。

服部龍二,2015 年『外交ドキュメント 歴史認識』岩波新書。

羽田正編,2016 年『グローバルヒストリーと東アジア史』東京大学出版会。

平岩俊司,2010 年『朝鮮民主主義人民共和国と中華人民共和国——「唇歯の関係」の構造と変容』世織書房。

細谷雄一,2012 年『国際秩序——18 世紀ヨーロッパから 21 世紀アジアへ』中公新書。

細谷雄一,2015 年『歴史認識とは何か——日露戦争からアジア太平洋戦争まで』(戦後史の解放 I) 新潮選書。

師岡康子,2013 年『ヘイト・スピーチとは何か』岩波新書。

安田浩一,2015 年『ネットと愛国』講談社 + α 文庫。

ロー,ダニエル,2013 年『竹島密約』草思社文庫。

渡辺靖,2011 年『文化と外交——パブリック・ディプロマシーの時代』中公新書。

*英語文献

Glosserman, Brad and Scott A. Snyder, 2015, *The Japan-South Korea Identity Clash: East Asian Security and the United States*, Columbia University Press.

Lind, Jennifer, 2010, *Sorry States: Apologies in International Politics*, Cornell University Press.

終 章 今後の日韓関係に向けて

🔼 最近の日本と韓国。東京（左上，2016年）とソウル（2012年）の風景（写真提供：時事通信フォト）

　21世紀に入り，日韓関係には大きな構造的変容が起こっている。アクター・レベルでは，「民主化」が進み，日韓の政治はより多様化し，分散的になっている。はたして日韓の間に「民主的平和」は深化するのだろうか。地域主義やグローバル化の潮流に日韓はどう対応しているのか。非対称な状況から始まった戦後日韓関係は，「ナショナル・リージョナル・グローバル」の三層構造の変容に直面しつつ，新たな関係構築の課題に直面している。

日韓の「民主的平和」

本書でこれまで見てきたように、21世紀に入り、日韓関係はさまざまなレベルの変化に直面し、大きな転換期を迎えている。日韓の間を近づける変化もあれば、新たな対立が浮上する場面も増えている。世界的に新しい国際秩序のあり方をめぐって試行錯誤が繰り返されており、日韓関係の展望は必ずしも明確ではない。逆にいえば、さまざまな可能性が開かれているのであり、日韓の人々の選択によって、将来のあり方が大きく左右されることを意味する。終章では、これまでの記述をふまえつつ、重層的な変化を概観し、日韓関係の今後について考える手がかりを提供したい。

まずは、アクター・レベルの変化である。日本や韓国というアクターそのものの性質の変化を意味するが、ここでは「民主化」という側面を強調しておきたい。民主化とは、軍部統治から文民政治、権威主義体制から市民参加型政治への転換を指し、1980年代以降の韓国における変化がこれに該当する。他方、日本についても、90年代以後に顕著になった「政治主導」や、政治に対する世論の影響力の拡大などは、ある種の民主化のプロセスといってよいだろう。国家優位の時代は終わりを告げ、市場や市民社会の比重は着実に増えている。

民主化というアクター・レベルの変化は、日韓関係にどのような影響を与えるのだろうか。そこにも二面性が存在する。まず、一方では、民主化の進展は、経済成長と相まって、日韓の政治や社会の同質性を高めた。代議制民主主義や市場経済の体制を基本的に共有し、そのうえで、人権など社会の価値の面でも共通の土台が増えてきた。政治的民主化は人々の価値や理念、認識における多様性をもたらす。日韓の相互認識においても多様化が趨勢となった。こうした民主化に伴う社会の同質化、均質化、多様化は、日韓両国をより深く結び付ける働きをするであろう。

その反面,これまで繰り返し指摘してきたように,近年の日韓間の対立は民主化の進展を背景にしたものも少なくない。多様な声が噴出することは,政治や外交が不安定になることをも意味する。従来のように,政府によって外交が統制される時代は終わりつつある。封印された過去の問題が争点として浮上し,一般市民の感情が外交を揺さぶる。

 日韓の間で「民主的平和」は実現されるのか。これは,21世紀の日韓関係の一つの課題といえよう。哲学者カントは晩年に『永遠平和のために』を著し,国家間の平和の条件を論じた。その中で,カントは,政治体制が君主制から共和制に移行すれば,戦争はなくなり,国際関係が平和になるという展望を示した。戦争のコストを背負う市民が政治の主体になれば,戦争を選ぶはずがないという信念がその背景にあった(カント,2007)。しかし,その後,市民が主権者である国民国家の時代が到来したが,ナショナリズムの感情に突き動かされ,人々はむしろ戦争への道を進んだ。人間の理性に期待したカントの構想は裏切られたが,近年,ラセットら国際政治学者によって,「民主制の国同士は戦争をしない」という命題に変わり,「民主的平和」論と呼ばれる議論が展開されている。民主制が定着した国々では,共通の価値や規範に基づいて,相手をパートナーとしてとらえる認識が共有され,また,多元化された政治制度が戦争や武力行使といった極端な選択を構造的に抑制するという理論である(ラセット,1996)。

 これは,戦争の有無に関する議論だが,さらに拡張すれば,民主制の定着が国家間関係の安定化にいかに寄与するのかという問いになる。民主化のダイナミックスに揺れながら,さまざまな要因による摩擦を全面的な対立に拡大させないバランス感覚を発揮できるのか。21世紀の日韓が直面する重要な課題の一つである。

国家・市場・市民社会の複合体

今や日本と韓国といったアクターを国家・市場・市民社会の複合体ととらえるのが実態に合致するであろう。もはや国家,すなわち政府だけが対外関係の主体ではなく,企業や自治体,非政府組織(NGO)といったさまざまな主体が国境を越えて独自に外交を展開する時代となっている。日韓関係の将来は,こうした多様性の観点から考える必要がある。

戦後の日韓関係は国家から市場,市民社会へと領域が拡大してきた。こうした傾向は日韓関係に限ったことではない。1980年代以降,いわゆる新自由主義が台頭し,規制緩和などの「自由化」が課題となった。経済のグローバル化に対応し,国家の国際競争力を高めるために,各国が競って市場原理の導入による政治経済体制の再編に取り組み始めたのである。先に述べた「民主化」もこうした潮流の一環であった。国家の権限を市場に移管する現象が「自由化」であり,市民社会に移管すれば「民主化」ということになる。

通常,新自由主義による政治経済の再編では,民営化などの「自由化」が中心であった。他方,それと並行して,分権化,すなわち中央政府から地方自治体への権限移譲や,行政への市民参加,行政と非政府組織との連携などの「民主化」も進展した。グローバル化時代の国家の変容については,この2つの側面ともに注目する必要がある。

国家・市場・市民社会の複合体による日韓関係は,多様な側面が網の目のように絡み合う構造になっており,こうした傾向は今後さらに強まるであろう。現に,国家,すなわち政府間関係においても,外交当局だけでなく,経済や社会・文化などを担当するさまざまな組織が独自の国際的な連携を形成している。

市場,すなわち経済面で日韓関係が多様化したことは,あらためて強調するまでもないだろう。韓国の経済成長とともに,対外経済

関係が拡大し，日韓の経済関係がそれぞれお互いの経済に占める比重は低下している。しかし，日韓経済の相互依存は，従来のような産業間分業を超えて，企業内分業，さらには生産工程間分業に進み，構造的に深化している。また，類似した産業構造ゆえに，企業間の競合が激化する側面がある反面，日韓企業の間での戦略的提携や第三国への共同進出の事例も増加している（安倍，2015）。

多様性がより顕著なのは市民社会レベルの日韓関係である。1980年代以後の「等身大」の交流は，日韓関係を飛躍的に多様化させた。自治体交流や教育・研究交流から社会運動，大衆文化交流に至るまで，社会間のネットワークはほぼ日常化しているといってよいだろう。自治体交流は行政と市民を結ぶ機能があり，多様な日韓関係を支える重要な土台の一つといえよう。日韓ともに提携先としては米国や中国に次いで互いに3番目に位置しているが，状況の類似性を背景に，行政・政策交流や職員の相互派遣など，実質的な交流が多い（大西，2015）。

こうした市場や市民社会による日韓の多様な関係のネットワークが国家間の対立を緩和し，外交関係の安定化に寄与できるのであろうか。日韓の市場や市民社会は，依然として国家やナショナリズムに影響されるところが少なくなく，その展望は必ずしも明確ではない。その行方は，多様な交流と相互依存の過程から，共通の利害だけでなく，ドイッチュのいう「われわれ意識（we-feeling）」が醸成されるかにかかっている（Deutsch, 1957）。

東アジアの中の日韓　冷戦終結後，隣接した国々からなる「地域（region）」が国際秩序の新たな枠組みの1つとして台頭している。400年以上続いた主権国家体系の揺らぎをふまえ，それを補完し，乗り越えるものとして，「地域形成（region-building）」の模索が世界的に行われているともいえよう。第二次世界大戦以後，ヨーロッパが地域統合を先導してきたが，紆余曲折を

経ながら、地域主義の潮流は各地に広がっている。

日韓関係の行方は、この地域レベルの変容にどう対応するかとも連動している。すでに冷戦期から日韓は、それぞれ地域主義外交を展開してきたが、冷戦終結後の1990年代以降、「東アジア」の地域形成に向けて、積極的に連携した。99年、ASEAN＋3（日中韓）首脳会議で「東アジア・ビジョン・グループ（EAVG）」の設置が決まり、2001年に報告書「東アジア共同体に向けて――平和・繁栄・進歩の地域」が採択された。その過程では、日韓の外交的協力が大きな役割を果たした。1999年に開始された日中韓首脳会議も日本の小渕恵三首相と韓国の金大中大統領の協力によって実現したものであった。ASEANによる地域協力を土台にしつつ、台頭する中国を組み入れた東アジアの包括的な地域形成をめざして、日韓が展開した戦略的イニシアティブであった。

しかし、その後、中国の台頭が予想以上に進み、「東アジア共同体」構想は変容を余儀なくされた。その一環として2005年に設立された東アジア首脳会議は、巨大な中国の存在とバランスをとるため、インドやオーストラリア、ニュージーランドに加え、11年には米国とロシアをも正式メンバーに加えることになった。東アジア首脳会議は、しばしば「中国の脅威」をめぐる議論の場と化し、東アジア共同体に向けた第一歩という設立の意義は色褪せていった。

「中国の台頭」に集約される権力移行は、東アジアの地域形成に大きな課題をつきつけている。東アジアでは「垂直的」な地域秩序の歴史が長く続いた。近代以前には中国を中心とした華夷秩序が地域を覆い、近代に入り、西欧列強の帝国主義支配がそれに代わった。第二次世界大戦前の日本が試みた大東亜共栄圏もその延長線上にあるといえる。戦後、多くのアジア諸国が政治的独立を実現し、経済成長を成し遂げたことで、初めて「水平的」な地域秩序の土台が築かれた。ASEANによって進められた東アジアの「新しい地域主

義」の潮流は，こうした構造的変化を背景に生まれたものであった。それをふまえ，政治的・経済的に大きな比重を占める日中韓を包括する地域枠組みを構築することが課題となり，その試行錯誤が今も続いている。

中国の台頭への対応は，日韓共通の課題であるとともに，近年の日韓関係を不安定化させる要因にもなっている。2010年代以後，東アジア地域への影響力をめぐって，米中のせめぎ合いが展開される中，日本は米国との同盟強化に拍車をかける反面，韓国は中国とも関係を強化した。韓国としては，中国の北朝鮮に対する影響力への期待や，最大の貿易相手国という経済的な理由があったが，日本からは「中国寄り」と見られ，日韓の溝が広がった。安全保障や経済の観点から，米中の勢力競争を防ぎつつ，両方を包括する秩序を模索しなければならない点で，日韓の立場は共通している。日韓の協調と対立は，東アジア地域の行方にも大きな影響を与える。

もう一つの地域的課題である北朝鮮問題についても，日韓の間には協力と葛藤の両面が存在する。対北朝鮮政策をめぐって，安全保障の面では，日米韓という共同対応の枠組みがあるが，朝鮮半島の共存，さらには南北統一への道という外交の面では，利害の相違もたびたび顕在化した。北朝鮮問題は中国の台頭とも連動しており，21世紀の日韓関係を左右する課題といってよいだろう。

グローバル化と日韓

さまざまな問題を抱えながらも，グローバル化と呼ばれる現象は続くだろう。市場原理が主導するグローバル化の弊害が至るところで表面化し，その反動が各国の政治を揺るがしている。しかし，世界の国々が密接に結び付くにつれ，グローバルな秩序の必要はむしろ高まっている。再び国境の垣根を高く築き上げることで，問題が解決するわけではないからである。

国際システム・レベルの大きな変容であるグローバル化への対応

は,日韓関係にとっても挑戦であり,また機会でもある。韓国が経済成長を遂げ,いわゆる「先進国入り」を果たした1990年代以来,グローバル社会の諸問題に対する日韓の協力が具体的な課題として浮上した。世界の主要国の位置を占めるようになった日韓両国は,2国間関係の視点にとどまらず,東アジア地域,ひいてはグローバル社会への貢献という観点から,自らの役割を考える必要があるという認識が背景にある。

現に,近年は首脳や閣僚会合などで,開発や環境など地球的問題(global problematique)への日韓協力は主要な議題として取り上げられ,具体的な取り組みも行われている。また,社会的・経済的な問題については,主としてASEAN+3や日中韓3国協力などの地域枠組み,さらには争点別の国際機構などで,日韓が協力し,連携する場面が増えている。

こうした多国間メカニズムにおける日韓協力に加え,地球的問題に対する日韓の2国間協力の可能性も議論されている。多国間の枠組みの中での協力に比べ,日韓関係の深化という観点で,より重要な取り組みであることはいうまでもない。その代表的な事例が日韓の政府開発援助(ODA)協力の模索である。国際的には援助の重複などによる非効率性を解決するために,援助供与国による協調や調整が課題となっている。しかし,対外援助は国家の外交戦略の重要な手段でもあり,むしろ競合する場面も少なくない。日韓の間ではODA協力に関する提案や議論は行われているが,本格的な政策の実行には至っていない。しかし日韓ともに,自国の経済発展の経験をふまえ,開発支援をグローバル社会への貢献として重視するなど共通点が多い。環境・エネルギーなど,日韓が共通に抱える地球的問題をめぐる政策協調はその解決だけでなく,日韓関係の深化にも寄与するであろう(李淑鍾, 2012; 田所, 2012)。

グローバル化の文脈で日韓関係をとらえなおすことは,国際貢献

だけでなく，日韓が国内に抱える共通の課題に目を向けることにもなる。国家主導の開発主義体制の下，近代化と産業化を遂げた日本と韓国は，その成功とともに，課題の面でも共通するところが多い。近年の日韓における政策課題の論議を見ると，経済格差と貧困，少子高齢化，外国人居住者の増加と多文化共生，青年失業と非正規雇用など，ほぼ同じ項目が並ぶ。若干の時差を伴いながら，日韓が同じような軌跡をたどっており，互いの取り組みから学び，協力すべきところが多いことがわかる（春木・薛東勲，2011）。

グローバル化への反動として，ナショナリズムも高まりを見せている。「アイデンティティの政治」の表れといえるが，日韓，さらには日韓中の社会に共通した現象である点にも注目する必要がある。グローバル化が社会共同体を寸断し，その亀裂や格差が排外主義やポピュリズム（大衆迎合主義）の温床になる構図は世界に共通する。日韓中を比較しても，この点で類似性が際立つ（高原，2006）。互いに対立を繰り返す日韓，ひいては日韓中のナショナリズムは，実は同じ構造的変容に由来する共通の課題ともいえる。

日韓関係はどこに向かうのか

国際政治学者ウェントは『国際政治の社会理論』の中で，国家間関係の類型を，①「ホッブズ的な敵」，②「ロック的なライバル」，③「カント的な友人」の３つに分けた。彼はこれを「アナーキーの３つの文化」と呼んだ。「アナーキー」とは，世界政府のような中心が存在せず，主権国家によって構成される国際関係を指す。「文化」という表現を使ったのは，個人間の関係と同じく，国家間関係においても，繰り返される相互作用から一定の関係性のパターンがある種の文化として形成されるという意味である。主権国家体系には中央政府が存在せず，その意味で，国際政治はアナーキーである。しかし，だからといって，無法状態の混乱が常に起きるのではなく，国家間の相互作用次第では一定の文化，すなわち共通の意

識や規範に基づくある種の秩序が形成されるというのがウェントの理論である（Wendt, 1999）。

シュミットの「友敵理論」のように，政治や外交について，「友好」と「敵対」の二分法のアプローチはよくある（シュミット，1970）。ウェントの議論は，これに「ライバル」という第3の形態を加えたことに特徴がある。「ホッブズ的な敵」とは，いうまでもなく，「喰うか喰われるか」のゼロサムの関係である。そこには信頼は存在せず，疑心暗鬼から常に「最悪事態」を想定する。そのため，相互協力で得られる利益より，相互背信で被るかもしれない損失の回避を重視する選択が行われる。その対極にあるのが「カント的な友人」の関係である。その協力関係は単に利害の判断によるものではなく，価値や理念の共有に基づき，一つの共同体として定着している状態を指す。すなわち協力行動の規範化であり，制度化である。この両者の中間に位置するのが「ロック的ライバル」である。つまり，それぞれの国家は異なる利害や価値をもち，対立する面もあるが，一定のルールや枠組みに基づいて，競争を繰り広げる関係である。自らの利益のためにも，対立だけでなく協調を選択する関係の類型である。

ウェントによると，こうした「文化」，すなわち関係性のあり方は，アクターの相互作用の過程から作られるものだという。国家間関係の構造は不変ではなく，アクターの選択としての相互作用によって形づくられ，また変化する。個人の場合と同じく，国家間関係においても，学習過程（learning process）が働き，繰り返される接触や行動を通じて，互いに対する認識が形成されるのである。

多くの国家間関係は，こうした3つの側面をどこかにもちながらも，徐々に一定の関係性を築いているといえる。構造によって制約されながら，アクターの選択が構造そのものを変化させてきたのが国際政治の歴史でもある。国家間関係で協調が困難なことを示す例

として,ゲーム理論の「囚人のジレンマ」がよく引き合いに出される。確かに,互いに信頼がない場合,双方に利益をもたらす「協調」でなく,皆が損をする「相互背信」が選択される。しかし,ゲーム理論でも,このやり取りが1回で終わらず,繰り返された場合,学習過程が働き,徐々に「協調」の解を選択することが実証されている。

　戦後の日韓関係もこうした進化への模索の過程にあるといえよう。依然として,とりわけ認識の面では不信感に基づく対立の溝が深いが,多様な相互作用を通じて,協調の土台を築いてきた。21世紀に入り,日韓関係を取り巻く国際システムは流動性を高めている。非対称な関係から始まった戦後の日韓関係が,グローバル化や民主化といった潮流に対応しつつ,水平的な「パートナー」を経て,「友人」の関係に深化できるかは,東アジア地域の行方にも大きな影響を与えるであろう。

●引用・参考文献●

安倍誠,2015年「日本の対韓経済協力――一方的援助から相互協力への模索」安倍誠・金都亨(キム ドヒョン)編『日韓関係史 1965-2015 Ⅱ 経済』東京大学出版会。

大西裕,2015年「日韓自治体間協力の展開――姉妹都市提携の戦略」木宮正史・李元徳(イウォンドク)編『日韓関係史 1965-2015 Ⅰ 政治』東京大学出版会。

カント,イマヌエル／池内紀訳,2007年『永遠平和のために』集英社(原書は1795年)。

シュミット,カール／田中浩・原田武雄訳,1970『政治的なものの概念』未來社。

高原基彰,2006年『不安型ナショナリズムの時代――日韓中のネット世代が憎みあう本当の理由』洋泉社新書y。

田所昌幸,2012年「グローバル社会における日本と韓国――2つの非西

洋『ポストモダン』国家として」小此木政夫・河英善(ハ ヨンソン)編『日韓新時代と東アジア国際政治』(シリーズ・日韓新時代 1) 慶應義塾大学出版会。

春木育美・薛東勲(ソルドンフン)編,2011 年『韓国の少子高齢化と格差社会——日韓比較の視座から』慶應義塾大学出版会。

ラセット,ブルース／鴨武彦訳,1996 年『パクス・デモクラティア——冷戦後世界への原理』東京大学出版会。

李鍾元(リージョンウォン),2012 年「東アジア共同体と朝鮮半島」山本吉宣・羽場久美子・押村高編『国際政治から考える東アジア共同体』ミネルヴァ書房。

李鍾元,2015 年「冷戦後の国際秩序と日本——東アジアの地域形成と日本外交を中心に」『岩波講座・日本歴史 第 19 巻・近現代 5』岩波書店。

李淑鍾(リースクジョン),2012 年「グローバルな問題における日韓協力——政府開発援助(ODA)の効果性と気候変動対策の事例」小此木政夫・河英善編『日韓新時代と東アジア国際政治』(シリーズ・日韓新時代 1) 慶應義塾大学出版会。

＊英語文献

Deutsch, Karl, et al., 1957, *Political Community and the North Atlantic Area*, Princeton University Press.

Wendt, Alexander, 1999, *Social Theory of International Politics*, Cambridge University Press.

●読書案内●

◆ 全体に関するもの

『日韓関係史 1965-2015』(Ⅰ政治：木宮正史・李元德(イウォンドク)編, Ⅱ経済：安部誠・金都亨(キムドヒョン)編, Ⅲ社会・文化：磯崎典世・李鐘久(イジョング)編) 東京大学出版会, 2015年。
　＊慰安婦問題などをめぐって日韓の相互不信が増大した時期に, 1965年の国交正常化から50周年の歴史を振り返り, 現状を診断, どのような教訓を引き出して未来を切り拓くのかを, 日韓の国境を横断して思索した知的成果である。

ヴィクター・D. チャ／船橋洋一監訳・倉田秀也訳『米日韓　反目を超えた提携』有斐閣, 2003年。
　＊対立と協調を繰り返してきた日韓関係のダイナミズムは, 米国による安保コミットメントに対する両国間の認識ギャップに規定された, という理論に基づいて実証的に分析する。

木宮正史『国際政治のなかの韓国現代史』山川出版社, 2012年。
　＊グローバルヒストリーの立場から, 韓国のダイナミックな現代史を, 世界経済との連携を通した経済発展, 権威主義体制とその民主化, 南北体制競争と冷戦の克服という3つの視座から考察した。

趙世暎(チョセヨン)／姜喜代(カンヒデ)訳『日韓外交史――対立と協力の50年』平凡社新書, 2015年。
　＊日韓の外交関係に焦点を合わせた概説書。韓国の政権別に日韓間の争点が手際よく要約されている。著者は韓国外交部の東北アジア局長を務めた元外交官。本書と対照させることで, 衡平な見方に近づける。逆に本書は韓国でどう読まれるのか。

李鐘元(リージョンウォン)・木宮正史・浅野豊美編『歴史としての日韓国交正常化』(Ⅰ：東アジア冷戦編, Ⅱ：脱植民地化編) 法政大学出版局, 2011年。
　＊2005年以後に公開された日韓会談関連外交文書を基に, 日韓の研究者によって行われた国際共同研究の成果。冷戦と脱植民地化の交錯を軸にしつつ, 日韓交渉の多様な争点や側面を実証的に解明している。

李庭植(リーチョンシク)／小此木政夫・古田博司訳『戦後日韓関係史』中公叢書, 1989年。
　＊1984年刊行の英語版の翻訳で, 著者は戦後第1世代の在米東アジア政治研究者である。80年代初頭までの戦後日韓関係を通史的にまと

めた書籍として，重要な古典ともいえる。

◆ 序章に関するもの

高崎宗司『「妄言」の原形——日本人の朝鮮観〔定本〕』木犀社，2014年。
　＊植民地支配の歴史をめぐっては，日韓間に大きな認識の溝がある。その背景として，福沢諭吉から村山富市に至るまで，日本の知識人や政治家の朝鮮観を詳細に分析した歴史書。

和田春樹『日本と朝鮮の100年史——これだけは知っておきたい』平凡社，2010年。
　＊韓国併合100年に際し，日本と朝鮮半島の近代史を概観した入門書。日清・日露戦争から植民地統治を経て戦後期を扱っており，現在の日韓・日朝関係の歴史的背景がわかる。

◆ 第1章に関するもの

大沼久夫編『朝鮮戦争と日本』新幹社，2006年。
　＊朝鮮戦争への日本のかかわりの実態について，体系的かつ実証的に解明した研究書。とりわけ軍事活動への支援や安全保障上の影響に焦点を合わせている。

木村幹『韓国における「権威主義的」体制の成立——李承晩政権の崩壊まで』ミネルヴァ書房，2003年。
　＊日本では数少ない李承晩政権期に関する本格的な研究書の一つ。権威主義体制など比較政治の理論を用いた分析だが，1950年代の政治史の記述としても深く，詳しい。

金東祚（キムドンジョ）／林建彦訳『韓日の和解——日韓交渉14年の記録』サイマル出版会，1993年。
　＊日韓会談のほぼ全期間にかかわった韓国側代表による回顧録。交渉の詳細な記述は史料的価値が高く，会談をめぐる国内政治や国際情勢も簡潔に要約されている。

日本外務省『日韓国交正常化交渉の記録』，1970年（浅野豊美・吉澤文寿・李東俊編『日韓国交正常化問題資料・基礎資料編・第6巻』現代史料出版，2011年所収）。
　＊外務省の内部用に編纂された日韓国交正常化交渉の通史。外務省の内部文書に基づき，日本側の交渉方針などが克明に記述されており，第1級の資料。2006年に機密解除された。

李鍾元『東アジア冷戦と韓米日関係』東京大学出版会，1996年。
　＊1950年代の米韓関係における日本ファクターを実証的に分析した研

究書。李承晩政権の反日政策を東アジア冷戦や米韓関係など国際政治の文脈の中で考察している。

◆ 第2章に関するもの

太田修『日韓交渉——請求権問題の研究〔新装新版〕』クレイン，2015年。
　＊断片的に公開された韓国政府外交文書を利用して，韓国現代史として日韓交渉過程を論じた2003年の旧版を，新たな史料や研究動向をふまえて補完・修正した新版。

曹良鉉（ジョヤンヒョン）『アジア地域主義とアメリカ——ベトナム戦争期のアジア太平洋国際関係』東京大学出版会，2009年。
　＊米韓の外交文書の分析を通して，1960年代に台頭したアジア地域主義に関する種々の動きを分類・整理し，その相互のダイナミズムを明らかにした。

高崎宗司『検証・日韓会談』岩波新書，1996年。
　＊日韓の外交文書が体系的に公開される以前，限られた外交文書に基づいて，日韓国交正常化交渉の過程を簡潔に分析した。

朴正鎮（パクジョンジン）『日朝冷戦構造の誕生 1945-1965——封印された外交史』平凡社，2012年。
　＊1945年から65年までの日本と北朝鮮との関係を，両国間の政府・政党間の関係，日本共産党と在日朝鮮人運動との関係，社会党と日朝親善団体との関係など，多彩な資料を通して明らかにした。

吉澤文寿『戦後日韓関係——国交正常化交渉をめぐって〔新装新版〕』クレイン，2015年。
　＊日韓両国の外交文書を中心に，多様な分野までもカバーして日韓国交正常化交渉の展開過程を描いた2005年の旧版を，新たな史料や研究動向をふまえて補完・修正した新版。

◆ 第3章に関するもの

青地晨・和田春樹編『日韓連帯の思想と行動』現代評論社，1977年。
　＊金大中拉致事件以後，維新体制を支える日韓関係を批判し，韓国の民主化運動との連帯を指向して日本で展開された運動の思想と行動を紹介した。

金伯柱（キムベクチュ）『朝鮮半島冷戦と国際政治力学——対立からデタントへの道のり』明石書店，2015年。
　＊1970年代を3段階に区分することで，朝鮮半島での冷戦における「現状維持の制度化」の好機であったにもかかわらず，なぜ制度化が

実現されなかったのかを分析した。

崔慶原（チェギョンウォン）『冷戦期日韓安全保障関係の形成』慶應義塾大学出版会，2014年。
　＊日韓国交正常化以後，特に1970年代の冷戦の変容を受けて，日韓の間に，安全保障に関して限定的だが種々の形態の協力関係が形成されるに至る過程を分析した。

劉仙姫（ユソンヒ）『朴正煕の対日・対米外交——冷戦変容期韓国の政策，1968～1973年』ミネルヴァ書房，2012年。
　＊1970年を前後する時期，朴正煕政権が韓国の戦略的外交的地位の喪失を防ぐために，朝鮮半島での冷戦の現状維持を指向した自主的な外交を展開した過程を分析した。

李東俊（リドンジュン）『未完の平和——米中和解と朝鮮問題の変容 1969～1975年』法政大学出版局，2010年。
　＊米中和解が朝鮮半島での冷戦を「米韓 対 中朝」の排他的対決から，米中の共同介入を前提とする敵対的共存に変容させ，分断構造が再制度化される過程を分析した。

◆ 第4章に関するもの

大沼保昭・徐龍達（ソヨンダル）編『在日韓国・朝鮮人と人権〔新版〕』有斐閣，2005年。
　＊在日コリアンの問題を多角的に検討した1986年刊行の初版を，最終章のみ，その後の変化も反映した内容に差し替えて出版した入門書。指紋押捺問題を契機に高まった80年代当時の問題提起を，読み取るための資料ともなる。

金栄鎬（キムヨンホ）『日韓関係と韓国の対日行動——国家の正統性と社会の「記憶」』彩流社，2008年。
　＊韓国の対日行動は，正統性問題と韓国社会の対応に規定されているとし，代表的な日韓衝突の事例を取り上げて，1970年代から2000年代までの日韓関係の変化を分析している。

木村幹『日韓歴史認識問題とは何か——歴史教科書・「慰安婦」・ポピュリズム』ミネルヴァ書房，2014年。
　＊1980年代以降顕在化した日韓の歴史認識問題を，個別の問題に関して資料・データに基づいて政治過程を詳細に分析し，政治争点化した要因や解決に至らない構造を解明している。

朝鮮日報編『韓国人が見た日本』サイマル出版会，1984年。
　＊本文で紹介した1983年の朝鮮日報の連載「克日の道・日本を知ろう」を整理・翻訳したもの。多角的に日本を探求した日本論は，その後の日本に対する認識の変化も含めて検討に値する。

松本厚治『日韓経済摩擦――韓国エコノミストとの論争』東洋経済新報社，1986年。
> ＊駐韓日本大使館参事官だった著者が，1980年代前半に，日韓経済関係に関して韓国の論者と論争した記録。日韓双方の主張が掲載されており，当時の議論を知る材料となる。

◆ 第5章に関するもの

池内敏『竹島――もうひとつの日韓関係史』中公新書，2016年。
> ＊文献資料から古地図・海図まで諸資料を丹念に検証し，竹島（独島）の領有権に関する日韓双方の主張を検討した実証的な歴史学の成果を，新書版に簡潔に整理したもの。

小此木政夫・張達重(チャンダルジュン)編『戦後日韓関係の展開』慶應義塾大学出版会，2005年。
> ＊戦後日韓関係を，政治・経済・文化分野で扱った個別論文集で，対象とする年代も幅広いが，全体として日韓関係の構造変動が顕著になる1990年代に対する問題意識が強く示されている。

金成玟(キムソンミン)『戦後韓国と日本文化――「倭色」禁止から「韓流」まで』岩波書店，2014年。
> ＊韓国において日本の大衆文化が禁止されていたメカニズムに着目し，その中で非公式に流入した日本文化が社会にどう受容されてきたのかを，国内政治や日韓関係の変化を背景に解明した。

玄大松(ヒョンデソン)『領土ナショナリズムの誕生――独島／竹島問題の政治学』ミネルヴァ書房，2006年。
> ＊領土問題がいかに「政治争点化」してきたのかを整理したうえで，韓国の大学生への調査をもとに，領土問題がいかに対日認識に影響を与えているかを実証的に分析した研究書である。

「デジタル記念館　慰安婦問題とアジア女性基金」(http://www.awf.or.jp)
> ＊日本が慰安婦問題の解決を目的に設置したアジア女性基金の活動をまとめたもので，問題に関連する重要な資料が掲載されている。同基金の中心人物が，日韓両国の政府・社会の対応を含め，問題の展開を記録し，基金の活動を検証した和田春樹『アジア女性基金と慰安婦問題――回想と検証』（明石書店，2016年）も出版されている。

◆ 第6章に関するもの

大西裕『先進国・韓国の憂鬱――少子高齢化，経済格差，グローバル化』中公新書，2014年。
> ＊米中欧との自由貿易協定（FTA）締結など積極的な通商政策と漸進的

な福祉改革がいかに関連しているのかを解明。比較研究における韓国事例の位置づけ方も学べる。

大沼保昭『「慰安婦」問題とは何だったのか――メディア・NGO・政府の功罪』中公新書,2007年。
　＊アジア女性基金はなぜ「失敗」したのか,理事を務めた国際法学者が総括。「俗人」「不完全な人間」を前提にした歴史の再評価を提唱。

クォン・ヨンソク(権容奭)『「韓流」と「日流」――文化から読み解く日韓新時代』NHKブックス,2010年。
　＊「政治・外交」に偏りがちな戦後日韓関係史を「文化・社会」の観点からとらえかえすと同時に,相互に変容するというクロスの視点を強調する。

日韓歴史共同研究委員会編『日韓歴史共同研究報告書(第1期)』日韓文化交流基金ウェブサイト,2005年(http://www.jkcf.or.jp/projects/kaigi/history/first/)。

第2期日韓歴史共同研究委員会編『日韓歴史共同研究報告書(第2期)』同上,2010年(http://www.jkcf.or.jp/projects/kaigi/history/second/)。

日韓新時代共同研究プロジェクト編『「日韓新時代」のための提言――共生のための複合ネットワーク構築』同上,2010年(http://www.jkcf.or.jp/projects/kaigi/newera/newera-1/)。

第2期日韓新時代共同研究プロジェクト編『新時代の日韓協力――七つの核心的アジェンダ』同上,2013年(http://www.jkcf.or.jp/projects/kaigi/newera/)。
　＊日韓両政府によって設置された共同研究プロジェクトの各種報告書。すべて全文を閲覧できる。日韓「協働」の到達点と課題がよく出ている。

『レヴァイアサン』54号,木鐸社,2014年。
　＊「外交と世論」特集。相手国政府だけでなく国内外の世論もにらみつつ交渉するのが現代外交の特徴である。国際関係論,比較政治学,地域研究をいかに接続させるか。

◆ 第7章に関するもの

鈴置高史『朝鮮半島201Z年』日本経済新聞出版社,2010年。
　＊韓国はまもなく米国との同盟を解消し中華秩序に回帰する,と2010年に予測した近未来小説。この間,どこまでリアルになったのか,検証したい。

高史明『レイシズムを解剖する――在日コリアンへの偏見とインターネッ

ト』勁草書房, 2015 年。
  * インターネット上の「嫌韓」言説を初めて計量分析。現代レイシズムの一つとして診断したうえで, 慎重ながらも接触経験の増加という処方箋も出す。

服部龍二『外交ドキュメント 歴史認識』岩波新書, 2015 年。
  * 河野談話や村山談話などが発出された政治過程について, 情報公開請求によって開示された外交文書や関係者への綿密なインタビューで追跡する。

ロー・ダニエル『竹島密約』草思社文庫, 2013 年。
  * 竹島領有権紛争の起源, 脱争点化, 再争点化, 神話化をめぐるダイナミズムについて, 戦後国際政治史と日本政治／韓国政治史の相関に位置づける。

◆ 終章に関するもの

天児慧・李鍾元編『東アジア 和解への道——歴史問題から地域安全保障へ』岩波書店, 2016 年。
  * 日中韓の識者が歴史和解と地域安全保障について考察した論文・講演集。それぞれの視点が示されており,「過去」と「未来」の関係を多角的に考える材料になる。

小此木政夫・河英善(ハヨンソン)編『日韓新時代と東アジア国際政治』慶應義塾大学出版会, 2012 年。
  *「日韓新時代共同研究」(2009～2010 年)に参加した日韓の研究者による論文集。グローバルな国際政治の変容の中で, 日韓が協力すべき課題について多面的に論じている。

高原基彰『不安型ナショナリズムの時代——日韓中のネット世代が憎みあう本当の理由』洋泉社新書 y, 2006 年。
  * 日中韓で見られるナショナリズムの高まりを各国の社会・経済構造の変容に伴う若者世代の不安という文脈で分析する。三国に共通する現象であり, 課題だとする議論が説得的。

●参考資料●

◆ 関連年表

年	事　項
1945	8月15日,日本の敗戦により,朝鮮半島は38度線を境界に,米ソによる分割占領。／8月17日,東久邇宮稔彦内閣成立(〜10月9日)。米軍,南朝鮮地域に軍政を実施。／10月9日,幣原喜重郎内閣成立(〜46年5月22日)。
1946	5月22日,吉田茂内閣成立(〜47年5月24日)。／10月1日,ソウル市,日本式の行政区域名を韓国式に変更。
1947	5月24日,片山哲内閣成立(〜48年3月10日)。
1948	3月10日,芦田均内閣成立(〜10月19日)。／7月20日,制憲議会で,李承晩を大統領に選出。／8月15日,大韓民国政府樹立。初代大統領は李承晩。／9月9日,朝鮮民主主義人民共和国成立。首相は金日成。／9月30日,李承晩,大統領就任後初めての施政方針演説。／10月19日,吉田茂内閣成立(〜54年12月10日),李承晩,マッカーサーの招請で初訪日(〜20日)。
1949	1月4日,韓国,駐日代表部を東京に設置。／1月14日,初代代表として鄭翰景公使が赴任。／1月22日,鄭桓範大使に交替。／4月23日,貿易協定,金融協定,貿易計画からなる日韓通商協定締結。
1950	1月14日,駐日代表に申興雨大使が赴任。／2月10日,日韓間の国際電話が開通。／2月16日,李承晩,マッカーサーの招請で訪日(〜18日)。吉田ら日本政府要人と面談。／6月20日,駐日代表に金龍周公使が赴任。／6月25日,朝鮮戦争勃発(〜53年7月27日)。／6月28日,北朝鮮によるソウル占領。／8月10日,日本,警察予備隊令公布,施行。／9月15日,仁川上陸作戦で,国連軍が反撃。／10月25日,中国人民志願軍が朝鮮戦争に参戦。戦況が逆転し,国連軍は後退。
1951	6月30日,駐日代表に申性模公使が赴任。／7月10日,朝鮮戦争休戦会談開始。／9月8日,サンフランシスコ講和条約,日米安保条約調印。／10月20日,東京で,日韓予備会談開催(〜12

	月4日)。／12月17日,駐日代表に金溶植公使が赴任。
1952	1月18日,韓国政府が「隣接海洋の主権に関する大統領宣言」(韓国では「平和線」,日本では「李承晩ライン」と呼ばれた措置)を実施。／2月15日,第1次日韓会談開催(〜4月26日)。／4月28日,サンフランシスコ講和条約,日米安全保障条約が発効。講和条約発効で,漁業の操業区域(マッカーサー・ライン)の制限が撤廃。／8月5日,韓国大統領選挙。李承晩が再選。／8月14日,韓国政府,「李ライン」を侵犯した日本漁船の拿捕を開始。／9月21日,クラーク国連軍司令官,国連防衛水域を公表(クラーク・ライン)。／10月15日,日本,警察予備隊を保安隊に改組。
1953	1月5日,李承晩,クラーク国連軍司令官の招請で訪日(〜7日)。吉田と面談。／4月15日,第2次日韓会談開催(〜7月23日)。／7月27日,朝鮮戦争休戦協定調印。／8月27日,朝鮮戦争休戦で,クラーク・ラインが廃止。／10月1日,米韓相互防衛条約調印。／10月6日,第3次日韓会談開催(〜10月21日)。／10月15日,財産請求権委員会における「久保田発言」により,会談が紛糾。／10月21日,韓国側代表団が交渉を打ち切り,帰国。
1954	3月21日,韓国,標準時の基準線を,大韓帝国によって最初に設定された東経127度30分に戻す。／6月9日,日本,防衛庁設置法,自衛隊法公布(7月1日施行)。／7月12日,韓国政府から大村収容所の在日韓国人密入国者の釈放要求がなされるも,日本は拒否。／7月25日,李承晩大統領の初訪米(〜8月13日)。／7月27・29日,李承晩大統領,アイゼンハワー大統領と首脳会談。／11月18日,米韓相互防衛条約発効。／12月10日,鳩山一郎内閣成立(〜56年12月23日)。
1955	2月25日,北朝鮮の南日外相が対日声明を発表。国交正常化と経済文化交流を呼びかけ。／6月1日,ロンドンで日ソ国交交渉開始(9月21日,一時休止に合意)。／8月17日,韓国,対日貿易を禁止(56年1月に再開)。／10月15日,北朝鮮と日本の商社の間で,民間レベルの取引協定書を調印。／10月18日,日本社会党,第1次訪朝団派遣。／10月24日,日本政府,韓国政府の抗議で,日朝貿易・交流禁止を決定。／11月15日,日朝協会が結成され,日朝間の文化交流を推進。
1956	3月6日,関連業界による日朝貿易会設立(9月から中国経由の間接貿易として日朝貿易開始)。／5月15日,韓国で正副大統領選

挙実施。大統領に李承晩が,副大統領に野党・民主党の張勉が当選。／10月19日,日ソ共同宣言がモスクワで調印(12月12日発効),日ソ国交回復。／12月18日,日本が国連に加盟。／12月23日,石橋湛山内閣成立(〜57年2月25日)。

1957　2月25日,岸信介内閣成立(〜60年7月19日)。／5月16日,駐日代表部に金裕澤公使が赴任。／6月16日,岸首相訪米(〜7月1日)。／7月1日,国連軍総司令部,東京からソウルに移動。日本には国連軍後方司令部を設置。／9月27日,日朝間の民間レベルで日朝貿易協定を締結。／12月31日,藤山外相と金裕澤大使が「久保田発言」の撤回,抑留者の相互保釈など懸案に関する合意を発表。

1958　4月15日,第4次日韓会談開催(〜60年4月25日)。／5月19日,矢次一夫が岸信介首相の特使として韓国を公式訪問。／9月8日,北朝鮮,金日成が在日朝鮮人の帰国を歓迎する旨を表明。北朝鮮への帰国運動開始。／10月10日,駐日代表部の金裕澤公使が大使に昇格。

1959　2月13日,日本政府,閣議で国際赤十字社の仲介による帰還事業を決定。／6月15日,韓国,日本政府の「北送」決定に反発し,対日貿易を中断(10月8日に解除)。／8月13日,日朝の赤十字社による帰還協定(カルカッタ協定)締結。／12月14日,最初の帰還船が新潟を出港。

1960　3月15日,韓国で正副大統領選挙。大統領に李承晩,副大統領に李起鵬が当選。／4月19日,韓国で,李承晩の独裁と選挙不正に抗議する学生運動が広がる(4月革命)。／4月27日,李承晩大統領が辞任。許政を首班とする過渡内閣が成立。／7月19日,池田勇人内閣成立(〜64年11月9日)／8月8日,新憲法による国会開院(「第2共和国」)。同12日,大統領に尹潽善,同19日,首相に張勉を選出。／9月6日,小坂善太郎外相,訪韓(〜7)。日本政府高官による戦後初の公式訪問。／10月25日,第5次日韓会談開催(〜61年5月)。

1961　4月1日,日本政府,日朝直接貿易取引許可。／4月26日,自民党に日韓問題懇談会(座長・石井光次郎)が発足。／5月6日,日本の自民党議員団(団長・野田卯一)8人,韓国を親善訪問(〜12日)。戦後初の国会議員による韓国訪問。伊関佑二郎アジア局長が同行し,金溶植外務次官と会談(5月9日)。／5月16日,朴正煕将軍が率いる軍事クーデタによって,民主党政権が崩壊(5.16軍事クーデタ)。／6月20日,池田首相・ケネディ米大

	統領による日米首脳会談。日韓国交正常化の早期妥結に向け日米両政府が合意。／8月19日，韓国，国家再建最高会議が，標準時の基線を再び日本と同じ東経135度に変更。／10月20日，第6次日韓会談（〜64年12月2日）。
1962	3月22日，尹潽善が大統領下野声明を発表。／11月11日，朴正煕（国家再建最高会議議長）訪日，池田首相らと会談。／11月12日，金鍾泌韓国情報部長と大平正芳外相の会談により，韓国の対日請求金額が決着（日本側の無償経済協力3億ドル，円借款2億ドル供与）。／11月13日，朴正煕議長訪米（〜25日），ケネディ大統領らと会談。
1963	10月15日，韓国で大統領選挙。朴正煕が韓国大統領に就任（〜79年）。
1964	6月3日，日韓条約反対デモの激化で，ソウルに非常戒厳令布告（6・3事態）。／12月3日，第7次日韓会談（〜65年6月22日）。
1965	6月22日，日韓基本条約締結／5月16日，朴正煕訪米。ジョンソン大統領との首脳会談を経て，戦闘部隊のベトナム派兵を決断。
1966	6月14日，アジア太平洋理事会閣僚会議（ASPAC）をソウルで開催。
1967	5月3日，韓国で大統領選挙。朴正煕大統領再選。／韓国，第2次経済開発5カ年計画の開始。／日韓定期閣僚会議がこの年から始まる。
1968	1月21日，北朝鮮ゲリラ部隊による韓国大統領襲撃事件。／1月23日，米海軍偵察機プエブロ号が北朝鮮によって拿捕。乗組員が抑留（プエブロ号事件）。／4月27日，ソウルに李舜臣将軍の銅像建立。／6月6日，日韓（韓日）議員懇談会発足。
1969	7月25日，ニクソン大統領が「グアム・ドクトリン」を発表。／11月21日，日米首脳会談で「韓国条項」に合意。
1970	3月31日，日航機「よど号」ハイジャック事件。／4月22日，日韓協力委員会において「日韓長期経済協力試案」が提示。／8月15日，朴正煕が北朝鮮に「善意の競争」提案。
1971	3月24日，アメリカ政府，駐韓米軍1個師団約2万人の削減を決定，韓国政府に通告。／3月27日，駐韓米軍の一部撤退（2万人）。／7月15日，キッシンジャー米大統領補佐官が秘密裏に訪中し，ニクソン大統領の翌年の中国訪問を発表。／9月20日，南北赤十字予備会談。／12月6日，朴正煕大統領，国家非常事態宣言。
1972	2月21日，ニクソン大統領が中国訪問。米中共同声明（上海コ

ミュニケ)発表。／5月2日,日韓(韓日)議員懇談会が日韓(韓日)懇親会に改名。／7月4日,7・4南北共同声明。／7月7日,田中角栄内閣成立(～74年12月9日)。／9月25日,田中角栄首相訪中。29日,日中共同声明調印(国交正常化)。／10月17日,朴正熙大統領が大統領特別宣言を発表し,維新体制が成立。／10月21日,北朝鮮の朝鮮国際貿易促進委員会代表団来日。／12月23日,朴正熙が大統領に選出。

1973　3月,朝鮮放送技術代表団来日。／3月15日,韓国政府が韓国軍のベトナムからの完全撤退。／5月,日本の雑誌『世界』がT・K生「韓国からの通信」の連載を開始(～88年)。／6月23日,平和統一外交政策に関する大統領特別声明(6・23宣言)。／8月8日,金大中拉致事件(金大中,東京で誘拐される)。／8月23日,韓国政府,『読売新聞』ソウル支局を閉鎖。特派員を国外追放。／秋,タオル製造プラント建設に対する日本輸出銀行融資が初めて認められる。／11月2日,金鍾泌首相が訪日。金大中拉致事件後の韓国政府の対応を謝罪。

1974　1月30日,日韓大陸棚協定調印。／4月3日,韓国政府,民青学連事件(反体制勢力の摘発)を発表。／4月24日,韓国政府,民青学連事件の関連容疑で早川嘉春,太刀川正樹の両氏を逮捕。／8月15日,文世光事件(在日韓国人の文世光による朴正熙大統領の暗殺を企図した事件)によって,陸英修女史が死亡。／8月19日,陸英修女史の国民葬。田中角栄首相が出席。／12月9日,三木武夫内閣成立(～76年12月24日)。

1975　5月,南ベトナム崩壊。／7月9日,日韓(韓日)懇親会が日韓(韓日)議員連盟に発展。／7月24日,宮沢喜一外相が訪韓。／8月,椎名悦三郎自民党副総裁が韓国国民へメッセージを送付。／8月6日,日米首脳会談での共同新聞発表で「新韓国条項」に合意。／8月25日,第5回非同盟諸国外相会議(ペルー・リマ)で,北朝鮮の加盟承認。韓国の加盟は却下。

1976　3月1日,金大中らが朴正熙大統領の退陣と維新体制の撤廃を要求する「民主救国宣言」を発表。／4月,ベトナム南北統一選挙。／7月,ベトナム社会主義共和国成立。／8月18日,ポプラの木事件(非武装地帯のポプラの木を伐採した米兵を北朝鮮兵士が斧で殺害)。／10月24日,朴東宣事件(コリアゲート事件:韓国政府による対米ロビー活動)が問題に。

1977　1月20日,カーター政権成立。／3月9日,アメリカ,駐韓米地上軍撤退(5年以内)の方針を韓国政府に伝達。／7月26日,

	日本政府，韓国帰還を希望するサハリン在住の韓国人の日本入国を認める。
1978
1979	3月18日，日韓大陸棚共同開発のための運営契約合意。／5月1日，日韓（韓日）議員安保協議会，駐韓米軍撤収は東アジアの平和と安定を脅かすという備忘録を採決。／7月20日，カーター米大統領，駐韓米軍撤退の凍結を発表。／10月26日，朴正熙大統領が金載圭に暗殺される。翌日，済州島を除く全国に非常事態令。／12月6日，崔圭夏が大統領に選出。8日，大統領に就任。／12月12日，全斗煥を中心とする勢力の軍内クーデタ。
1980	1月23日，カーター・ドクトリンで「新冷戦」開始を宣言。／5月17日，韓国で非常戒厳令が全国に拡大。／5月18日，戒厳司令部，金大中・金泳三・金鍾泌らを逮捕。全羅南道光州市で学生デモ。／7月17日，鈴木善幸内閣成立（82年11月27日）。／8月27日，全斗煥，大統領に選出され，9月1日に就任。／9月17日，金大中に死刑判決。／10月27日，韓国，新憲法発効。
1981	2月25日，全斗煥が第5共和国の大統領に選出される（3月3日に就任。〜88年2月）。／4月，韓国政府が総額100億ドルの公共借款提供を日本に打診。／9月30日，88年のオリンピックのソウル誘致に成功。
1982	6月26日，日本の各新聞が文部省の検定による歴史教科書の修正を報道（第1次教科書問題）。／8月26日，宮沢喜一官房長官，「歴史教科書についての政府見解」を発表。／11月27日，中曽根康弘内閣成立（〜87年11月6日）。
1983	1月11日，中曽根首相が日本国の首相として初の公式訪韓。全斗煥大統領と会談（対韓経済協力40億ドルで合意）。
1984	3月2日，第1回日韓高級事務レベル協議。／4月，NHKで「アンニョンハシムニカ・ハングル講座」の放送開始。／9月6日，全斗煥大統領が韓国の元首として初の訪日。
1985	8月15日，中曽根首相が靖国神社を公式参拝。／9月22日，G5，ドル高是正の経済政策協調で一致（プラザ合意）。／12月12日，北朝鮮が核不拡散防止条約（NPT）に加盟。
1986	第2次教科書問題が起こる。／9月，第1回日韓定期外相協議。
1987	6月29日，盧泰愚が「民主化宣言」を発表。／11月6日，竹下登政権成立（〜89年6月2日）。／10月29日，憲法発布。第6共和国発足。／12月16日，韓国大統領選挙。盧泰愚が大統領に当選。

年	事項
1988	2月25日，盧泰愚が大統領に就任（〜93年2月24日）。／7月7日，盧泰愚大統領が「民族自尊と統一繁栄のための特別宣言」（7・7特別宣言）を発表。／9月17日，ソウル・オリンピック開催（〜10月2日）。
1989	6月2日，宇野宗佑内閣成立（〜8月9日）。／8月9日，海部俊樹内閣成立（〜91年11月5日）。／12月2日，マルタ会談において米ソ首脳会談（冷戦の終結を宣言）。
1990	5月24日，盧泰愚大統領来日。／9月24日，金丸信（自民党）と田辺誠（社会党）率いる代表団が訪朝（〜28日）。／9月30日，韓国，ソ連と国交樹立。
1991	9月17日，韓国，北朝鮮が国連に同時加盟。／11月5日，宮澤喜一内閣成立（〜93年8月6日）。／12月6日，元慰安婦が日本政府に補償請求の裁判を起こす。／12月13日，韓国，北朝鮮間で「南北間の和解と不可侵及び拘留・協力に関する合意書（南北基本合意書）」および「朝鮮半島の非核化に関する共同宣言（非核化共同宣言）」締結。
1992	1月16日，宮澤首相訪韓。慰安婦への日本軍の関与を認め公式に謝罪。／6月20日，日本，外国人登録法改正，永住者及び特別永住者の指紋押捺制度が93年1月から廃止に。／8月24日，韓国，中国と国交樹立。／12月18日，韓国大統領選挙。金泳三が大統領に当選。
1993	2月25日，金泳三，大統領に就任（〜98年2月24日）。／3月12日，北朝鮮，NPT脱退を発表。第1次核危機。／8月4日，「慰安婦関係結果発表に関する河野内閣官房長官談話（河野談話）」。／8月6日，細川護熙内閣成立（〜94年4月25日）。／8月9日，細川護熙を首相とする非自民連立内閣が成立。／11月6日，細川首相，訪韓（〜7日）。
1994	6月17日，カーター元大統領が訪朝し，金日成と会談。核開発計画の現状凍結とNPT残留で合意。／6月29日，村山富市内閣成立（〜96年1月11日）。自民党・社会党・新党さきがけの連立政権。／7月8日，北朝鮮，金日成死去。／10月21日，米朝が包括的枠組み合意（ジュネーブ合意）。
1995	6月9日，衆議院本会議において「歴史を教訓に平和への決意を新たにする決議（戦後50年国会決議）」がなされる。／7月19日，「女性のためのアジア平和国民基金（アジア女性基金）」設立。／8月15日，「戦後50周年の終戦記念日にあたって」（「村山談話」）が出される。韓国の光復50周年に際し，旧総督府中央塔が

	撤去される。／12月19日,韓国で,79年の軍内クーデタや80年の光州事件の責任を問う遡及的な特別法が制定。
1996	1月11日,橋本龍太郎内閣成立（～98年7月30日）。／8月26日,全斗煥元大統領に死刑,盧泰愚元大統領に懲役22年6カ月の第一審判決。
1997	7月,タイで通貨バーツ没落,各国に波及してアジア通貨危機に。／11月,韓国,国際通貨基金（IMF）に緊急支援を要請。／12月4日,IMFと韓国でスタンド・バイ協定締結。／12月16日,第1回東南アジア諸国連合（ASEAN）＋3会合。／12月18日,韓国大統領選挙。金大中が大統領に当選。
1998	2月25日,金大中,大統領に就任（～2003年2月24日）。／7月30日,小渕恵三内閣成立（～2000年4月5日）。／10月7日,金大中大統領訪日（～10日）。「日韓共同宣言——21世紀に向けた新たな日韓パートナーシップ」発表。
1999	11月28日,ASEAN＋3首脳会議で「東アジアにおける協力に関する共同声明」を採択。
2000	4月5日,森喜朗内閣成立（～2001年4月26日）。／5月6日,ASEAN＋3による通貨スワップ協定（チェンマイ・イニシアティブ）合意。／6月13日,金大中大統領,北朝鮮訪問。金正日総書記と南北首脳会談（～14日）。／6月15日,南北共同宣言。
2001	4月26日,小泉純一郎内閣成立（～06年9月26日）。／10月20日,日韓首脳会談において,歴史共同研究を開始することに合意。
2002	5月31日,日韓ワールドカップ開催（～6月30日）。ソウルで行われた開会式に高円宮夫妻が出席。戦後初めて皇族が韓国を公式訪問。／12月19日,韓国大統領選挙。盧武鉉が大統領に当選。
2003	1月1日,北朝鮮,NPT脱退を宣言。／2月25日,盧武鉉,大統領に就任（～08年2月24日）。／4月30日,北朝鮮,核兵器保有を表明。／8月27日,北京で第1回六者会合（～29日）。
2004	2月13日,ソウル行政法院,国交正常化交渉に関する外交文書の公開を求める訴訟において,開示命令。／7月21・22日,日韓首脳会談。盧武鉉大統領,歴史問題を自らの任期中には提起しない旨を表明。／日本で「冬ソナ」ブーム。
2005	1月,韓国政府が国交正常化交渉に関する外交文書を自主的に開示。／3月16日,島根県議会が「竹島の日」条例を制定。／3月17日,盧武鉉大統領,「対日新ドクトリン」を表明。／6月20日,日韓首脳会談において,第2期日韓歴史共同研究の発足

年	出来事
	につき合意。／8月15日，戦後60年の総理談話。
2006	9月26日，第1次安部晋三内閣成立（～07年9月26日）。／10月9日，北朝鮮が初の核実験を断行。
2007	3月16日，安倍政権は，河野談話で言及された旧日本軍等による慰安婦の強制連行について，「政府が発見した資料の中には，軍や官憲によるいわゆる強制連行を直接示すような記述も見当たらなかった」と閣議決定。／3月，「アジア女性基金」解散。／6月23日，日韓歴史共同研究の委員会が発足。／6月30日，韓国が米国との自由貿易協定（FTA）に署名（2012年発効）。／9月26日，福田康夫内閣成立（～08年9月24日）。／12月19日，韓国大統領選挙。李明博が大統領に当選。
2008	2月25日，李明博，大統領に就任（～13年2月24日）。福田首相訪韓。李明博大統領と会談。／9月24日，麻生太郎内閣成立（～09年9月16日）。
2009	9月16日，鳩山由紀夫内閣成立（～10年6月8日）。民主・社民・国民新党連立政権。
2010	3月23日，日韓歴史共同研究が報告書を公開。／6月8日，菅直人内閣成立（～11年9月2日）。／8月10日，菅直人首相が，韓国併合条約締結から100年を迎えたことに合わせ，談話を発表。／10月6日，韓国，欧州連合（EU）とのFTAに署名（2011年発効）。／10月22日，日韓新時代共同研究プロジェクトの委員会が「『日韓新時代』のための提言——共生のための複合ネットワーク構築」を提出。
2011	8月30日，韓国の憲法裁判所が，慰安婦問題に日韓で争いがあるにもかかわらず政府が外交的解決をめざさないという不作為に違憲決定を出す。／9月2日，野田佳彦内閣成立（～12年12月26日）。／12月4日，挺身隊問題対策協議会が在韓日本大使館の真向かいに少女像（平和の碑）を設置。
2012	5月24日，韓国の大法院（最高裁判所）個人請求権は日韓請求権協定で当然には消滅していないと判示。／8月10日，李明博大統領が竹島に上陸。／12月19日，韓国大統領選挙。朴槿恵が大統領に当選。／12月26日，第2次安倍晋三内閣成立。
2013	2月25日，朴槿恵，大統領に就任。／3月15日，日本が環太平洋パートナーシップ（TPP）協定交渉への参加を正式表明（15年妥結，16年署名）。／12月24日，日韓新時代共同研究プロジェクトの委員会が「新時代の日韓協力——七つの核心的アジェンダ」を提出。

2014	3月25日,日米韓首脳会談開催(オランダ・ハーグ)。
2015	6月1日,韓国が中国とのFTAに署名(同年発効)。／8月14日,戦後70年談話。／11月1日,日韓首脳会談開催(ソウル)。／12月28日,慰安婦問題が日韓政府間では「妥結」。
2016	10月24日,朴槿恵大統領の演説草稿などの非公開情報が事前に崔順実に漏れていたと報道。／12月9日,韓国国会が弾劾訴追案を可決し,朴槿恵大統領が権限行使停止。

韓国に対する親近感

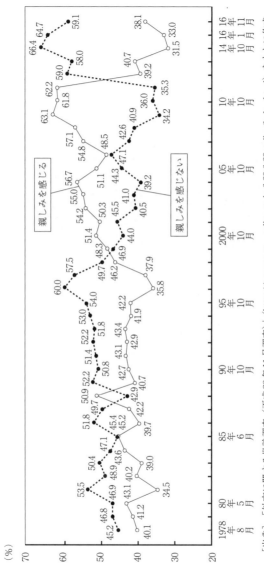

[出典]「外交に関する世論調査（平成28年11月調査）」(http://survey.gov-online.go.jp/h28/h28-gaiko/index.html) をもとに作成。

日韓基本条約
（日本国と大韓民国との間の基本関係に関する条約）

        署　　名　　一九六五年六月二十二日（東京）
        効力発生　　一九六五年十二月十八日

　日本国及び大韓民国は,
　両国民間の関係の歴史的背景と, 善隣関係及び主権の相互尊重の原則に基づく両国間の関係の正常化に対する相互の希望とを考慮し,
　両国の相互の福祉及び共通の利益の増進のため並びに国際の平和及び安全の維持のために, 両国が国際連合憲章の原則に適合して緊密に協力することが重要であることを認め,
　千九百五十一年九月八日にサン・フランシスコ市で署名された日本国との平和条約の関係規定及び千九百四十八年十二月十二日に国際連合総会で採択された決議第百九十五号（III）を想起し,
　この基本関係に関する条約を締結することに決定し, よつて, その全権委員として次のとおり任命した（全権委員名略）。
　これらの全権委員は, 互いにその全権委任状を示し, それが良好妥当であると認められた後, 次の諸条を協定した。

第一条【外交及び領事関係】
　両締約国間に外交及び領事関係が開設される。両締約国は, 大使の資格を有する外交使節を遅滞なく交換するものとする。また, 両締約国は, 両国政府により合意される場所に領事館を設置する。
第二条【旧条約の効力】
　千九百十年八月二十二日以前に大日本帝国と大韓帝国との間で締結されたすべての条約及び協定は, もはや無効であることが確認される。
第三条【韓国政府の地位】
　大韓民国政府は, 国際連合総会決議第百九十五号（III）に明らかに示されているとおりの朝鮮にある唯一の合法的な政府であることが確認される。
第四条【国連憲章の原則の尊重】
　(a) 両締約国は, 相互の関係において, 国際連合憲章の原則を指針とするものとする。
　(b) 両締約国は, その相互の福祉及び共通の利益を増進するに当たつて, 国際連合憲章の原則に適合して協力するものとする。
第五条【貿易, 海運, 通商等に関する協定の締結】
　両締約国は, その貿易, 海運その他の通商の関係を安定した, かつ, 友好的な基礎の上に置くために, 条約又は協定を締結するための交渉を実行可能な限りす

みやかに開始するものとする。
第六条【航空協定の締結】
　両締約国は，民間航空運送に関する協定を締結するための交渉を実行可能な限りすみやかに開始するものとする。
第七条【批准】
　この条約は，批准されなければならない。批准書は，できる限りすみやかにソウルで交換されるものとする。この条件は，批准書の交換の日に効力を生ずる。

　以上の証拠として，それぞれの全権委員は，この条約に署名調印した。

　千九百六十五年六月二十二日に東京で，ひとしく正文である日本語，韓国語及び英語により本書二通を作成した。解釈に相違がある場合には，英語の本文による。

（『国際条約集 2016』有斐閣，842 頁をもとに作成）

日韓請求権協定
(財産及び請求権に関する問題の解決並びに経済協力に関する日本国と大韓民国との間の協定)

署　　名　一九六五年六月二十二日（東京）
効力発生　一九六五年十二月十八日

日本国及び大韓民国は，
両国及びその国民の財産並びに両国及びその国民の間の請求権に関する問題を解決することを希望し，
両国間の経済協力を増進することを希望して，
次のとおり協定した。

第一条【経済協力】
1　日本国は，大韓民国に対し，
　(a) 現在において千八十億円（一〇八，〇〇〇，〇〇〇，〇〇〇円）に換算される三億合衆国ドル（三〇〇，〇〇〇，〇〇〇ドル）に等しい円の価値を有する日本国の生産物及び日本人の役務を，この協定の効力発生の日から十年の期間にわたつて無償で供与するものとする。各年における生産物及び役務の供与は，現在において百八億円（一〇，八〇〇，〇〇〇，〇〇〇円）に換算される三千万合衆国ドル（三〇，〇〇〇，〇〇〇ドル）に等しい円の額を限度とし，各年における供与がこの額に達しなかつたときは，その残額は，次年以降の供与額に加算されるものとする。ただし，各年の供与の限度額は，両締約国政府の合意により増額されることができる。
　(b) 現在において七百二十億円（七二，〇〇〇，〇〇〇，〇〇〇円）に換算される二億合衆国ドル（二〇〇，〇〇〇，〇〇〇ドル）に等しい円の額に達するまでの長期低利の貸付けで，大韓民国政府が要請し，かつ，3の規定に基づいて締結される取極に従つて決定される事業の実施に必要な日本国の生産物及び日本人の役務の大韓民国による調達に充てられるものをこの協定の効力発生の日から十年の期間にわたつて行なうものとする。この貸付けは，日本国の海外経済協力基金により行なわれるものとし，日本国政府は，同基金がこの貸付けを各年において均等に行ないうるために必要とする資金を確保することができるように，必要な措置を執るものとする。
　　前記の供与及び貸付けは，大韓民国の経済の発展に役立つものでなければならない。
2　両締約国政府は，この条の規定の実施に関する事項について勧告を行なう権限を有する両政府間の協議機関として，両政府の代表者で構成される合同委員会を設置する。

3 両締約国政府は，この条の規定の実施のため，必要な取極を締結するものとする。

第二条【財産・請求権―問題の解決】
1 両締約国は，両締約国及びその国民（法人を含む。）の財産，権利及び利益並びに両締約国及びその国民の間の請求権に関する問題が，千九百五十一年九月八日にサン・フランシスコ市で署名された日本国との平和条約第四条（a）に規定されたものを含めて，完全かつ最終的に解決されたこととなることを確認する。
2 この条の規定は，次のもの（この協定の署名の日までにそれぞれの締約国が執つた特別の措置の対象となつたものを除く。）に影響を及ぼすものではない。
 (a) 一方の締約国の国民で千九百四十七年八月十五日からこの協定の署名の日までの間に他方の締約国に居住したことがあるものの財産，権利及び利益
 (b) 一方の締約国及びその国民の財産，権利及び利益であつて千九百四十五年八月十五日以後における通常の接触の過程において取得され又は他方の締約国の管轄の下にはいつたもの
3 2の規定に従うことを条件として，一方の締約国及びその国民の財産，権利及び利益であつてこの協定の署名の日に他方の締約国の管轄の下にあるものに対する措置並びに一方の締約国及びその国民の他方の締約国及びその国民に対するすべての請求権であつて同日以前に生じた事由に基づくものに関しては，いかなる主張もすることができないものとする。

第三条【紛争の解決】
1 この協定の解釈及び実施に関する両締約国の紛争は，まず，外交上の経路を通じて解決するものとする。
2 1の規定により解決することができなかつた紛争は，いずれか一方の締約国の政府が他方の締約国の政府から紛争の仲裁を要請する公文を受領した日から三十日の期間内に各締約国政府が任命する各一人の仲裁委員と，こうして選定された二人の仲裁委員が当該期間の後の三十日の期間内に合意する第三の仲裁委員又は当該期間内にその二人の仲裁委員が合意する第三国の政府が指名する第三の仲裁委員との三人の仲裁委員からなる仲裁委員会に決定のため付託するものとする。ただし，第三の仲裁委員は，両締約国のうちいずれかの国民であつてはならない。
3 いずれか一方の締約国の政府が当該期間内に仲裁委員を任命しなかつたとき，又は第三の仲裁委員若しくは第三国について当該期間内に合意されなかつたときは，仲裁委員会は，両締約国政府のそれぞれが三十日の期間内に選定する国の政府が指名する各一人の仲裁委員とそれらの政府が協議により決定する第三国の政府が指名する第三の仲裁委員をもつて構成されるものとする。
4 両締約国政府は，この条の規定に基づく仲裁委員会の決定に服するものとする。

第四条【批准】
 この協定は，批准されなければならない。批准書は，できる限りすみやかにソ

ウルで交換されるものとする。この協定は，批准書の交換の日に効力を生ずる。

第一議定書（略）
第二議定書（略）

（『国際条約集 2016』有斐閣，842-843 頁をもとに作成）

●事項索引●

アルファベット

ACSA →物品役務相互提供協定
ASEAN →東南アジア諸国連合
ASPAC →アジア太平洋協議会
FTA →自由貿易協定
GSOMIA →軍事情報包括保護協定
NGO →非政府組織

ア 行

アジア女性基金 →女性のためのアジア平和国民基金
アジア太平洋協議会(ASPAC) 91-93
アジア通貨危機 197, 225
安保経済協力 100
慰安婦関係調査結果発表に関する河野内閣官房長官談話(河野談話) 14, 184, 185, 191, 213, 252
慰安婦問題 27, 185, 191, 192, 196, 213, 214, 248, 249, 252, 256
維新体制 108, 116, 128, 129, 133
李承晩ライン(李ライン) 8, 22, 51, 54, 58, 59, 61, 77, 81, 48
倭色(ウェセク) 36

カ 行

カルカッタ協定 65
「韓国からの通信」 131-133, 155
韓国軍のベトナム派兵 85, 88, 91, 93, 106
韓国条項 25, 111, 115
　新—— 115
韓国併合 33, 45, 76
　——条約 49, 221, 228
菅談話 221
妓生観光 11

北朝鮮 →朝鮮民主主義人民共和国
　——帰還問題 64
　——帰国事業(帰還事業／北送) 64, 65, 113
金-大平会談 76, 77
金大中拉致事件 25, 117, 128
教科書問題 161, 162, 183, 185
　第1次—— 26, 142, 147, 159, 162, 163
　第2次—— 160
近隣諸国条項 160, 161
グアム・ドクトリン 87
久保田発言 8, 22, 55, 56, 58, 63, 82
クラーク・ライン 54
軍事情報包括保護協定(GSOMIA) 224, 242, 249, 258
経済協力 81
　——方式 74, 75
5・16軍事クーデタ 74, 126
光州事態(事件) 21, 140, 141
河野談話 →慰安婦関係結果発表に関する河野内閣官房長官談話
国籍条項 164
国連軍 38, 39
国家 17, 264

サ 行

在サハリン韓国人 219
財産及び請求権に関する問題の解決並びに経済協力に関する日本国と大韓民国との間の協定 →日韓請求権協定
在日韓国人の法的地位協定 83
在日韓国・朝鮮人の法的地位 47, 164
在日本朝鮮人総連合会(朝鮮総連) 83
在日本朝鮮人連盟(朝連) 43
サッカー・ワールドカップ日韓共催

226
サンフランシスコ平和条約　40, 46, 164
4月革命　10, 66
市場　16, 17, 264, 265
市民社会　16, 17, 132, 200, 264, 265
指紋押捺拒否運動　165
自由貿易協定（FTA）　199, 224
　日韓——　16, 199, 225
女性のためのアジア平和国民基金（アジア女性基金）　186, 191, 192, 196, 216, 252
親日派　32, 33, 35, 36, 112, 125
新宮沢構想　199
新冷戦　140
請求権問題　50, 51, 56, 74, 77, 80, 248
政府開発援助（ODA）　266
1965年体制　7, 24, 27, 28, 83, 252, 253
戦後70年談話　211, 246
戦後補償問題　185
戦後60年談話　211
船舶返還問題　80
ソウル・オリンピック　13, 150, 151, 153, 154, 156, 158, 231
ソウルの春　140

タ 行

第1次核危機　178, 179
第1回日韓定期閣僚会議（1967年）　91
対韓請求権　63, 64
大韓民国居留民団（民団）　44
第2次日韓協約（保護条約）（1905年）　45, 49, 212
対日請求権　64
台湾　85, 98, 107
高杉発言　82
竹島（独島）　78, 192, 211, 247, 248
「竹島の日」条例　211
駐韓米地上軍の撤退　110-112, 118, 134

中国の台頭　15, 204, 266, 267
朝鮮戦争　38-42, 44, 51, 53, 54, 126, 257
朝鮮総連　→在日本朝鮮人総連合会
朝鮮半島の非核化に関する共同宣言（南北非核化共同宣言）　178
朝鮮民主主義人民共和国（北朝鮮）　109, 178
東南アジア諸国連合（ASEAN）　92, 225
　——＋3　199, 225, 266
特需ブーム　40, 41
独島　→竹島
トルーマン宣言　48

ナ 行

ナショナリズム　127, 146, 147, 153, 193, 265, 267
7・7宣言　→民族自尊と統一繁栄のための特別宣言
7・4南北共同声明　116
南日声明　58, 64
南北間の和解と不可侵及び交流・協力に関する合意書（南北基本合意書）　178, 223
南北首脳会談　121, 130
南北赤十字会談　114
南北のクロス承認　115, 131, 177
南北非核化共同宣言　→朝鮮半島の非核化に関する共同宣言
ニクソン・ドクトリン　20
日米安全保障条約　40, 60, 66, 168
日流　28, 234
日韓外相定期協議　170
日韓会談　44, 47, 60, 61, 64, 67
　第1次——　49, 51
　第2次——　54
　第3次——　54, 56
　第4次——　66
　第5次——　67
　第6次——　75
日韓（韓日）議員懇親会　118

日韓(韓日)議員連盟　111, 118, 156, 168
日韓基本条約(日本国と大韓民国との間の基本関係に関する条約)　10, 45, 72, 77, 80, 83, 169, 247, 250, 252
日韓共同宣言(日韓パートナーシップ宣言)　7, 13, 14, 27, 130, 194, 197, 198, 201, 203, 204, 221, 235, 252
日韓(韓日)協力委員会　118, 119, 122
日韓漁業協定(日本国と大韓民国との間の漁業に関する協定)　83
日韓高級事務レベル協議　170
日韓国交正常化　23, 72-74, 78, 80-84, 121, 218
　──反対運動　97, 101
日韓新時代　148, 152, 156, 163, 169
　──共同研究プロジェクト　217
日韓請求権協定(財産及び請求権に関する問題の解決並びに経済協力に関する日本国と大韓民国との間の協定)　76, 183, 219, 243, 248, 250, 252
日韓通商協定　37
日韓定期閣僚会議　94, 117
日韓図書協定　222
日韓パートナーシップ宣言　→日韓共同宣言
日韓文化交流基金　156
日韓文化財協定(文化財及び文化協力に関する日本国と大韓民国との間の協定)　83, 222
日韓紛争解決交換公文(紛争の解決に関する交換公文)　83, 247, 252
日韓問題懇談会　67
日韓癒着　116, 119, 135
日韓予備会談　47
日韓連帯連絡会議　129, 130
日ソ共同宣言　58
日中国交正常化　109
日朝関係　113-115, 120, 177
　──に関する三党共同宣言　177
日朝国交正常化　114, 178, 223

日朝平壌宣言　121, 218, 223
日本再軍備　39, 42
日本大衆文化解禁　180, 195
日本特別掃海隊　43

ハ 行

パブリック・ディプロマシー　149
韓流　28, 232
東アジア共同体　266
非公式チャンネル　11, 61, 62
非政府組織(NGO)　201, 202, 264
被爆者　219
プエブロ号事件　87
物品役務相互提供協定(ACSA)　224
文化財及び文化協力に関する日本国と大韓民国との間の協定　→日韓文化財協定
文化財不法輸出入等禁止条約(文化財の不法な輸入,輸出及び所有権移転を禁止し及び防止する手段に関する条約)　222
紛争の解決に関する交換公文　→日韓紛争解決交換公文
米韓同盟　110
米中和解　108, 110
ベトナム戦争　10, 72, 82, 84, 85, 87-90, 106, 109, 162, 190
ベトナム特需　11, 86, 90
ベトナム反戦運動　89, 90
保護条約　→第2次日韓協約
北方政策　177

マ 行

マッカーサー・ライン　48
民主化(韓国)　140, 151, 152, 154, 156-158, 169, 262, 263
　──運動(韓国)　129, 130, 134, 163
　──宣言(韓国)　150, 153, 154, 157, 158, 167
民族自尊と統一繁栄のための特別宣言(7・7宣言)　177

民団　→大韓民国居留民団
村山内閣総理大臣談話「戦後50周年の
　終戦記念日にあたって」(村山談話)
　　14, 27, 187, 189, 194, 211
文世光事件　　94, 117, 126, 132

ヤ　行

靖国神社(公式)参拝　　147, 161, 209
4・19革命　　73

ラ　行

歴史共同研究　　216, 217
歴史認識問題　　208, 209, 216, 248, 252
歴史問題　　182, 185, 190, 193, 194, 196
歴史の建て直し　　187, 188, 190
歴史を教訓に平和への決意を新たにする
　決議　　186
6・3事態　　73
6・23宣言　　115

●人名索引●

ア 行

アイゼンハワー（Dwight D. Eisenhower） 52, 56
青地晨　129
麻生太郎　220
アチソン（Dean Acheson）　48
安倍晋三　210, 213, 219, 220, 235, 242, 247, 249, 252
李源京（イウォンギョン）　162
井口貞夫　47
池田勇人　24, 63, 66, 74
石井光次郎　61, 67
石橋湛山　22, 60
石橋政嗣　167
李承晩（イスンマン）　4, 8-10, 19-22, 34-37, 43, 45, 47, 51-54, 56, 57, 59, 60, 64, 66, 72, 73, 85, 112, 113, 251
伊関佑二郎　63, 67
一万田尚登　40
李東元（イドンウォン）　78
李厚洛（イフラク）　63, 114
李明博（イミョンバク）　242, 247, 221
林炳稷（イムビョンジク）　64
牛場信彦　79
宇都宮徳馬　130
宇野宗佑　170, 174
大久保武雄　43
大野勝巳　62
大野伴睦　63
大平正芳　76, 79, 109, 125, 140
岡崎勝男　55
呉在熙（オジェヒ）　79
小渕恵三　7, 13, 175, 194, 198, 266

カ 行

海部俊樹　166, 174
カーター（Jimmy Carter）　25, 111, 119, 128, 140, 179, 181
金丸信　177, 178
菅直人　220, 221
岸信介　22, 23, 57, 60-64, 66, 67, 73, 74, 119
キッシンジャー（Henry A. Kissinger）　24, 106, 107, 108, 115
金日成（キムイルソン）　34, 64, 114, 177, 179, 182, 251
金載圭（キムジェギュ）　140
金芝河（キムジハ）　113
金俊（キムジュンヨップ）　112
金正日（キムジョンイル）　119, 254
金鍾泌（キムジョンピル）　63, 76, 79, 112, 117, 119, 140, 176
金大中（キムデジュン）　7, 13, 25, 88, 112, 116, 117, 130, 131, 140, 141, 154, 175, 176, 181, 194-196, 198-200, 204, 221, 224, 234, 254, 266
金東祚（キムドンジョ）　60, 61, 78
金学順（キムハクスン）　183, 250
金裕澤（キムユテク）　61-63
金泳三（キムヨンサム）　140, 154, 175, 176, 179-182, 185, 187, 189, 190, 192, 195, 198, 228
金溶植（キムヨンシク）　53, 58, 67, 79
久保田貫一郎　8, 54, 55, 57, 82
クラーク（Mark W. Clark）　43, 51-53
ケネディ（John F. Kenedy）　10, 20, 74, 85
小泉純一郎　121, 209-211, 219
河野一郎　63

301

河野洋平　184
小坂善太郎　66
児玉誉士夫　63
後藤田正晴　162
ゴルバチョフ（Mikhail Gorbachev）　12, 148

サ 行

佐藤栄作　24, 25, 63, 67, 94, 106, 108, 125, 242
澤田廉三　64, 67
椎名悦三郎　77, 79, 117, 132
重光葵　57, 58
シーボルト（William J. Sebald）　47, 48
周恩来　109
習近平　251
蒋介石　107
ジョンソン（Lyndon B. Johnson）　20, 86
鈴木善幸　140-143, 145, 160
砂田重政　60
隅谷三喜男　133
関川夏央　146
瀬島龍三　141, 143, 145

タ 行

高杉晋一　82
高円宮憲仁親王　227
竹下登　118, 157, 170, 171
田中角栄　24, 94, 108, 117, 125
田中龍夫　67
田辺誠　177, 178
谷正之　58
谷野作太郎　141
ダレス（John F. Dulles）　46, 56
崔慶禄（チェギョンノク）　141
崔英澤（チェヨンテク）　63
池明観（チミョングァン）　131
張俊河（チャンジュンハ）　112, 113
張勉（チャンミョン）　61, 66, 67, 73
趙東杰（チョドンゴル）　216
趙容弼（チョーヨンピル）　156
丁一権（チョンイルグォン）　63, 126
鄭一亨（チョンイルビョン）　66
全斗煥（チョンドゥファン）　21, 22, 26, 135, 140-145, 148, 150-154, 158, 160, 163, 167, 187
鄭夢準（チョンモンジュン）　226
鄧小平　197
戸田郁子　147
トルーマン（Harry S. Truman）　38

ナ 行

中曽根康弘　25, 26, 135, 141-145, 148, 156, 160, 161, 169
南日（ナムイル）　58, 120
ニクソン（Richard M. Nixon）　20, 24, 25, 87, 106-108, 110
野田卯一　67
野田佳彦　218, 240
盧泰愚（ノテウ）　22, 150, 151, 153, 157, 158, 166, 167, 170, 175, 177-179, 184, 187, 229
盧武鉉（ノムヒョン）　212, 219, 221, 255

ハ 行

朴槿恵（パククネ）　214, 242, 243, 249, 255, 258
朴成哲（パクソンチョル）　114
朴正熙（パクチョンヒ）　10-12, 20, 22, 24, 36, 63, 67, 73, 74, 78, 81, 85, 86, 94, 100, 101, 107-109, 112, 113, 116, 117, 119, 125-127, 130, 131, 133, 135, 140, 170, 180, 218, 242
朴泰俊（パクテジュン）　120
橋本龍太郎　175, 192, 194, 210
羽田孜　174
鳩山一郎　22, 57-60
鳩山由紀夫　220
韓宗碩（ハンジョンソク）　165
福田赳夫　108, 125

福田康夫　220
藤尾正行　161
藤山愛一郎　　63, 65
プーチン（Vladimir Putin）　251
ブッシュ，G.W.（George W. Bush）　223
船田中　61, 67
裵義煥（ペウィファン）　79
白斗鎮（ペクトゥジン）　119
許政（ホジョン）　65
細川護熙　174, 179, 185, 189
洪璿基（ホンジンギ）　55

マ　行

マッカーサー（Douglas MacArthur）
　36-39, 42, 52
マーフィー（Robert Murphy）　42, 51-53
三木武夫　125
三谷太一郎　216
宮沢喜一　118, 160, 174, 183, 185
ムチオ（John J. Muccio）　45, 48, 51
村山富市　174, 182, 186, 189, 191
文世光（ムンセグァン）　94, 117

ヤ　行

矢次一夫　61, 62, 64, 122
柳谷謙介　79
山口鶴男　168
梁裕燦（ヤンユチャン）　47, 51
陸英修（ユギュンス）　117, 94
兪鎮午（ユジノ）　67
柳泰夏（ユテハ）　61, 62
尹潽善（ユンボソン）　66, 112
呂運亭（ヨウニョン）　32
吉田茂　19, 22, 37, 40, 42, 46, 51-53, 57, 58
吉見義明　183

ラ　行

レーガン（Ronald W. Reagan）　25, 140-143

ワ　行

和田春樹　29
渡辺美智雄　184

戦後日韓関係史
A Contemporary History of Japan-South Korea Relations since World War II

ARMA 有斐閣アルマ

2017年2月20日　初版第1刷発行
2017年11月30日　初版第2刷発行

著　者	李（リー） 木（き） 磯（いそ） 浅（あさ）	宮（ミヤ） 崎（ざき） 羽（ば）	鍾（ジョン） 正（ただ） 典（のり） 祐（ゆう）	元（ウォン） 史（し） 世（よ） 樹（き）
発行者	江　草　貞　治			
発行所	株式会社　有　斐　閣			

郵便番号101-0051
東京都千代田区神田神保町2-17
電話　(03) 3264-1315〔編集〕
　　　(03) 3265-6811〔営業〕
http://www.yuhikaku.co.jp/

印刷・萩原印刷株式会社／製本・牧製本印刷株式会社
© 2017, Lee Jong Won, Kimiya Tadashi, Isozaki Noriyo, Asaba Yuki.
Printed in Japan
落丁・乱丁本はお取替えいたします。
★定価はカバーに表示してあります。

ISBN 978-4-641-22077-5

JCOPY　本書の無断複写(コピー)は、著作権法上での例外を除き、禁じられています。複写される場合は、そのつど事前に、(社)出版者著作権管理機構(電話03-3513-6969, FAX03-3513-6979, e-mail:info@jcopy.or.jp)の許諾を得てください。